线装中华国粹

線裝中華國粹

三字经·百家姓

戴小明◎编译

二十一世纪出版社
21st Century Publishing House
全国百佳出版社

目录

contents

三字经

原文

人之初，性本善。性相近，习相远。

苟不教，性乃迁。教之道，贵以专。

昔孟母，择邻处。子不学，断机杼[①]。

窦燕山，有义方，教五子，名俱扬。

养不教，父之过。教不严，师之惰。

子不学，非所宜。幼不学，老何为。

玉不琢，不成器。人不学，不知义。

注释

①杼（zhù）：指织布机中的梭子。

译文

人出生的时候都是善良的。后来在成长的过程中，因为学习和生活环境不一样，人们的性格与行为也就有了好与坏的差别。

如果从小不好好教育孩子，那么孩子善良的本性就会慢慢地变坏。为了不使人变坏，最重要的方法就是要全心全意地去教育孩子。

战国的时候，孟子的母亲为了使孟子有一个好的学习环境，曾经三次搬家。有一次孟子逃学，他的妈妈就割断织布机上的布来教育孟子，告诉他学习半途而废，就像拆掉梭子，剪断织布一样，是没有用的。

有个叫窦燕山的人，教育儿子很有方法。他的五个儿子都很有成就，个个声名远扬。

只是供养儿女吃穿，而不好好教育他们，那是父母的过错。而只是教育，却不严格要求他们，那就是做老师的懒惰了。

小孩子不肯好好学习，是很不应该的。小时候不好好学习，长大了能做什么呢。

玉石不经打磨雕刻，就不会成为精美的器物；人若是不学习，就不会懂得礼仪，不能成才。

原文

为人子，方少时，亲师友，习礼仪。

香九龄，能温席。孝于亲，所当执。

融四岁，能让梨。弟于长，宜先知。

译文

做儿女的，从小就要亲近老师和朋友，以便从他们那里学到为人处世的礼节和知识。

东汉人黄香，九岁的时候就知道孝敬父亲，替父亲暖被窝。这是每个孝顺父母的人都应该实行和效仿的。

汉代人孔融四岁时就知道把大的梨让给哥哥吃。这种尊敬和友爱兄长的道理，是每个人从小就应该知道的。

原文

首孝悌，次见闻，知某数，识某文。

一而十，十而百，百而千，千而万。

三才者，天地人。三光者，日月星。

三纲者，君臣义，父子亲，夫妇顺。

曰春夏，曰秋冬。此四时，运不穷。

曰南北，曰西东。此四方，应乎中。

曰水火，木金土。此五行，本乎数。

曰仁义，礼智信。此五常，不容紊。

译文

一个人首先要学的就是孝敬父母和友爱兄弟的道理，其次是学习看到和听到的知识。并且要知道基本的算术和高深的数学，以及认识文字，阅读书籍等。

我国采用十进位算术方法：一到十是基本的数字，然后十个十是一百，十个一百是一千，十个一千是一万……以此类推。

一个人还应该知道一些日常生活知识，如什么叫“三才”，“三才”指的是天、地、人三个方面。什么叫“三光”呢？“三光”就是太阳、月亮、星星。

什么是“三纲”呢？“三纲”是人与人之间的关系所应该遵守的三个行为准则，就是君王与臣子的言行要合乎义理，父母子女之间要相亲相爱，夫妻之间要和睦相处。

一个人对其身处的环境也应有所了解，比如一年有春、夏、秋、冬四季。这四个季节不断变化，春去夏来，秋去冬来，如此循环往复，永不停息。

东、南、西、北叫作“四方”，是指各个方向的位置。这四个方位，必须有个对应的中央位置，如此方能把各个方位定出来。

至于“五行”，是指金、木、水、火、土五种元素。这是中国古代用来认识宇宙各种事物的抽象概念，认为自然万物都是由金、木、水、火、土这五种元素及其组合变化而产生的。

如果所有的人都能以仁、义、礼、智、信这五种不变的法则作为处世做人的标准，社会就会永保祥和。所以每个人都应遵守这五点，不可疏忽和违背。

原文

稻粱菽，麦黍稷。此六谷，人所食。

马牛羊，鸡犬豕。此六畜，人所饲。

曰喜怒，曰哀惧，爱恶欲，七情具。

匏[①]土革，木石金，丝与竹，乃八音。

高曾祖，父而身，身而子，子而孙。

自子孙，至玄曾，乃九族，人之伦。

父子恩，夫妇从。兄则友，弟则恭。

长幼序，友与朋。君则敬，臣则忠。

此十义，人所同。

注释

①匏：一种植物的果实，比葫芦大，对半剖开可作水瓢。

译文

稻谷、小米和豆类，小麦、玉米和高粱，合称“六谷”，是我们日常生活中的重要食品。

马、牛、羊、鸡、狗和猪，合称“六畜”。这些动物和六谷一样，本来都是野生的，后来被人们渐渐驯化后，才成为人类日常生活的必需品。

高兴叫作喜，生气叫作怒，难过叫作哀，害怕叫作惧，心里喜欢叫作爱，讨厌叫作恶，内心很贪恋叫作欲，合起来叫作七情。这是人生下来就有的七种感情。

分别用匏、土、皮革、木头、玉石、金属、丝弦、竹子这八种材料为主要原料制成的八种乐器叫作“八音”。

由高祖父生曾祖父，曾祖父生祖父，祖父生父亲，父亲生我，我生儿子，儿子再生孙子，再接下去就是曾孙和玄孙。从高祖父到玄孙称为“九族”。这“九族”代表着人的长幼尊卑秩序和家族血统的承续关系。

父亲与儿子之间要注重相互的恩情，夫妻之间的感情要和顺。哥哥对弟弟要友爱，弟弟对哥哥则要尊敬。

年长的和年幼的交往要注意长幼尊卑的次序；朋友间相处应该互相讲信用。如果君主能尊重他的臣子，臣子们就会对君主忠心耿耿了。

前面提到的十义，即父慈、子孝、夫和、妻顺、兄友、弟恭、朋信、友义、君敬、臣忠，是人人都应遵守的，千万不能违背。

原　文

凡训蒙，须讲究。详训诂，明句读。

为学者，必有初。小学终，至四书。

论语者，二十篇。群弟子，记善言。

孟子者，七篇止。讲道德，说仁义。

作中庸，子思笔。中不偏，庸不易。

作大学，乃曾子。自修齐，至平治 。

孝经通，四书熟。如六经，始可读。

诗书易，礼春秋。号六经，当讲求。

译　文

凡是教导刚入学儿童的老师，必须把每个字都讲清楚，每句话都要解释明白，并且使学童读书时懂得断句。

作为一个学者，求学的初期打好基础，把《小学》里的知识学透了，才可以读“四书”。

《论语》这本书共有二十篇，是孔子的弟子们，以及弟子的弟子们，记载的有关孔子言论的一部书。

《孟子》这本书是孟子及其弟子们所作，共分七篇。内容也是有关品行修养、发扬道德仁义等优良德行的言论。

写《中庸》这本书的是子思。“中”是不偏的意思，“庸”是不变的意思。

写《大学》这本书的是曾参，他提出了“修身、齐家、治国、平天下”的主张。

把“四书”读熟了，《孝经》的道理弄明白了，才可以去读六经那样深奥的书。

《诗》《书》《易》《礼》《春秋》，再加上《乐》，并称为“六经”，这些是中国古代儒家的经典书籍，应当仔细阅读。

原　文

有连山，有归藏。有周易，三易详。

有典谟①，有训诰②。有誓命，书之奥。

我周公，作周礼。著六官，存治体。

大小戴，注礼记。述圣言，礼乐备。

曰国风，曰雅颂。号四诗，当讽咏。

诗既亡，春秋作。寓褒贬，别善恶。

三传者，有公羊，有左氏，有穀梁。

经既明，方读子。撮[3]其要，记其事。

五子者，有荀扬，文中子，及老庄。

注释

①谟（mó）：策略。

②诰（gào）：国君的命令。

③撮（cuō）：摘取。

译文

《连山》《归藏》《周易》是我国古代的三部书，这三部书合称为“三易”，“三易”是用“卦”的形式来说明宇宙间万事万物循环变化道理的书籍。

《尚书》的内容分为六个部分：一典，是立国的基本原则；二谟，即治国计划；三训，即大臣的态度；四诰，即国君的通告；五誓，即起兵文告；六命，即国君的命令。

周公作了《周礼》，其中记载着当时六宫的官制以及国家的组成情况。

戴德和戴圣整理并且注释了《礼记》，传述和宣扬了圣贤的著作，这使后代人知道前代的典章制度和有关礼乐的情形。

《国风》《大雅》《小雅》《颂》，合称为“四诗”，是一种内容丰富、感情深切的诗歌，非常值得我们去朗诵。

后来由于周朝的衰落，《诗经》也就跟着被冷落了。所以孔子就作了《春秋》一书。在这本书中，隐含着对现实政治的褒贬和对各国善恶行为的分辨。

“三传”就是公羊高所著的《公羊传》，左丘明所著的《左传》和穀梁赤所著的《穀梁传》，它们都是解释《春秋》的书。

经传都读熟了，然后读子书。子书繁杂，可选择比较重要的来读，并且要记住每件事的本末因果。

“五子”是指荀子、扬子、文中子、老子和庄子。他们所写的书被称为“子书”。

原文

经子通，读诸史，考世系，知终始。

自羲农，至黄帝。号三皇，居上世。

唐有虞，号二帝。相揖逊，称盛世。

夏有禹，商有汤。周文武，称三王。

夏传子，家天下。四百载，迁夏社。

汤伐夏，国号商。六百载，至纣亡。

周武王，始诛纣。八百载，最长久。

周辙东，王纲坠。逞干戈，尚游说。

始春秋，终战国。五霸强，七雄出。

嬴秦氏，始兼并。传二世，楚汉争。

译 文

经书和子书读熟了以后，再读史书。读史时必须要考究各朝各代的世系，明白他们盛衰的原因，才能从历史中吸取教训。

从伏羲氏到神农氏，再到黄帝，这三位上古时代的帝王都能勤政爱民，真的非常伟大，因此后人尊称他们为“三皇”。

黄帝之后，又有唐尧和虞舜两位帝王。尧认为自己的儿子不肖，把帝位传给了德才兼备的舜。在这两位帝王的治理下，天下太平，人人称颂。

夏朝的开国君主是禹，商朝的开国君主是汤，周朝有文王和武王。这几个德才兼备的君王被后人称为“三王”。

夏禹将王位传给了自己的儿子启，从此中国开始了“父传子”的世袭制度，王位世代相传，国家变为私人专有。夏朝经过400多年，终被汤灭掉，从而结束了它的统治。

汤王灭掉了夏朝最后一个君王桀，建立了商朝。商朝延续了六百多年，到纣王时灭亡。

周武王起兵灭掉商朝，杀死纣王，建立周朝。周朝的历史最长，前后延续了800多年。

自从周平王东迁国都后，对诸侯的控制力就越来越弱了。诸侯国之间时常发生战争，而游说之士也开始大行其道。

东周分为两个阶段，一是春秋时期，二是战国时期。

春秋时的齐桓公、吴王阖闾 、晋文公、越王勾践和楚庄王号称“五霸”。战国的“七雄”分别为齐、楚、燕、韩、赵、魏、秦。

战国末年，秦国的势力日渐强大，把其他六个诸侯国都灭掉了，建立了统一的秦朝。

秦传到二世胡亥时，天下又开始大乱，最后形成了楚汉相争的局面。

原 文

高祖兴，汉业建。至孝平，王莽篡。

光武兴，为东汉。四百年，终于献。

魏蜀吴，争汉鼎。号三国，迄两晋。

宋齐继，梁陈承。为南朝，都金陵。

北元魏，分东西。宇文周，与高齐。

迨①至隋，一土宇。不再传，失统绪。

注 释

①迨（dài）：等到。

译 文

汉高祖打败了项羽，建立汉朝。汉朝的帝位传了两百多年，到了孝平帝时，被王莽篡夺了。

王莽篡权，改国号为新。天下大乱时，刘秀推翻更始帝，恢复国号为汉，史称汉光武帝。东汉延续了近200年，到汉献帝的时候灭亡了。

东汉已亡，魏国、蜀国、吴国争夺天下，形成了三国相争的局面。后来，魏国灭了蜀国和吴国，但被司马炎篡夺了帝位，建立了晋朝，晋又分为西晋和东晋两个时期。

晋朝王室南迁以后，不久就衰亡了，继之而起的是南北朝时代。南朝包括宋、齐、梁、陈，国都建在金陵。

北朝则是指元魏。元魏后来也分裂成东魏和西魏。西魏被宇文觉篡了位，建立了北周；东魏被高洋篡了位，建立了北齐。

杨坚重新统一中国，建立了隋朝，历史上称为隋文帝。他的儿子隋炀帝杨广即位后，不知道体贴百姓，只知道享乐，于是隋朝很快就灭亡了。

原 文

唐高祖，起义师。除隋乱，创国基。

二十传，三百载。梁灭之，国乃改。

梁唐晋，及汉周。称五代，皆有由。

炎宋兴，受周禅。十八传，南北混。

辽与金，皆称帝。元灭金，绝宋世。

莅中国，兼戎狄。九十年，国祚废。

太祖兴，国大明。号洪武，都金陵。

迨成祖，迁燕京。十七世，至崇祯。

权阉肆，寇如林。至李闯，神器焚。

清世祖，膺景命。靖四方，克大定。

廿[1]二史，全在兹。载治乱，知兴衰。

读史书，考实录。通古今，若亲目。

注 释

①廿（niàn）：二十。

译 文

唐高祖李渊起兵反隋，最后灭了隋朝，取得天下，建立起唐朝。

唐朝的统治延续了近300年，总共传了20位皇帝。到唐昭宣帝时被朱温篡位，建立了梁朝，唐朝就此灭亡。为和南北朝时期的梁相区别，历史上称此为后梁。

后梁、后唐、后晋、后汉和后周这5个朝代的更替时期，历史上称作五代。五代各国之间的更替都有着一定的原因。

赵匡胤接受了后周“禅让”的帝位，建立了宋朝。宋朝传了18位皇帝后，北方的少数民族南下侵扰，结果又形成了南北混战的局面。

北方的辽人、金人都建立了国家，自称皇帝。最后蒙古人灭了金朝和宋朝，建立了元朝，又重新统一了中国。

蒙古人来到中原之后，同时兼并了一些少数民族，建立了强大的元朝。但元朝延续了90年就灭亡了。

元朝末年，农民朱元璋起义，最后推翻了元朝的统治，统一了全国，建立明朝。朱元璋自己当上了皇帝，即明太祖，号洪武，定都在金陵。

到明成祖即位后，把国都由金陵迁到北方的燕京。明朝共传了17位皇帝，到崇祯皇帝为止。

明朝末年，宦官专权，天下大乱，老百姓纷纷起义。以闯王李自成为首的起义军攻破北京，迫使崇祯皇帝自杀，明朝至此灭亡。

清军入关后，清世祖顺治皇帝在北京登上帝座，平定了各地的混乱局面，使得老百姓可以重新安定地生活。

22部史书全面记载了上古以来的历史，记叙了历代太平盛世和乱世的史实，从中可以解读各个王朝兴盛和衰亡的历史。

读历史的人应该更进一步地去翻阅历史资料，了解古往今来事情的前因后果，就好像是自己亲眼所见一样。

原 文

口而诵，心而惟。朝于斯，夕于斯。

昔仲尼，师项橐。古圣贤，尚勤学。

赵中令，读鲁论。彼既仕，学且勤。

披蒲编，削竹简。彼无书，且知勉。

头悬梁，锥刺股。彼不教，自勤苦。

如囊萤，如映雪。家虽贫，学不辍。

如负薪，如挂角。身虽劳，犹苦卓。

苏老泉，二十七，始发愤，读书籍。

彼既老，犹悔迟。尔小生，宜早思。

译 文

我们读书学习，要有恒心，要一边读，一边用心去思考。只有每天都把心思用到学习上，才能真正学好。

从前，孔子是个十分好学的人。当时，鲁国有一个神童名叫项橐，孔子就曾向他学习。像孔子这样伟大的圣贤，尚不忘勤学，更何况我们普通人呢？

宋朝的赵普，他官已经做到了中书令，还天天手不释卷地阅读《论语》，不因为自己已经当了高官而忘记勤奋学习。

西汉时，路温舒把借来的《尚书》抄在蒲草上阅读。公孙弘将借来的《春秋》刻在竹子削成的竹片上。他们两人都很穷，买不起书，但还不忘勉励自己，勤奋学习。

晋朝的孙敬读书时把自己的头发拴在屋梁上，以免打瞌睡。战国时的苏秦读书每到疲倦时就用锥子刺自己的大腿，等清醒后继续苦读。他们两人都不用别人督促，能够自觉勤奋苦读。

晋朝人车胤，把萤火虫放在纱袋里，借着萤火虫发出的光来读书。孙康则利用积雪的反光来读书。他们两人虽都家境贫苦，但都没有因为读书的条件差就停止学习。

汉朝的朱买臣，以砍柴维持生活，每天都边担柴边读书。隋朝的李密，放牛时把书挂在牛角上，一有时间就读。

虽然他们身体很劳累，但在艰苦的环境里仍坚持不懈地读书学习，后来都大有成就。

唐宋八大家之一的苏洵，号老泉，小时候不喜欢念书，到了27岁的时候，才开始下决心努力学习，后来成了大学问家。

苏老泉上了年纪才后悔当初没好好读书，而我们年纪轻轻，更应该把握大好时光，发奋读书，才不至于将来后悔。

原　文

若梁灏，八十二。对大廷，魁多士。

彼既成，众称异。尔小生，宜立志。

莹八岁，能咏诗。泌七岁，能赋棋。

彼颖悟，人称奇。尔幼学，当效之。

蔡文姬，能辨琴。谢道韫，能咏吟。

彼女子，且聪敏。尔男子，当自警。

唐刘晏，方七岁。举神童，作正字。

彼虽幼，身已仕。尔幼学。勉而致。

有为者，亦若是。

译　文

宋朝有个梁灏，在82岁时才考中状元，而且在金殿上对皇帝提出的问题对答如流。所有参加考试的人都不如他有学问。

梁灏这么大年纪尚能获得成功，不能不使大家感到惊异，钦佩他的好学不倦。相对来说，我们更应该趁着年轻的时候就立定志向，努力用功学习。

北齐有个叫祖莹的人，8岁就能吟诗，后来当了秘书监著作郎。另外唐朝有个叫李泌的人，7岁时就能以下棋为题作出诗赋。

他们两个人的聪明和才智，在当时很受人们的赞赏和称奇。现在我们正开始求学，应该效法他们，努力用功读书。

在古代，有许多出色的女能人。像东汉末年的蔡文姬，能分辨琴声中所传达的情绪，晋朝的才女谢道韫则能出口成诗。

像这样的两个女孩子，一个懂音乐，一个会作诗，如此聪慧；那身为一个男子汉，更要时时激励自己，充实自己才对。

唐玄宗时，有一个名叫刘晏的小孩子，才7岁就被推举为神童，并且做了负责勘正文字的官。

刘晏年纪虽小，却已经做官，担当起国家给他的重任了。我们现在求学，要想成为一个有用的人，只要勤奋好学，也可以和刘晏他们一样名扬后世。

原　文

犬守夜，鸡司晨。苟不学，曷为人。

蚕吐丝，蜂酿蜜。人不学，不如物。

幼而学，壮而行。上致君，下泽民。

扬名声，显父母。光于前，裕于后。

人遗子，金满籝[1]。我教子，惟一经。

勤有功，戏无益。戒之哉，宜勉力。

注　释

①籝（yíng）：箱笼一类的竹器。

译　文

狗在夜间会替人看守家门，鸡在每天早晨天亮时报晓。人如果不用心学习，迷迷糊糊地过日子，还有什么资格称为人呢？

蚕吐丝，可以供我们做衣料，蜜蜂酿制蜂蜜，可以供人们食用。而人要是不懂得学习，以自己的知识、技能来实现自己的价值，那真不如小动物。

我们要在幼年时努力学习，不断充实自己，长大后才能够学以致用，为国家效力，为人民谋福利。

如果你为人民作贡献，人民就会赞扬你，而且父母也会因你而感到荣耀，这样既给祖先增添了光彩，也给下一代做出了好的榜样。

有的人留给子孙后代的都是金银钱财，而我留下的只是教育后代的经书。

凡是勤奋上进的人，都会有好的收获；而只顾贪玩，浪费大好时光的人，到最后一定是一无所获。记住这些劝告，珍惜光阴，勉励自己，好好努力吧。

百家姓

序言

《淮南子·原道》里说:“万物有所生，而独知守其根。”意思是说世间万物都有自己产生的根源，因此都知道保持自己根本的重要性。的确，这世界上的每一个生物都不是凭空冒出来的，都有自己的“根”，人类自然也不例外。

中华民族向来十分重视根文化，而何谓根？就是镶在我们名字前面的姓氏，我们祖先留下的永远不变的烙印，多少年来历经风雨都不会改变的家族亲情。在中国，数典忘祖是会受到一致谴责的，而现代人对于祖先的崇敬始终如一。历史有变更，家族有兴衰，人的生命也是有限的，但是姓氏却一脉相承，不会断绝。姓氏，是中国人的家族印记，也是每个人的荣耀，是一族人心灵相通的精神纽带。而姓氏文化则代表了中华民族重视自己的根，不忘先人的传统美德。

《百家姓》是我国姓氏文化的经典之作，也是与《三字经》《千字文》并列的三大蒙学读物，是在两千多年的探索中编写出来的一套完整的国学启蒙教育读物。

《百家姓》成书于北宋初期，原收集中文姓氏411个，后增补到504个，其中单姓444个，复姓60个。《百家姓》四字一句，还讲究押韵，读起来像一首四言诗，便于诵读和记忆，因此流传至今，影响极深。

“赵钱孙李”成为《百家姓》的前四姓是因为此书形成于宋朝的吴越钱塘地区，故而取宋朝皇帝的赵氏、吴越国国王钱氏、吴越国王钱俶正妃孙氏以及南唐国王李氏此四姓为百家姓前四位。

虽然504个姓氏只占流传至今仍在使用的三千多个姓氏的六分之一，

但是已经涵盖了我国人口总数的百分之九十，具有相当的代表性。504个姓氏，每个姓氏都包含其独特的、丰富的文化内涵，其开枝散叶，孕育出优秀的中华儿女。每个姓氏都有一部可歌可泣的家族史，而正是这500多个家族史，构成了大中国的历史。

上千年的历史演变中，有些曾经显赫一时的家族没落了，也有些曾经不起眼的家族兴起了，有些姓氏后世枝繁叶茂，子孙众多，也有些姓氏族人凋零，难以寻迹。但每个姓氏都是平等的，在历史的长河中，没有高低贵贱之分。过去的后人所改编的《百家姓》中，因为考虑到一些姓氏及起源实在冷门，就很不近情理地删去了，这是相当不合理的。编者认为，每个姓氏都有它的历史，是不可随意抹去的，也不能因为它的后人稀少就忽视不提。所以本着尊重历史的态度，在此《百家姓》中完整地收入了504个中华民族的姓氏，无一漏缺，向读者全面呈现这部中华民族的姓氏文化史。

赵钱孙李　周吴郑王

赵

姓氏起源

源于嬴姓。据《元和姓纂》记载，帝颛顼的后人伯益改嬴姓之后，至十三代有一个叫造父的人。造父善于驾车，为周穆王效力，因为有功，被封在赵邑，其后称赵氏。周幽王时，造父后人赵叔带离周仕晋，从此赵氏子孙世代为晋国大夫。战国初年，赵襄子建立赵国。公元前222年，赵国为秦国所灭，其王族和国民多有以故国名为氏者，称赵氏。

赵宋立国后，亦多赐少数民族姓赵，如赐夏州党项族首领拓跋氏为赵姓。

因《百家姓》编于宋朝，而宋朝皇帝姓赵，故列在第一位。

家族名人

赵匡胤，即宋太祖，字元朗，宋王朝的开创者，祖籍涿郡（今河北涿州）。初为后周大将，任禁军军官，周世宗时官至殿前都点检。960年，发动“陈桥兵变”，代周称帝，建立宋朝。在位期间，加强中央集权，结束了中国多年来混乱割据的局面。他提倡文人政治，开创了中国的文治盛世。

赵云，字子龙，常山真定（今河北正定）人，三国时蜀汉名将。初为公孙瓒部将，后追随刘备，忠心不二。赵云一生征战无数，胜多败少，人称“常胜将军”。

钱

姓氏起源

源于彭姓，以官为氏。据《通志·氏族略》记载，帝颛顼的曾孙陆终生彭祖，彭祖有一个后裔叫作孚，做了周朝的“钱府上士”，掌管国家财政和货币，遂以官名为姓。

据《百家姓考略》记载：“钱，徵音。彭城郡。系出篯氏。彭祖姓篯名铿，支子去竹而为钱氏。”

五代时有吴越国，其皇族姓钱，有不少吴越臣僚都被赐以国姓，而改姓为钱。

家族名人

钱谦益，字受之，号牧斋，江苏常熟人，明末清初著名文人，他博学工词章，主东南文坛数十年。主张“诗要有本”，反对严羽的“妙语说”。著有《初学集》《有学集》。

钱镠，字具美，杭州临安人，五代十国时期吴越国的开创者。在位期间，实行“保境安民”的国策，使吴越经济在乱世中得到较好的发展。

孙

姓氏起源

源于姬姓。据《元和姓纂》记载，春秋时卫武公之子名叫惠孙，任卫国上卿。惠孙的孙子名乙，字武仲。依据周制，乙以祖父惠孙的名为姓，称孙氏。

源于芈姓。春秋时楚国有贤臣孙叔敖，其支庶（宗族旁支）以祖字为氏，为孙氏。

齐国卿士书，伐莒国有功，齐景公封他到乐安，赐姓孙氏。

家族名人

孙武，春秋时期齐国人，著名军事家、政治家，曾率领吴国军队大破楚国军队，占领了楚的国都郢城，几灭亡楚国。其著有巨作《孙子兵法》十三篇，为后世兵法家所推崇，被誉为“兵学圣典”，他因此也被后人尊称为“兵圣”和东方兵学的鼻祖。

孙权，字仲谋，三国时吴国的建立者。在位期间，设置农官，实行屯田，平定山越，设置郡县，促进了江南经济的发展。在此基础上，他还多次派人出海。

孙思邈，唐代著名的医学家，京兆华原（现陕西铜川）人。著有《千金要方》《千金翼方》，后人尊为“药王”。

李

姓氏起源

源于偃姓，由理氏而改，而理氏改为李氏的说法又有三种：

其一，皋陶之后，世为大理（掌管刑法的官），遂以官名为姓，称理氏。“理”与“李”古字相通，故理氏又称李氏。

其二，皋陶后裔理征，字德灵，封为中吴伯，在商纣王时任理官，因执法如山，忤逆昏君商纣王的旨意，招来杀身之祸。其妻契和氏携幼子利贞出逃，到伊侯之墟，饥渴交侵，摘路旁树上李子充饥才得生存。一感李子活命之恩，二为改姓避难，所以理利贞改称李利贞，从此李氏世代相传。

其三，周朝以前未见有李氏，李姓自老子始。春秋时期道家学说创始人老子，姓李，名耳，为利贞的后裔，因祖上世代为理官，又因“理”与“李”古字相通，遂称李氏。

源于姬姓。商朝时期，有周的同姓后裔，名巴人。周武王灭商后，封巴人于巴（今重庆巴南）称巴子国。公元前316年，巴子国为秦国所灭。巴人以虎为图腾，巴语读虎为李，当虎图腾演化为姓时，巴人崇仰汉人之姓，遂依音用李姓。公元306年，巴人李姓在四川建立大成国，史称成汉，这是李姓在中国所建的第一个王朝。

李唐立国后，皇室赐予有功大臣武将国姓，先是徐、邴、安、杜、胡、弘、郭、麻、鲜于、张、阿布、阿跌、舍利、朱邪、董、罗等氏，因建国有功从李唐皇族姓李，稍后大食国人李诃末将军、李彦升和波斯人李铉、李珣均被王侯赐姓，再后来沙陀、氐、回纥、契丹、高车、吐蕃以及犹太、安息、高句丽、党项等外来少数族裔因功或者内附，多被封赏为李姓。

诸葛亮平定南方少数民族，曾赐当地人汉族姓氏赵、张、杨、李等。

家族名人

李世民，即唐太宗，中国古代著名贤君，开创了中国历史上著名的“贞观之治”。

李白，字太白，号青莲居士，中国伟大的浪漫主义诗人，祖籍陇西成纪（今甘肃天水），被誉为“诗仙”。

李清照，号易安居士，宋代著名女词人，婉约词派代表，有“千古第一才女”之称。

李时珍，字东璧，晚年自号濒湖山人，湖北蕲州（今湖北黄冈）人，汉族，中国古代伟大的医学家、药物学家。历时二十七年编成《本草纲目》一书，是我国古代药物学的总结性巨著。

周

姓氏起源

源于姬姓。周平王之子姬烈受封汝坟侯，到了他十九世孙姬邕时，周朝灭亡，其族从此失去侯位，后代子孙遂以故朝名为姓氏，称周氏。

还有一种说法，仍和周王室有关。公元前256年，周朝被秦国灭掉，以周赧王为首的周朝皇族，被废为庶人，举族迁往惮孤（今河南临汝县西北），当地百姓称赧王为周家，其后代亦自称为周氏。又有春秋时期，周公姬旦的后裔周公姬黑肩，企图杀死庄王而改立王子克，事泄被杀，其后代亦称周氏。

唐玄宗时，长安中所有姬姓族人由于要避唐玄宗李隆基的名字之音讳，即“姬”与“基”音同，均改为周氏。

家族名人

周亚夫，西汉时名将，绛侯周勃之子。在七国之乱中，他统率汉军，三个月平定了叛军。

周瑜，字公瑾，三国时东吴大都督，曾率江东孙氏集团军队与刘备军队联合，赤壁之战大败曹军，由此奠定了三分天下的基础。

吴

姓氏起源

源于姬姓，以国为氏。古公亶父之子太伯和仲雍出奔江南，建都于梅里（今江苏无锡），号称勾吴。太伯无后，死后仲雍即位，世代相传。周武王灭商后，封太伯三世孙周章为吴子，吴国成为正式的诸侯国。公元前473年，吴国为越国所灭，子孙遂以国名为姓。

炎帝时有大臣吴权，其后裔以吴为氏。

夏禹封舜子商均于虞，上古“虞”字写作“吴”，因而部分吴氏由虞姓而来。

家族名人

吴道子，唐代画家，擅佛道、神鬼、人物、山水、鸟兽、草木等，尤精于佛道、人物，长于壁画创作，被后世尊称为“画圣”，传世作品有《天王送子图》。

吴承恩，字汝忠，号射阳山人，淮安府山阳县（今江苏淮安）人，明代著名小说家，著有《西游记》。

郑

姓氏起源

源于姬姓，以国为氏。周宣王时，封其弟姬友在郑国，姬友即郑国首任国君郑桓公。公元前375年，郑国为韩国所灭，郑国遗族为纪念故国，多有以故国名为姓氏者，称郑氏。

郑国灭亡后，郑国王族、国民有大量逃迁至陕西汉中地区者，以故国之名又建了一个小方国，史称南郑，并以故国名为姓氏，称郑氏。

另外，周考王时封其弟姬揭于周王室京畿内，以续周公之官职，史称“周公国”，亦称“西郑”，以便与位于河南的郑国有所区别。在周桓公的后裔子孙中，多以居邑名为姓氏者，称郑氏。周公国在战国时分裂成东周公国和西周公国，东周公国后为秦国所灭，其国人也迁逃至南郑，亦以邑名为姓氏，称郑氏，与前郑氏实际上还是同宗同源。

家族名人

郑成功，明末抗清名将，民族英雄，本名森，又名福松，字明俨，号大木，福建省南安市石井镇人。1662年，他率军击败荷兰殖民者，收复台湾。

郑燮，字克柔，号板桥，江苏兴化人，清代画家、文学家，“扬州八怪”之一。其诗、书、画均旷世独立，世称“三绝”，擅画兰、竹、石、松、菊等植物，其中画竹有五十余年，成就最为突出。

王

姓氏起源

源于妫姓。虞舜后人田和成为齐国国君，世称“田氏伐齐”，其后人以王族身份改“妫”姓为“王”姓，称为王氏。齐国为秦国所灭，最后一名国王是田建。项羽反秦时，封田建之孙田安为济北王，及项羽为刘邦所败，田安也失去了王位。但他的子孙为了纪念这一事情，从此便改姓王氏。

源于子姓。殷商王子比干因屡次劝谏纣王，被剖心而死。其后人改王为氏以纪念比干。

周灵王的太子晋，因直谏被废为庶人，其子宗敬仍在朝中为司徒，当时人因他是王族后代，称其族为“王家”，其后代遂以王为姓。

周武王时，封其弟于毕国，人称毕公高。毕国灭亡后，毕公高的裔孙毕万投奔晋国，为司徒，并被分封于魏。公元前225年，魏国为秦国所灭，其子孙四散，因是王者之后，遂以王为姓。

周平王死后，太孙赤继位，但不久即被推翻，不得已出奔晋国。其子孙也因是王族，改姓王。

周考王的胞弟桓公揭被封在王城一带，地虽小，但处于王城西部，史称“西周桓公”。周灭亡后，子孙迁徙，因居于王城而改姓王。

秦灭六国后，各国王族避难散居，至汉朝初年纷纷改姓为王氏。

南北朝时，西魏鲜卑族复姓可频氏，亦改为王氏。

家族名人

王猛，字景略，北海剧县人。东晋十六国时期前秦丞相，在世时辅佐苻坚统一北方，谥“武侯”。

王羲之，字逸少，东晋著名书法家，有“书圣”之称。代表作《兰亭序》，被誉为“天下第一行书”。在书法史上，他与其子王献之合称为“二王”。

王勃，字子安，古绛州龙门(今山西万荣)人，唐朝著名诗人，与杨炯、卢照邻、骆宾王齐名，世称“初唐四杰”。

冯陈褚卫　蒋沈韩杨

冯

姓氏起源

源于姬姓。毕公高的后人毕万在晋国得封魏地。公元前403年，周威烈王正式册封毕万后人魏斯为魏侯，又封其中一支系的魏长卿于冯城。于是这一支子孙逐步放弃了毕、魏之姓，以邑为氏而改姓冯，史称“冯氏正宗”。

源于归姓。郑国大夫简子（归姓）被郑简公封于冯邑，遂以邑名为氏。

南北朝时候，鲜卑族人拓跋觐以先祖官爵称号“冯翌侯”为氏，后简化为冯氏。

家族名人

冯梦龙，字犹龙，一字子犹，号龙子犹、墨憨斋主人等，苏州府长洲县（今江苏苏州）人，明代文学家，工诗文、通经学，著作颇多，尤以小说《喻世明言》《警世通言》《醒世恒言》著称于世，称为“三言”。

冯子材，字南干，号萃亭，祖籍博白，生于钦州沙尾村，客家人，晚清名将。历经太平天国运动、中法战争，累官至太子少保。于70岁高龄时，大败法军于镇南关。

陈

姓氏起源

源于姚姓和妫姓。周武王灭商后，封舜的后代妫满于陈地，建立陈国，其后人有以国名为姓氏者。

据《魏书·官氏志》记载，南北朝时有代北三字姓侯莫陈氏，随北魏孝文帝迁都洛阳，改姓陈。

家族名人

陈平，汉族，阳武户牖乡（今河南原阳）人，西汉开国功臣，曾献计离间项羽群臣，使项羽重要谋士范增忧愤病死。白登之围中，汉高祖被困，幸得陈平献计重贿冒顿单于的阏氏，才得以解围。

陈霸先，即陈高祖，南朝陈的开创者，字兴国，吴兴（今浙江长兴）人。他在位期间，保卫了汉文明和汉文化，让饱经战乱的南国大地脱离了水火，有了一个较长时期的稳定发展阶段，开创了我国江南文化经济繁荣发展的历史时期。

褚

姓氏起源

以地为氏。《姓氏寻源》云：古有褚地，居者以为氏。

据《通志·氏族略》记载，春秋时，宋共公之子段食采于褚邑，他品行高洁，堪为表率，故称“褚师”，从此后世子孙都以褚为姓氏。

以官为氏。春秋时期，各诸侯国都有叫作“褚师”的官职，掌管集市和贸易，又称“市令”。世代任褚师之职的人，以官名为氏，称为褚氏。

家族名人

褚遂良，字登善，唐朝政治家、书法家，阳翟（今河南禹州）人。因反对高宗立武则天为后，屡遭贬谪。褚遂良博涉文史，工楷、隶，书学钟繇、王羲之，而成古雅瘦劲之体，与欧阳询、虞世南、薛稷并称“初唐四大书法家”。

卫

姓氏起源

源于姬姓，以国为氏。周武王灭商后，封弟康叔于卫，建立卫国。公元前209年，卫国为秦国所灭，其公族子孙及国民中有以故国名为姓氏者，称卫氏。

据《后燕录》记载，十六国时期，昌黎（今河北昌黎）鲜卑族有卫氏。

家族名人

卫青，字仲卿，河东平阳（今山西临汾）人，西汉抗击匈奴的名将，武帝时任大司马、大将军，封长平侯。卫青的首次出征奇袭龙城，打破了汉初以来匈奴不败的神话，曾七战七胜，以武钢车阵大破伊稚斜单于主力，为北部疆域的开拓做出重大贡献。

卫瓘，字伯玉，河东安邑（今山西夏县）人，西晋书法家，擅长隶书、章草，师承张芝书法传统，自称得张芝之筋，风格流便秀美。其章草笔画去掉波势，见出今草端倪。其子卫恒，其女卫铄皆为书法家。

蒋

姓氏起源

源于姬姓，以国为氏。据《元和姓纂》等书记载，周公旦第三子伯龄被封在蒋，建立蒋国。蒋国后为楚国所灭，遗民遂以故国名为姓氏，称蒋氏。

家族名人

蒋琬，字公琰，零陵湘乡（今湖南湘乡）人，三国时期著名政治家、军事家。诸葛亮死后，蒋琬主持蜀汉朝政，他稳重大度，采取闭关息民政策，使得蜀国国力复苏。

沈

姓氏起源

源于姬姓，以国为氏。周文王第十子季载，因平叛有功，被周公举荐为大司空，后周成王又封季载于沈地，建立沈国。后沈国为蔡国所灭，季载后人逃奔楚国，多以故国名为姓氏，称沈氏。

据《通志·氏族略》记载，楚国有沈邑，楚庄王将自己的儿子贞封在沈邑，其后人亦有称沈氏者。

又有古沈国，后为西周初期的晋国所灭，其国人亦称沈氏。

家族名人

沈约，字休文，吴兴武康（今浙江湖州德清）人，南朝文学家、史学家、声律学家，是《二十四史》中《宋书》的作者。

沈括，字存中，号梦溪丈人，杭州钱塘（今浙江杭州）人，北宋科学家、政治家。神宗时参与王安石变法运动。精通天文、数学、物理学、化学、地质学、气象学、地理学、农学和医学，是我国历史上最卓越的科学家之一，著有《梦溪笔谈》。

韩

姓氏起源

据《姓氏寻源》记载，黄帝与螺祖有子名昌意，昌意后来被贬谪到若水，生子韩流，韩流生子韩经。传说韩经在尧帝执政时期成仙，举日飞升，传为佳话。在韩流、韩经的后裔子孙中，有以先祖名字为姓氏者，称韩氏。

源于姬姓。西周初年，周公旦封武王之子于韩，建立韩国，后为晋国所灭，其国人以韩为姓。

晋武公正式成为晋侯后，封叔父姬万于韩原，称韩万，其后代以韩为姓。春秋晚期，韩万的后人与赵、魏两家瓜分晋国，史称“三家分晋”，韩国成为“战国七雄”之一。韩国后为秦国所灭，其王族及国民有以故国名为氏者，称韩氏。

南北朝时，北魏孝文帝推行汉化改革，把鲜卑族姓氏改为汉姓，其中代北的出大汗氏改为韩氏。

家族名人

韩信，淮阴人，西汉开国功臣，中国历史上杰出的军事家，与萧何、张良并列为“汉初三杰”。韩信是中国军事思想“谋战”派的代表人物，被萧何誉为“国士无双”。刘邦评价曰：“战必胜，攻必取，吾不如韩信。”被后人奉为“兵仙”、“战神”。

韩愈，字退之，河南河阳（今河南焦作孟州）人，唐代著名文学家、哲学家、思想家，“唐宋八大家”之一，有“文章巨公”和“百代文宗”之名。

杨

姓氏起源

源于姬姓，以国为氏。周宣王有子名尚父，幽王时被封于杨，为侯爵，建立杨国。后杨国为晋国兼并，其后人有以杨为姓氏者。

据《元和姓纂》记载，晋武公次子伯侨受封于杨地，称杨侯，其后人有以杨为姓氏者。杨地后成为伯侨后人羊舌肸的封邑，晋灭强宗祁氏、羊舌氏时，羊舌肸之孙逃于华山仙谷，遂居华阴，称杨氏。

据《晋书》云：氐有杨氏，世居仇池（今甘肃仇池山）。北魏孝文帝汉化改革中，代北莫胡时改姓为杨氏。

出于扬姓。古有扬邑，居者以扬为氏。古时“杨”和“扬”不分。

隋朝皇族姓杨，有因功而被赐姓杨氏者。

家族名人

杨坚，即隋文帝，隋王朝的开创者。他在位期间成功地统一了分裂数百年的中国，开创先进的选官制度，发展文化经济，使得中国成为盛世之国。

杨万里，字廷秀，号诚斋，吉州吉水（今江西吉水）人，南宋著名爱国诗人、文学家，与陆游、尤袤、范成大并称“南宋四大家”，“中兴四大诗人”。

杨士奇，名寓，字士奇，号东里，江西泰和（今江西吉安）人。明代大臣、学者。与杨荣、杨溥同辅政，并称“三杨”，因其居地所处，时人称之为“西杨”。

朱秦尤许　何吕施张

朱

姓氏起源

源于曹姓。周武王灭商后，封帝颛顼的后人曹挟在邾（今山东邹城一带），建立邾国，附庸于鲁国。邾国后为楚国所灭，邾国遗族有以故国名为姓氏者，称邾氏。后又有人改“邾”为“朱”，以朱为氏，称朱氏。

尧帝子名丹朱，其后人有以先祖名为姓氏者。帝喾时有大臣朱虎，其后人亦有以先祖名为姓氏者，称朱氏。此外，宋国开国君主微子启，有子名朱，史称公子朱。后宋国为诸侯联手所灭，其遗族有逃至砀山者，以先祖名为姓氏，称朱氏。

据《魏书·官氏志》记载，北魏有鲜卑族渴烛浑氏、朱可浑氏，于北魏孝文帝时南迁洛阳，改为朱氏。

家族名人

朱元璋，即明太祖，明王朝的开创者，字国瑞，原名重八，后取名兴宗，濠州钟离（今安徽凤阳）人。他在位期间，废丞相，设三司，进一步加强了中央集权。

朱熹，字元晦，一字仲晦，晚称晦翁，祖籍徽州府婺源县（今江西婺源），出生于南剑州尤溪（今福建尤溪）。南宋著名的理学家、思想家、哲学家，闽学派的代表人物，世称朱子，是孔子、孟子之后最杰出的弘扬儒学的大师。

秦

姓氏起源

源于嬴姓，以国为氏。伯益是帝颛顼的裔孙，他因助禹治水有功，又为舜驯服鸟兽，被舜赐姓嬴氏。伯益后人非子因善于驯马，被周孝王封于秦地，这就是秦国的前身。秦国后统一六国，建立秦王朝，然历二世而亡，其王族子孙为纪念故国，以秦为姓氏。

源于姬姓，以邑为氏。据《元和姓纂》记载，周武王时，周公旦受封鲁国，其子伯禽代父去往封邑，是为鲁王。其裔孙中有一支食邑于秦邑，后人以邑为氏。

源于外夷。古代大秦国，即罗马帝国。通过丝绸之路，中国古代与大秦国在经济、文化等诸多方面加强了交流。大秦国人多有来中国经商的，因中国物产丰饶、文化发达，不愿再归去，他们以秦为姓，世代在中国繁衍。

家族名人

秦观，字少游，扬州高邮（今江苏高邮）人，北宋著名词人，“苏门四学士”之一。工诗词，词多写男女情爱，也颇有感伤身世之作，风格委婉含蓄，清丽雅淡。诗风与词相近。

秦琼，字叔宝，齐州历城（今山东济南）人，唐初大将，“凌烟阁二十四功臣”之一，在民间与尉迟恭为传统门神。

尤

姓氏起源

源于沈姓。据《梁溪漫录》记载，五代十国时期，王审知在福建称闽王，当地的沈氏族人为避“审”字的音讳，便把“沈”字的“氵”和“宀”去掉，改为“尤”氏。同时，王审知的女婿沈思礼的后人也改姓为尤氏，原因相同。

春秋时期宋国大夫子仇牧，其后人以先祖名字为姓氏，称仇氏。“仇”与“尤”二字音义相通，都是怨愤之义，因此亦有称尤氏者。

家族名人

尤袤，字延之，号遂初居士，无锡人，南宋著名诗人。著有《遂初小稿》，为“南宋四大家”之一。

尤侗，字展成，一字同人，早年自号三中子，又号悔庵，晚号良斋、西堂老人等，苏州府长洲（今江苏苏州）人。于康熙十八年（1679）举博学鸿儒，授翰林院检讨，参与修《明史》。曾被顺治誉为“真才子”，被康熙誉为“老名士”。

许

姓氏起源

源于姜姓，以国为氏。周武王灭商后，封伯夷的后人文叔于许国，称为许文叔。许国后为楚国所灭，其后代有以故国名为姓氏者，称许氏。

春秋时期，卫文公有子姬其浒，其后人有以先祖名字为姓氏者，因“浒”与“许”二字通假，故而亦称许氏。

尧帝时有贤士许由，其后人亦称许氏。

家族名人

许慎，字叔重，汝南召陵（今河南郾城）人，东汉著名经学家、文字学家、语言学家，精文字训诂，历经21年著成《说文解字》十四卷，收正字9353个，重文1163个，均按540个部首排列，是我国第一部说解文字原始形体结构及考究字源的文字学专著。

许褚，字仲康，谯国谯（今安徽亳州）人，东汉末年曹操帐下猛将，自曹操平定淮、汝一带就开始追随曹操，对曹操忠心不二，有“虎侯”之称。

何

姓氏起源

源于韩姓。据《元和姓纂》记载，周成王封其弟叔虞于唐，建立唐国。唐国后改名为晋国。叔虞裔孙后建立韩国，为“战国七雄”之一。后韩国为秦国所灭，子孙分散于江淮之间。江淮方言，音韩变何，遂为何氏。

据《五代史》所载，吐谷浑族有何氏。又据《唐书》所载，何氏为“昭武九姓”之一。隋唐时期的西域地区，有月氏人建立的康居政权，原居祁连山北的昭武城，后被匈奴人大败，迁至中亚，建立了安、曹、何、石、米、康、火寻、戊地、史等九姓政权。唐高宗永徽年间，昭武九姓先后归附内地，其中有何氏。

据《汉书·五行志》载，东汉有叫何苗的人，本为朱氏，冒姓何氏，子孙繁衍，遂成何姓一支。

汉朝时内宫有女官名姪何，负责掌管内宫事务，地位相当高，官秩比中二千石的二品大员。姪何的后裔子孙中，有以先祖母官名为姓氏者，称何氏。

家族名人

何休，字邵公，任城樊（今山东滋阳）人，东汉时期今文经学家。他闭门不出，用功十余年，作《春秋公羊传解诂》12卷。又注《孝经》

《论语》等。另作《春秋汉议》13卷，以春秋大义，驳正汉朝政事600多条。

何晏，字平叔，南阳宛（今河南南阳）人，三国时期魏国玄学家。何晏与王弼齐名，是魏晋玄学贵无派的创始人 。今存《论语集解》《景福殿赋》《道论》等著作。

吕

姓氏起源

源于姜姓，以国为氏。炎帝后裔伯夷为掌管礼仪的秩宗，帮助舜治理部落联盟，很有政绩。禹代行天子之政时，伯夷尽心辅佐，成为禹的心腹。为嘉奖伯夷，舜封伯夷为吕侯，伯夷即为吕国首任国君。在夏、商、周时，吕国都是诸侯国。吕国后为楚国所灭，其后人有以故国名为姓氏者，称吕氏。

春秋时期晋国有大夫名魏犨，又称魏武子。魏犨的儿子魏锜在吕、厨两地有封地，时人称其为吕锜。吕锜的子孙就以封地为氏，称吕氏。

北魏孝文帝汉化改革时，原鲜卑族之代北复姓叱吕氏、叱丘氏皆改为单姓吕氏。

家族名人

吕不韦，战国末年著名商人、政治家，后任秦国丞相，封文信侯。后因嫪毐集团叛乱一事受牵连，被免除相国职务，出居河南封地。不久，秦王政复命让其举家迁蜀，吕不韦担心被诛杀，于是饮鸩自尽。曾命食客编著《吕氏春秋》，又名《吕览》。有八览、六论、十二纪共20余万言，汇合了先秦各派学说，“兼儒墨，合名法”，故史称“杂家”。

吕布，字奉先，东汉末年名将，汉末群雄之一。先后为丁原、董卓的部将，也曾为袁绍效力，后占据徐州，自成一方势力。于建安三年（199）在下邳被曹操击败并处死。

施

姓氏起源

源于姬姓。春秋时期，鲁惠公有子姬尾生，字施父，史称施父尾，其后人以先祖之字为氏，称施氏。

源于妫姓。夏朝时有诸侯国施国，商汤灭夏桀后，施国也随之灭亡，其公族子孙遂以故国名为姓，称施氏。

源于子姓，为殷民七族之一。据史籍《左传》记载，西周初期，周武王之弟姬康叔受封为卫侯，分到了“殷民七族”，即陶氏、施氏、繁氏、锜氏、饥氏、樊氏和终葵氏等。施氏在商王朝时期为专职制旌旗的工匠，古称“旌、旗、帜”为“施”，其后人遂以职业为氏。

据史籍《姓氏词典》记载，明朝方孝孺因支持建文帝，怒斥明成祖朱棣而惨遭杀害，其同姓族人纷纷外逃，为避株连，有改称施氏者。

家族名人

施耐庵，本名彦端，江苏兴化人，元末明初著名文学家，他博古通今，才气横溢，举凡群经诸子，词章诗歌，天文、地理、医卜、星象等，一切技术无不精通，36岁曾中进士，后弃官归里，闭门著书，著有《水浒传》。

施琅，字尊候，号琢公，明末清初军事家，原为郑成功部将，后降清，参与清军对郑军的进攻和招抚，1683年率军渡海占领台湾。

张

姓氏起源

源于姬姓。据《通志·氏族略》记载，春秋时期晋国有大夫解张，字张侯，其子孙以其先祖之字为姓氏，称张氏。

据《元和姓纂》所载："黄帝第五子青阳生挥，为弓正，观弧星，始制弓矢，主祀弧星，因姓张氏。"由此可见，古时重要武器弓的发明者挥，其后人即以张为姓氏。

西汉武帝时，雁门马邑有豪商聂壹，为破匈奴，提出著名的"马邑之谋"，然行动最终失败。聂壹族人畏祸，便改姓张。东汉末年名将张辽即是这一支的后人。

家族名人

张良，字子房，秦末汉初著名谋士，"汉初三杰"之一，封留侯。晚年好黄老，学辟谷之术。

张衡，字平子，南阳西鄂（今河南南阳）人，东汉时期著名天文学家、数学家、发明家、地理学家、文学家，发明有浑天仪、地动仪，被后人誉为"科圣"。

张居正，字叔大，号太岳，明朝中后期政治家、改革家，万历时期的内阁首辅，辅佐万历皇帝推行了"万历新政"。

孔曹严华　金魏陶姜

孔

姓氏起源

源于子姓。《史记·孔子世家》中载：“孔子，宋微子之后。宋闵公长子弗父何，弗父何生宋父周，周生世子胜，胜生正考父，考父生孔父嘉。五世亲尽，别为公族，为孔氏。孔父嘉生木金父，木金父生祁父，祁父生防叔。防叔畏华氏之逼，奔鲁。防叔生伯夏，伯夏生叔梁纥，叔梁纥生子孔丘。”

源于姬姓。据《姓考》记载，春秋时期卫国有大夫孔悝，其后人有以先祖名为姓氏者，称孔氏。

源于妫姓。春秋时期陈国有大夫孔宁，其后人有以先祖名为姓氏者。

春秋时期郑穆公有后人名姬孔张，其后人亦有以先祖名为姓氏者。

家族名人

孔丘，字仲尼，儒家学派的创始人，东方文化的代表，中国古代伟大的思想家、政治家、教育家，集上古文化之大成，在世时已被誉为“天纵之圣”、“天之木铎”，是当时社会的最博学者之一，被后世统治者尊为至圣先师、万世师表、文宣皇帝、文宣王，是“世界十大文化名人”之首。

孔融，字文举，东汉鲁国人，东汉末年文学家，孔子二十世孙，有俊才，为“建安七子”之首。

曹

姓氏起源

帝颛顼有曾孙吴回，吴回之孙安被封在曹国，称曹安。周武王时改封曹安的后裔曹挟于邾国。后邾国为楚国所灭，其后人有以国为氏，改为朱氏，有的仍以曹为氏，称曹氏。

周武王灭商后，封曹挟于邾国的同时，又封其弟振铎于曹邑，为曹伯，建立曹国。曹国后为宋国所灭，其国人遂以故国名为氏，称曹氏。

《新唐书》中载，为少数民族昭武九姓之一。隋唐时期，西域有康居国，其支庶分出小国曹国。

家族名人

曹植，字子建，沛国谯（今安徽亳州）人，魏武帝曹操第三子，曹魏著名文学家，其代表作有《洛神赋》《白马篇》《七哀诗》等。后人因其文学上的造诣而将他与曹操、曹丕合称为“三曹”。

曹雪芹，名霑，号雪芹，又号芹溪、芹圃，清代著名文学家。他出身于一个“百年望族”的大官僚地主家庭，因家庭的衰败饱尝人世辛酸，后以坚韧不拔之毅力，历经多年艰辛创作出极具思想性、艺术性的伟大作品《红楼梦》。

严

姓氏起源

据《元和姓纂》及《通志·氏族略》记载，严氏本为庄氏。战国时楚王熊侣，谥号为庄，其支庶子孙有以先祖谥号为姓氏者，称庄氏。东汉时，庄姓为避汉明帝刘庄之讳，改姓严。到魏晋时期，姓严的人中，有一部分又恢复了原来的庄姓。这样，就出现了庄、严姓并存于世的情况。故有“庄、严本一宗，同姓不可婚”之说。

源于嬴姓。战国时期，秦国有宗室名将嬴君疾，受封于蜀郡严道（今四川荥经），他便以封邑名称为姓氏，称严君疾，世代相传。

据《姓考》记载，远古时有个严国，其国人以国名为氏。

家族名人

严复，原名宗光，字又陵，后改名复，字几道，汉族，福建侯官（今福建福州）人，他是清末很有影响力的资产阶级启蒙思想家、翻译家和教育家，是中国近代史上向西方国家寻找真理的“先进的中国人”之一。

华

姓氏起源

源于子姓，以邑为氏。据《通志·氏族略》记载，春秋时期，宋戴公封其子考父于华邑，其后有华氏。又《名贤氏族言行类稿》上记载：“宋戴公孙督（考父之子），字华父，相宋公，因自立为华氏，华督、华元、华定、华亥，并为宋卿。”这里是说华氏是因字得姓。以上两种说法实为一脉。

源于姒姓。史籍记载：“夏仲康封观于西岳，曰华氏。”

源于姬姓。春秋时期郑国世子华，是郑文公次子，其后裔子孙中有以先祖名为姓氏者，称华氏。

源于嬴姓。战国末期秦惠王之子公子华，为当时秦国大将，其后裔子孙中亦有以先祖名为姓氏者。

家族名人

华佗，字元化，沛国谯（今安徽亳州）人，东汉末年著名医学家。少时曾在外游学，钻研医术而不求仕途。他医术全面，尤其擅长外科，精于手术，被后人称为“外科圣手”、“外科鼻祖”。精通内、妇、儿、针灸各科，外科尤为擅长。

金

姓氏起源

据《风俗通义》载，金姓是少昊金天氏之后。少昊是古代东夷部落首领，号为金天氏。《帝王世纪》上说，少昊的子孙中，有一支简化他的号“金天氏”而为姓氏的，就是金氏。

五代十国时期，吴越王名钱镠，因“镠”与“刘”为同音字，为避自己的名讳，钱镠便下诏要求吴越国中所有的刘氏族人皆改为金氏，世代相传。

据《姓氏考略》记载，远古有金国，国人以金为氏。

源于匈奴族。西汉王朝时期，南匈奴休屠王的儿子名叫日磾，在汉武帝执政时期随母亲归顺于汉室。汉武帝因获休屠王祭天金人，故赐其姓为金。金日磾的后代子孙，就以汉武帝所赐之“金”为姓氏，尽皆融入汉族，世代相传。

家族名人

金圣叹，本名金采，明亡后改名人瑞，字圣叹，别号鲲鹏散士。明末清初苏州吴县人，著名文学家、文学批评家。金圣叹的主要成就在于文学批评，对《水浒传》《西厢记》《左传》等书都有评点。

魏

姓氏起源

源于姬姓。据《元和姓纂》《史记·魏世家》《通志·氏族略》等资料所载，周武王灭商后，封其弟姬高于毕国，称毕公高。其孙毕万在毕国被西戎攻灭后，投奔到晋国，成为大夫。因功，被赐魏地为邑，其后子孙以邑为氏，称魏氏。公元前445年，魏斯正式建立魏国。公元前225年，魏国为秦国所灭，其王族有以故国名为姓氏者。

据《史记》记载，战国时秦国穰侯魏冉，本楚人，芈姓，后改姓魏。在芈魏冉的后裔子孙中，有以先祖名字为姓氏者，称魏氏。

家族名人

魏徵，字玄成，祖籍河北巨鹿（今河北邢台），唐朝政治家。曾任谏议大夫、左光禄大夫，封郑国公，谥文贞，为“凌烟阁二十四功臣”之一。以直谏敢言著称，是中国史上最负盛名的谏臣。

魏源，又名远达，字默深，又字墨生、汉士，号良图，湖南邵阳隆回人，清代启蒙思想家、政治家、文学家，近代中国“睁眼看世界”的先行者之一。

陶

姓氏起源

据《元和姓纂》和《姓苑》记载，尧帝初居于陶(古济阴，今山东定陶)，以制作陶器为业，官名“陶正”。后封于唐，为唐侯，故称陶唐氏。在尧帝的后裔子孙中，有以先祖原居地为姓氏者，称陶氏、唐氏。

以官为氏。又据《元和姓纂》记载，西周初年，舜之裔孙虞思，官至陶正，其子虞阏承袭父职，其后子孙以官为氏。

据《左传》记载，周初，武王弟康叔受封为卫侯，分到殷民七族，其中有陶氏，即掌管制作陶器的工匠。

据《宋史本传》《东都事略·陶谷传》等记载，宋朝初年有陶谷，本名唐谷，原唐朝沙陀部人石敬瑭建立了后晋政权，称后晋高祖皇帝，唐谷为避石敬瑭名讳，改姓为陶，称陶谷。

家族名人

陶渊明，字元亮，又名潜，号五柳先生，世称“靖节先生”，汉族，浔阳柴桑（今江西九江）人。东晋末期南朝宋初期诗人、文学家、辞赋家、散文家。他是中国第一位田园诗人，著有《陶渊明集》。被称为“千古隐逸之宗”。

陶弘景，字通明，南朝梁时丹阳秣陵（今江苏南京）人，号华阳隐居，著名的医药家、炼丹家、文学家，人称“山中宰相”。作品有《本草经注》《集金丹黄白方》《二牛图》《陶隐居集》等。

姜

姓氏起源

以地为氏。《元和姓纂》云：炎帝生于姜水，因氏焉，生太公，封于齐，为田和所灭，子孙分散，后为姜姓。

据《诗经》所载，相传周族始祖后稷之母为姜嫄，乃姜姓有邰氏之女。

据史籍《通志·氏族略》所载，唐高宗上元时期，大臣桓庭昌准制改为姜姓，其子孙后代世代称姜姓。

家族名人

姜维，字伯约，天水冀县（今甘肃甘谷东南）人，初仕曹魏，后降蜀汉，被诸葛亮重用。诸葛亮去世后，姜维在蜀汉开始崭露头角，费祎死后，姜维开始独掌军权，继续率领蜀汉军队北伐曹魏。

姜夔，字尧章，号白石道人，饶州鄱阳（今江西鄱阳）人，南宋文学家、音乐家。他多才多艺，精通音律，能自度曲，其词格律严密。其作品素以空灵含蓄著称。

戚谢邹喻　柏水窦章

戚

姓氏起源

源于姬姓，以邑为氏。据《万姓统谱》记载，春秋时期，卫武公有子名惠孙，其子孙为孙氏。到姬惠孙的第七世孙孙林父，他在卫献公执政时期出任上卿，后来失宠，先后出奔到晋国和齐国，卫殇公执政时期归国，受封于戚邑(今河南濮阳戚城)。当时，戚邑是晋、郑、吴、楚等各诸侯国的交通要塞，濒临黄河，有险可据，平原沃野，堪称乐土。孙林父的支庶子孙恋居戚城，遂以封邑名为氏，称戚氏。

以官为氏。戚，即战斧，后亦称行刑之斧、仪仗之斧。春秋时期有官职为戚卫，即专门执掌戚的亲军侍卫，多用于君王仪仗和护卫，以及军营中司职执行军法的刽子手。在戚卫的后裔子孙中，有以先祖官名为姓氏者，称戚氏。

家族名人

戚继光，字元敬，号南塘，晚号孟诸，卒谥武毅，祖籍安徽定远，明朝杰出的军事家、书法家、诗人。戚继光在东南沿海抗击倭寇十余年，扫平了多年为虐沿海的倭患，确保了沿海人民的生命财产安全。又在北方抗击蒙古部族内犯十余年，保卫了北部疆域的安全。

谢

姓氏起源

《世本》曰："谢国，任姓，黄帝之后。"黄帝的任姓儿子建立谢国，至周初亡国。后周宣王封其舅父申伯于谢国，申伯后人有以国名为姓氏者，称谢氏。

先秦后期，秦国中人的姓氏之中有射氏，出自军制司射官。后因"射"与"谢"二字同音通假，常被写作"谢"。颜师古认为：谢氏是射氏的一个分支。亦有说法称谢氏为谢丘氏的简化。

据《旧唐书·文苑传》记载，唐代谢偃的祖父孝政，本姓直勒氏，是鲜卑族人，后改姓为谢氏。

家族名人

谢安，字安石，东晋著名政治家、宰相，汉族，陈郡阳夏（今河南太康）人。他成功挫败桓温篡位，又作为东晋一方的总指挥，在面对前秦的侵略时，在淝水之战中以八万兵力打败了号称百万的前秦军队，致使前秦一蹶不振，为东晋赢得几十年的安宁和平。

谢灵运，南北朝时期杰出的诗人、文学家，出身陈郡谢氏。他是中国文学史上山水诗派的开创者，代表作有《山居赋》，同时他也是见诸史册的第一位大旅行家。谢灵运还兼通史学，工于书法，翻译佛经，曾奉诏撰《晋书》。

邹

姓氏起源

源于姚姓。舜帝后裔姚姓族人建有邹国，是最早的邹国。春秋初，邹国为曹姓邾人所夺，邹人被迫迁到今山东邹平南，后为齐国所灭，子孙以国为氏，称邹姓。

春秋初期有郳国，又称郳娄国。郳娄国势小力单，一直为大国鲁国的附庸国。到战国时期，郳娄国以郳、娄合音，鲁国人读作“邹”，因而鲁国君主鲁穆公在孟子的建议下，强行改郳娄国为邹国。邹国后为楚国所灭，其国人有以国名为氏者，称邹氏。邹氏与曹氏、朱氏同宗同源。

源于子姓。据《元和姓纂》记载，为春秋宋愍公之后，正考父食采邑于邹邑。其五世孙叔梁纥时，以邑为氏，称邹氏。

源于姜姓。黄帝在打败蚩尤部落联盟以后，蚩尤属下部分族人分迁至邹、屠之地，该部分族民以地名为氏，居邹地者为邹氏，居屠地者为屠氏。

家族名人

邹衍，战国时期齐国人，哲学家。主要活跃在孟子后期，与公孙龙、鲁仲连是同时代人。齐宣王时，邹衍学于稷下学宫，先学儒学，后改攻阴阳五行学说。后从齐去燕，受到燕昭王的礼遇，帮助振兴强大了燕国。

邹忌，战国时期齐国大臣，以鼓琴游说齐威王，被任相国，封于下邳，称成侯。

喻

姓氏起源

据《姓苑》记载，黄帝时有医官叫俞柎，俞柎的后人相传姓俞。到南宋建炎年间，俞氏一族的后代有个叫俞樗的，聪明好学，精通世故，宋高宗喜欢他“佯佯知喻”，就将“喻”赐给他为姓氏。从此，俞樗的后裔就是喻氏，世代相传至今。

源于芈姓。据《通志·氏族略》记载：“俞豊氏，芈姓，楚公子食采于南阳豊亭，因氏焉。”宋朝以后，俞豊氏族人中有的与喻氏合并为一，省文简改为单姓喻氏，亦有省文简改为单姓俞氏、豊氏者。

豈氏，就是现在的豆氏。

以官为氏。秦汉时有官职使喻，使喻，亦称作喻使、喻令，就是传令官，其后裔子孙中，有以先祖官名为姓氏者，称喻氏。

春秋时郑国贵族渝氏，因音讹变为喻氏。《路史》记载："郑后有渝氏，通作喻。"

东汉时，苍梧太守谕猛，为官清正，后来他改姓喻，为喻姓第一大支始祖。《通志·氏族略》也记载："今喻氏多作谕氏。"

家族名人

喻培伦，清末民主革命者，字云纪，四川内江人，在日本加入孙中山领导的同盟会。1911年春，在黄兴的率领下随林觉民、方声洞等革命党人精英勇猛地攻入广东督署，被俘后从容就义，为"黄花岗七十二烈士"之一。

柏

姓氏起源

伯益为帝颛顼的裔孙，又名柏翳。伯益因功被舜帝赐姓为嬴，但其后人仍有以先祖名为氏者，称柏氏。

源于柏皇氏。相传远古时代有柏皇氏，是东方部族的首领，名叫芝，因为以柏木为图腾，所以称为柏芝。相传柏芝曾担任伏羲氏的助手，勤劳于天下而不居功，造福于民众而无所求，所以深得百姓们的拥戴，被尊为皇柏，称柏皇氏。周初，周公旦封柏皇氏后裔一个子爵诸侯国，即柏国。柏国后为楚国所灭，其后人以故国名为氏，称柏氏。

帝喾时有栢招，为帝喾之师，史称"栢公"。栢，就是古代的"柏"字，与柏字同义通用，因此栢招亦称"柏招"。在栢招的后裔子孙中，有以先祖名字为姓氏者，称栢氏或柏氏。

炎帝后人伯夷，其后人有以先祖名为姓氏者。商末孤竹国君长子亦名伯夷，其后人亦有以先祖名为姓氏者。上古时期“伯”、“柏”二字通假。

家族名人

柏良器，唐朝人，其父柏造在安史之乱时被安禄山杀害。柏良器发誓要报杀父之仇，于是开始习武学剑。后被推荐到李光弼帐下，立下赫赫战功。后又镇压袁晁、方清起义，击败淮宁节度使李希烈，加封平原王。

水

姓氏起源

源于姒姓。据《姓氏考略》《姓苑》等记载，远古大禹治水时，他的氏族部落中有很多人当了水工。大禹带领水工们到会稽山治水后，留下一个水工(禹的庶孙)居住在会稽，这位水工便以水为氏，世代相传。

源于远古，属于以图腾为氏。古人认为世界是由木、火、土、金、水五物组成，称之为“五行”。遂之，逐渐有了木氏、火氏、土氏、金氏与水氏的出现。

源于共工氏。相传共工是黄帝时候负责掌管水利的水官，其后世子孙中，多有以“水”为姓氏者，称水氏。西周时亦有官职水正，春秋时鲁国有泽虞，又称水虞，汉朝有水衡都尉，其后裔子孙都有以先祖官名为氏者。

据《百家姓·姓氏起源》载，传说从上古到战国，曾先后有过大大小小许多诸侯，经过多次的战争和内乱，大多数诸侯被吞并。有些诸侯的后世子孙只好逃往民间，自谋生路。其中有些以水为图腾的便傍水而居，就以水为姓，称为水氏。

源于改姓。先人有复姓水丘氏、汤水氏、竭水氏、根水氏、桑水氏、游水氏等，其后代有的便简化其复姓为单姓水氏。

家族名人

水佳胤，字启明，水乡漠之子，明朝天启年间进士，熟谙兵法，升任建宁兵备参议。奉令平靖白莲教之乱，活捉了教主王森。又奉令平靖粤寇，以锐不可当之势，肃清了60余股贼寇。后以左迁归隐句章。后人为了纪念他的功德，在蓟州建造了水督庙。

窦

姓氏起源

源于姒姓。夏朝君主太康在位时，荒废政事，不理民情，在去洛水北岸游猎时，为有穷氏部落首领后羿夺去国政。太康无处可归，后病死，葬于阳夏（今河南省太康县西）。后羿夺权后并没有称王，而是立太康之弟仲康为王，但事实上国事全由后羿治理。仲康试图削弱后羿的力量，终因实力薄弱，反被后羿软禁，最终忧闷成病而死。仲康死后，其子相继位。因后羿带兵进逼，相只得投奔与夏同姓的斟鄩、斟灌二氏。从此，后羿独承王位。

后羿亦好狩猎，不善治理国事，后被臣下寒浞杀害，夺取王权。寒浞派兵灭掉亲夏的斟灌氏与斟鄩氏，杀了在斟鄩躲避的相。相的妻子后缗当时已怀下相的儿子，她从墙洞逃走，奔归娘家有仍（今山东济宁）避难，不久生下遗腹子少康。少康后在夏室遗臣的帮助下击败了寒浞，夺回了政权，夏由此复国，后世称“少康中兴”。墙洞，即“窦”。为了纪念祖上这个历史事件，少康就给他留居在有仍的抒、宠两个儿子命姓氏为“窦”氏，世代相传。

源于姬姓。战国时期魏国大夫窦公，其后裔子孙有以先祖名号为姓氏者，称窦公氏，后简化为单姓窦氏。

据《穆天子传奇》记载，周穆王赐皇后氏族为窦氏。

源于氐族。晋朝末期，氐族库狄宥连部的首领以所居之地“屋窦城”为姓氏，称窦羽泥。在窦羽泥的后裔子孙中，有汉化姓氏者，称窦羽氏。北周时期，又多简化为单姓窦氏。

家族名人

窦婴，字王孙，清河观津（今河北衡水东）人，窦太后之侄。吴、楚七国之乱时，被景帝封为大将军，守荥阳，监齐、赵兵。七国破，封魏其侯。

窦固，字孟孙，扶风郡平陵县（今陕西咸阳西北）人，东汉时期名将。汉明帝时，窦固西击北匈奴，分兵四路，军出酒泉，至天山，大败北匈奴呼衍王，斩首千人。窦固又派班超出使西域，自此西域诸国皆归附于汉。永平十七年（74），窦固再出玉门关，击溃北匈奴在车师的势力。

章

姓氏起源

源于姜姓。据《姓氏辨证》《元和姓纂》《古今姓氏书辨证》等记载，商朝时有鄣国，至周朝时依然存在。周成王时，封姜太公于齐地，建立齐国。之后，鄣国即被姜太公收为附庸国。后姜太公将齐国留封给嫡子，而将鄣国分封给庶子。到了姜太公之曾孙姜虎时，被正式封于鄣国，史称鄣穆公。至鄣胡公姜祥时，鄣国被齐国吞并，姜祥弟姜韆出逃至楚国，因耻同室操戈，遂摒姜姓不用，于“鄣”字去邑旁为“章”，章氏自此始。

据《左传》记载，黄帝二十五子，得姓者十四人，为十二姓，其一为任姓。在任姓之后，有谢氏、章氏、薛氏、舒氏、吕氏、终氏、泉氏、毕氏、过氏、祝氏这十个著姓，都是出自任姓直系分衍的姓氏。

据《元史·孝友传》所载，章卿孙，本姓刘，幼为章姓养子，遂姓章。

家族名人

章邯，秦末著名将领，为秦朝的军事支柱，秦王朝最后一员大将。秦二世元年（前209）九月，受命率骊山刑徒迎击陈胜起义军周文部，屡战屡胜，使秦廷得以苟延残喘。巨鹿之战中被项羽击败，随项羽入关，封雍王。楚汉战争中，章邯与汉军作战不利，自杀。

章太炎，原名学乘，字枚叔，后易名为炳麟，号太炎，浙江余杭人，清末民初思想家、史学家、朴学大师、国学大师、民族主义革命者。

云苏潘葛　奚范彭郎

云

姓氏起源

源于妘姓。据《路史》载，帝颛顼后裔有祝融，在帝喾时任火正。祝融后受封于郓罗地，号为妘子，其后遂为妘氏，后省去“女”字旁而为“云”氏，形成云氏一支。又据《通志·氏族略》记载，祝融的支庶后裔子孙封于郧国，春秋时为楚国所灭，子孙以国为氏，后简去邑旁成为云氏。

以官为氏。黄帝时以云名官，分别管理一年四季之事，其中夏官的官名就叫作缙云氏。其后人以先祖官名为氏，称缙云氏，后简化为云氏。

据《魏书·官氏志》记载，南北朝时期，代北地区的鲜卑民族中有复姓宥连氏、悉云氏、是云氏、牒云氏等，后皆汉化为单姓云氏。

家族名人

云于熙，清代文昌（今海南文昌）人。少时苦学，颇有成就。他不喜置业，面海筑一房屋，称“观澜斋”，在斋中读书吟诗。他“读书必求实践，检束身心常恐不及，设功过格逐教自警，又以‘戒欺求慊、存心养性’”。

苏

姓氏起源

帝颛顼后裔重黎和吴回在帝喾时相继担任火正，又称祝融。吴回生陆终，陆终有六子，其中长子名樊，在夏朝时被封于昆吾（今河南许昌东），以封地名为姓，称昆吾氏。再后来，昆吾氏的子孙中又有人别封于苏（今河南温县一带），其子孙也以封地为姓，是为苏氏。

以国为氏。据《元和姓纂》记载，周武王时，司寇忿生受封于苏国，后迁于温，称苏忿生。春秋时，苏国为狄族所灭，其子孙以国名为氏，称苏氏。

商朝有诸侯国有苏氏，据《左传》记载，帝辛发兵征服了有苏氏，有苏氏献出牛羊、马匹、美女，还有自己的女儿苏妲己。有苏氏后简化为苏氏。

据《魏书·官氏志》所载，北魏孝文帝汉化改革，改鲜卑族代北复姓拔略氏为单姓苏氏。

家族名人

苏轼，字子瞻，号东坡居士，眉州眉山（今属四川眉山）人，北宋著名的文学家、书画家，诗词书画无不精通。其文纵横恣肆，为“唐宋八大家”之一，与欧阳修并称“欧苏”。其诗题材广阔，清新豪健，善用夸张、比喻，独具风格，与黄庭坚并称“苏黄”。词开豪放一派，与辛弃疾并称“苏辛”。苏轼与父苏洵、弟苏辙合称“三苏”。

潘

姓氏起源

源于姚姓。商朝时，舜姚姓后裔建有潘国，后为周武王所灭，其子孙遂以国名为姓氏而姓潘。

源于姬姓，以邑为氏。据《广韵》记载，西周时，毕公高姬姓的小儿子封邑在潘，其子孙以邑名为氏，称潘氏。

源于芈姓。春秋时楚国公族潘崇（芈姓），楚成王时任世子太师，其后人有以先祖名为氏者，称潘氏。

据《魏书·官氏志》所载，北魏孝文帝汉化改革时，改鲜卑破多罗氏为单姓潘氏。

河南有潘水，住在潘水边的人以水名为姓。又据《土地记》载：下雒城西南故潘城，有以地为氏者。

家族名人

潘岳，字安仁，荥阳中牟（今属河南）人，西晋文学家、名臣。以“美姿容”著称。在文学方面，长于诗赋，文词华靡，与同时代的文学家陆机齐名，其《悼亡诗》为世传诵。

潘美，字仲询，大名（今属河北）人，北宋名将，在灭南汉、南唐、北汉时立下奇功。宋太宗雍熙三年（986）攻辽，潘美因指挥失当，使名将杨业陷敌牺牲。

葛

姓氏起源

据《通志·氏族略》所载，夏朝时，伯益的后代被封在葛地，建葛国，是为葛伯。后葛国为商所灭。周武王灭商后，又寻回葛伯后裔，赐封葛国。后葛国又为郑国所灭。葛国再次灭亡后，其王族子孙和国民中有以国名为姓氏者，称葛氏。

据史籍《风俗通义》记载，远古时期，有部落居葛地，以居邑名称为部族姓氏，称葛天氏。葛天氏的后裔子孙在后来将姓氏简化为单姓，称葛氏，世代相传。

家族名人

葛洪，字稚川，丹阳句容（今江苏句容）人，东晋道教理论家、医药学家、炼丹士。自号抱朴子，好神仙导养之法，后卒于罗浮山。其对化学、医学的发展有一定贡献，著有《抱朴子》等传世。

奚

姓氏起源

源于任姓。黄帝的二十五子之一禺阳，受封于妊地，故为妊姓，后改作任氏。禺阳有个裔孙名叫仲，夏朝时期食采于奚地，史称奚仲。奚仲发明了车，被夏禹封为车正，负责管理和制作车舆。奚仲的后裔子孙中，多以先祖名为姓氏，称奚氏。

春秋时，公西赤和公西舆如二人皆为孔子弟子。公西舆如有子名叫公西涓，他改复姓公西氏为单姓傒氏，再后简化为奚氏。

西周时期的官役，男役称傒人，女役称俾人，他们的后裔子孙中，有以先祖职业称谓为姓氏者，称傒人氏、俾人氏，后统改为奚人氏，最后皆简化为单姓奚氏。

家族名人

奚超，徽墨的创始人，易水（今河北易州）奚氏制墨世家之后。唐末为避战乱，奚超带全家逃至歙州，从此定居，重操制墨旧业。他做的墨“丰肌腻理，光泽如漆”，南唐后主李煜得到奚氏墨，视为珍宝。

范

姓氏起源

源于祁姓，以邑为氏。据《元和姓纂》记载："帝尧裔孙刘累之后，在周为唐杜氏，周宣王灭杜，杜伯之子隰叔奔晋为士师，玄孙士会，食采于范，遂为范氏。"

楚国有范地，居者以地名为氏。

家族名人

范仲淹，字希文，北宋著名的政治家、军事家、文学家、思想家。景祐五年（1038），在平定西夏李元昊的叛乱中，与韩琦共同担任陕西经略安抚招讨副使，采取"屯田久守"方针，协助夏竦平定叛乱。庆历三年（1043），与富弼、韩琦等人发起"庆历新政"，提出了"明黜陟、抑侥幸、精贡举"等十项改革建议。

范成大，字致能，号石湖居士，平江吴县（今江苏苏州）人，南宋诗人。其诗风格平易浅显、清新妩媚，且题材广泛，以反映农村社会生活内容的作品成就最高。

彭

姓氏起源

据《通志·氏族略》和《姓氏寻源》记载，帝颛顼有玄孙陆终，陆终的第三子篯铿受封于彭地（今江苏徐州），建立大彭国，是为彭祖。其后，大彭国子孙以国名为氏，称彭氏。

以官为氏。战国时楚国有军制官吏彭师，主要负责在战争中指挥部下辅助中军，或以木排鹿架安营扎寨，或护卫中军两侧，或从侧翼助攻，其所率领的军队就称为"彭排师"。其后裔子孙中，有以先祖官名为姓氏者，称彭师氏、彭排氏、彭军氏等，后多简化为单姓彭氏。

家族名人

彭越，秦末著名将领，西汉开国功臣，初在魏地起兵，后率兵归刘邦，拜魏相国、建成侯，与韩信、英布并称“汉初三大名将”，西汉建立后被封为梁王。

郎

姓氏起源

据《元和姓纂》载，春秋时期，鲁懿公之孙费伯，为鲁国上大夫，他私自占据郎城，以其为自己一支的食邑。费伯的后裔子孙中，有以先祖所据邑名为姓氏者，称郎氏。

源于匈奴族。据《姓氏考略》记载，汉朝时匈奴分裂为南匈奴和北匈奴，其中南匈奴中有郎氏部落。南匈奴在汉元帝时归附汉朝，内迁中原，郎氏部落遂汉化，是为郎氏。

家族名人

郎士元，字君胄，中山（今河北定县）人，唐朝诗人。他与钱起齐名，世称“钱郎”。他们诗名甚盛，当时有“前有沈宋，后有钱郎”之说。

鲁韦昌马　苗风花方

鲁

姓氏起源

源于姬姓，以国为氏。据《通志·氏族略》《姓氏考略》及《元和姓纂》等所载，西周初年，周公旦长子伯禽受封于鲁国，传三十四代，九百余年。公元前249年，鲁国为楚国所灭，后裔被迫迁居下邑（国都以外的附属城邑），其公族子孙就以国名为姓氏，是为鲁氏，世代相传。

家族名人

鲁仲连，战国时期齐国学者，不任官职，好持高节，坚持儒家道德观点，反对尊秦为帝，以义不帝秦而被传颂千古。

鲁肃，字子敬，三国时期吴国战略家、外交家，其个性方正严谨，富而好施，且思虑深远，有过人之明。他积极促成孙刘联盟，后接任周瑜任东吴大都督。

韦

姓氏起源

源于彭姓。据《唐书·宰相世系表》记载，夏王少康时，封大彭氏的别孙于豕韦，豕韦国又称韦国。周襄王时始失国，迁居彭城，其子孙遂以国名为姓，称为韦氏。

西汉初年，功臣韩信被杀，韩信之子为避仇，以“韩”字的半边“韦”作为姓氏，世代相传。

《汉书·西域传》所载，汉代西北少数民族中疏勒国有韦姓。

家族名人

韦应物，京兆万年（今陕西西安）人，唐朝著名诗人。其山水诗景致优美，感受深细，清新自然而饶有生意。因他做过苏州刺史，世又称“韦苏州”。

韦庄，字端己，汉族，长安杜陵（今陕西西安附近）人，唐朝花间派词人，词风清丽，有《浣花词》流传。曾任前蜀宰相，谥文靖。

昌

姓氏起源

黄帝与螺祖生子昌意，后来昌意携全家北迁至中原，建昌意城。昌意子颛顼，为部落首领，建都帝丘，为高阳氏。颛顼的支子以祖父名为氏，称昌氏。

家族名人

昌海，明代太原（今属山西）人，高僧，5岁赴崛围山，出家削发为僧，曾刺破手指，用血书写了113卷的《佛经》。明成祖永乐年间，昌海奉诏赴京，纂修《大藏经》，在纂修完毕前一天，昌海沐浴更衣，静坐而逝。

马

姓氏起源

源于嬴姓，以邑为氏。据《元和姓纂》记载，战国时，赵国大将赵奢因战功受封于马服，称马服君。其后有马服氏，简为马氏。

源于回族。因“马”与“穆罕默德”之“穆”谐音，所以明代许多著述中都将穆罕默德译作马哈麻，甚至有人称穆罕默德为“马圣人”。回族人不似汉族人那么重视姓氏族谱，可自由选姓使用，故很多回族都选用了马姓，大大增加了马姓的人数。

据《金史》记载，西域人马庆祥，入居临洮狄道，遂以马为氏。

据《元史》载，元代礼部尚书月乃和，因祖父曾任金代的马步指挥使，遂改姓马。

家族名人

马援，字文渊，扶风茂陵（今陕西兴平东北）人，东汉开国名将，任伏波将军。镇压交趾征侧、征贰起义，封新息侯。

马良，字季常，因眉毛中有白毛，人称白眉马良，襄阳宜城（今湖北宜城南）人，三国时期蜀汉官员，马谡的哥哥。马良兄弟五人都有才名，而马良又在五人中最为出色，因此有“马氏五常，白眉最良”的赞誉。

苗

姓氏起源

源于芈姓，以邑为氏。据《风俗通义》及《通志·氏族略》所载，春秋时期，楚国大夫斗越椒以罪诛，其子斗贲皇逃奔晋国，受封于苗邑，其后裔遂以邑名为氏，称苗氏。

上古时期有神医苗父，世人称其为“古医鼻祖”，其后裔子孙以先祖名号为姓氏，称苗氏。

家族名人

苗再成，南宋名臣，“抗元三杰”之一。德祐元年（1275），苗再成守真州，与文天祥在真州定计抗元军。元军兵临城下，苗再成立下誓言：“我苗再成，宁为玉碎，不为瓦全！”真州城陷落后，苗再成被俘，英勇不屈而死。

凤

姓氏起源

据《左传》记载，帝喾时，凤鸟氏为历正，掌管历法、节气、时令。其后裔子孙中，便以“凤”为姓氏，称为凤氏，世代相传。

据《唐书》记载，唐朝时有南诏国，是周文王第十七子的后代，其第五代王称阁罗凤。其后人有以先祖名为姓氏者，称凤氏。

家族名人

凤纲，汉朝时渔阳人。传说他常采百草花以水浸泥封之，自正月开始，到九月末止采，埋100天，煎9次火。刚死者以药纳口中，可救活。他常服此药，至数百岁不老，后“成仙”去向不明。

花

姓氏起源

源于华姓。据《百家姓考略》记载，花氏“系出华氏，古无‘花’字，通作‘华’。后专用‘花’为花草之‘花’”。唐朝以后，有华姓人因二字通用，且发音相近，遂改为花氏。《说文解字·华注》中有注释，花字“起于北朝，前此书中花字，出于后人所改”。

家族名人

花云，凤阳府怀远（今属安徽怀远）人，明初将领。貌伟而黑，骁勇绝伦。从朱元璋于临濠，将兵略地，屡建奇功。守太平，陈友谅来攻，城陷被执，不屈而死。朱元璋称吴王后，追封花云为东丘郡侯，立忠臣祠祭祀。

方

姓氏起源

源于姜姓，以邑为氏。《风俗演义》云：“相传为古帝榆罔之子方雷氏之后。”古帝榆罔多认为就是炎帝，或以为是炎帝十一世孙。帝榆罔之子雷，在黄帝与蚩尤大战之时立下大功，封于方山。后人以封邑为氏，称为方雷氏，后逐渐简化分衍为方氏、雷氏。

据《元和姓纂》及《通志·氏族略》等记载，西周宣王时有公族大夫姬方叔，其后人有以先祖名为姓氏者，称方氏。

上古至西周时期，有官职方相氏，掌管驱除瘟疫厉鬼等，其后裔子孙中，有以先祖官名为姓氏者，称方相氏，后简化为方氏。

家族名人

方孝孺，字希直，一字希古，浙江宁海人，明代大臣、学者、文学家、思想家。因拒绝为发动“靖难之役”的燕王朱棣草拟即位诏书，导致牵连其亲友870余人全部遇害。方孝孺刚直不阿，孤忠赴难，不屈而死，成为中国历史上唯一被“诛十族”的人。

方苞，字灵皋，亦字凤九，晚年号望溪，亦号南山牧叟，安徽安庆府桐城县人，清代散文家，桐城派散文创始人，与姚鼐、刘大櫆合称“桐城三祖”。

俞任袁柳　酆鲍史唐

俞

姓氏起源

据《通志·氏族略》和《史记》等所载，黄帝时有名医跗，其医术高超，精于腧经之治，为中国传统中医经脉理论的奠基人。腧，为“脉之所注”，就是人们俗称的“穴道”、脉之端口，故而大家皆称名医跗为“腧跗”。在古代，“腧”与“俞”二字相通，后简笔写作“俞跗”。其后裔子孙中，为光大先人的经典医术，多称为俞跗氏，后省文简化为单姓俞氏。

源于姬姓。春秋时，郑国有公族公子泄堵俞，其后人有以先祖名为姓氏者，称俞氏。

春秋时，卫国有大夫宁俞，其后人有以先祖名为姓氏者，亦称俞氏。

春秋时，楚国有官职俞人，执掌船只制造，其后裔子孙中，有以先祖官名为姓氏者，称俞人氏，后简化为俞氏。

家族名人

俞大猷，字志辅，又字逊尧，号虚江，晋江（今福建泉州）人，明代抗倭将领。曾参与并部分领导了明代沿海抗倭战争，与戚继光并称为“俞龙戚虎”。

任

姓氏起源

据《唐书·宰相世系表》记载，任氏是五千余年前黄帝赐封的十二个基本姓氏之一，是一个十分古老而又具有光荣传统的姓氏。《姓纂》云：“黄帝二十五子，十二人以德为氏，一为任氏。”任氏始祖，即黄帝少子禺阳，他被封在任国，其后裔遂以国为氏，称任氏。

《通志·氏族略》记载，周朝初期，周成王封太古帝王太昊的后裔于任、宿、须朐、颛臾四国。秦始皇统一中国后，废黜了任国而置任城县。任国遗民遂以故国为氏，称任氏。

商、周时有官职壬，为六卿之一的地官之长，也就是后世的大司徒，后加“亻”偏旁，俗称“任”。《周礼·地官》中记载：“任，即壬，大司徒之职，以乡三物，教万民而宾兴之。”其后裔子孙中，有以先祖官名为姓氏者，称任氏。

家族名人

任不齐，字子选，孔子七十二贤弟子之一，春秋战国时楚国人，通六艺，工诗、礼，尤精通于乐。孔子死后，他守灵三年后方返回故乡。楚王听说他的贤明，想聘其为上卿，被其拒绝。晚年潜心著述，有《任子遗书》十二篇。

任昉，字彦升，小字阿堆，乐安博昌（今山东寿光）人，南朝梁文学家。著有《杂传》《地纪》等书。

袁

姓氏起源

源于妫姓。据《通志·氏族略·以字为氏》所载，“袁”亦作“辕”“爰”。陈胡公之裔，十八世孙庄伯生诸，字伯爰，伯爰之孙涛涂，以王父字为氏，称“爰涛涂”，亦作“袁涛涂”，世代为陈上卿，其后有袁氏。

轩辕黄帝所居之地，有以辕为名之邑，后称为袁邑，居者以为氏。

家族名人

袁绍，字本初，汝南汝阳（今河南周口）人，出身名门望族。初为司隶校尉，于初平元年（190）被推举为反董卓联合军的盟主。此后在汉末群雄割据的过程中，袁绍先占据冀州，又先后夺青、并二州，并于建安四年（199）击败了割据幽州的军阀公孙瓒，势力达到顶点。但在建安五年（200）的官渡之战中大败于曹操。

袁崇焕，字元素，广东东莞人。明万历年间进士，有胆略，好谈兵。他督师蓟辽，抵制清兵，成绩卓著，成功指挥了宁远大捷和宁锦大捷。

柳

姓氏起源

源于姬姓，以邑为氏。据《广韵》记载，春秋时鲁国有公族大夫展禽，食采于柳下，其子孙遂以邑名为氏，称柳氏。展禽谥号曰“惠”，史称“柳下惠”。

源于芈姓。秦末农民大起义时，楚怀王之孙熊心，被义军奉为义帝，定都于柳。后义帝为项羽所杀，子孙为避祸，以柳为氏。

家族名人

柳公权，字诚悬，京兆华原（今陕西铜川）人，唐代书法家，“楷书四大家”之一。他的书法在晋人劲媚和颜书雍容雄浑之间，形成了自己的柳体，以骨力劲健见长，后世有“颜筋柳骨”的美誉。

柳宗元，字子厚，汉族，河东（今山西永济）人，唐代著名文学家、哲学家，与韩愈共同倡导唐代古文运动，并称为“韩柳”。

柳永，原名三变，字景庄，后改名永，字耆卿，排行第七，又称柳七，崇安（今福建武夷山）人，北宋著名词人，婉约派创始人物。

酆

姓氏起源

酆姓由豐（丰）姓所改。汉武帝时诏令规范汉字，在许多地名的原字上增加了“邑”偏旁，以表示其专指地名。“丰”字添加了“邑”偏旁，就成为后世的“酆”字，故丰氏由此分衍出酆氏。详见“丰姓”相关内容。

家族名人

酆庆，字文庆，明代鄞县（今属浙江宁波），正统年间进士，官给事中。景泰年间，代宗废太子朱见深，另立自己的儿子朱见济为太子。他直言谏阻，言词恳切。

鲍

姓氏起源

源于姒姓，以邑为氏。据《通志·氏族略》《元和姓纂》等所载，春秋时期，夏禹裔孙，杞国公子姒敬叔在齐国为官，食采于鲍邑，其子姒叔牙以邑名为氏，称鲍叔牙。鲍叔牙的后裔子孙世代相传为鲍氏。

上古帝王伏羲氏教会人类烹食而餐，使人类摆脱了茹毛饮血的蛮荒状态，故又称庖牺氏。“庖”字，在春秋战国时期与“鞄”、“鲍”有通假之义，因此在庖牺氏的后裔子孙中，有以其谐音字“鲍”为姓氏者，称鲍氏。

据《魏书·官氏志》所载，北魏孝文帝汉化改革时，代北少数民族俟力伐氏（一说为俟力氏）与汉族融合，遂改姓鲍，称为鲍氏。另外，代北的少数民族“鲍俎氏”也有改姓鲍的。

家族名人

鲍叔牙，春秋时齐国大夫。少与管仲友善，知管仲贤而贫，分财多予。后鲍叔牙事齐桓公小白，管仲事公子纠。公子纠死，管仲当诛，在鲍叔牙的力荐下，齐桓公不计前嫌，任用管仲，终成霸业。后人推崇管仲与鲍叔牙的友情，称为“管鲍之交”。

鲍照，字明远，祖籍东海，久居建康，南朝宋文学家，与颜延之、谢灵运合称“元嘉三大家”。他长于乐府诗，其七言诗对唐代诗歌的发展起了很重要的作用。有《鲍参军集》。

史

姓氏起源

以官为氏。黄帝时期，仓颉为史官，他创制了象形文字，结束了远古时期结绳记事、刻痕为史的漫长历史，将人类带入文明，因此人民尊称他为“史皇氏”。仓颉的后裔子孙为纪念先祖为人类作出的卓越贡献，便以其官名为氏，称史氏。

据《新唐书》《元和姓纂》等记载，西周初年太史官尹佚为人正直，忠于职守，与姜太公、周公、召公并称为当时的“四圣”。他终身为周朝太史，历史上又称他为“史佚”。史佚的子孙世袭史官一职，便以官名为氏，称史氏。

“昭武九姓”之一。史国故址在今乌兹别克斯坦撒马尔罕之南，一度归唐管辖，唐高宗永徽年间归附中原，后为史氏。

源于突厥族。唐朝时突厥族有阿史那部落，其族人有改汉姓为史氏者。

家族名人

史可法，字宪之，又字道邻，祥符（今河南开封）人，明末政治家，军事统帅。因抗清被俘，不屈而死，是中国著名的民族英雄、抗清名将。南明朝廷谥之为“忠靖”。

唐

姓氏起源

源于祁姓、姬姓。《通志·氏族略》云：“唐氏，祁姓，亦曰伊祁，尧初陶唐之后。”帝尧最初被封于陶，后来迁于唐，所以称陶唐氏。成为天子后，开始以“唐”为国号，所以又称唐尧。尧死后，舜封尧之子丹朱为唐侯。至夏时，丹朱裔孙刘累迁于鲁县，至周朝改为唐公。周成王灭唐，以其地封弟叔虞，号曰唐叔，后迁唐公的后人于杜，降爵为伯，称唐杜氏。唐杜氏的后裔有以国为氏者，称唐氏。唐叔虞的子孙也有以国为氏者。春秋时，又有一支姬姓唐氏诸侯国，被楚昭王灭后，其后人也称为唐氏。

据《三国志·郭淮传》所载，陇西（今甘肃）羌族中有唐姓。

家族名人

唐慎微，字审元，北宋著名药学家。他对发展药物学和收集民间单验方作出了非常大的贡献，开创了药物学方剂对照之先河。

唐寅，字伯虎，号六如居士、桃花庵主等，南直隶苏州吴县（今江苏苏州）人，明代著名画家、文学家。唐寅玩世不恭而又才气横溢，诗文擅名，与祝允明、文征明、徐祯卿并称“江南四大才子（吴门四才子）”。画名更著，与沈周、文征明、仇英并称“吴门四家”，又称为“明四家”。

费廉岑薛　雷贺倪汤

费

姓氏起源

帝颛顼裔孙大费，有子二人，其中次子名若木，因不得继承爵位而沦为平民，遂以父名为姓氏，称费氏。

源于姒姓。夏禹裔孙费昌，夏朝末年为卿大夫，曾多次劝谏夏桀，但夏桀不听，依然残暴故我。费昌大失所望，毅然“去桀奔商”。商汤非常欢迎费昌的到来，给他的封国叫作费国，其后裔子孙就以国名为氏，称费氏。费昌有后裔叫费仲，是商末纣王身边的佞臣，商亡时被诛，其子孙有以先祖名为姓氏者，称费氏。

源于姬姓，以邑为氏。春秋时鲁懿公之孙受封于费邑，其子孙遂以封邑名为氏，称费氏。又鲁僖公时，封鲁桓公第四子季友于费邑，其后人亦为费氏。

源于鲜卑族。据《魏书·官氏志》所载，南北朝时期，鲜卑拓跋部有费连氏部落，在北魏孝文帝汉化改革时，改为单字汉姓，称费氏。

家族名人

费祎，字文伟，荆州江夏鄳县（今湖北孝感）人，三国时蜀汉名臣，与诸葛亮、蒋琬、董允并称为“蜀汉四相”。深得诸葛亮器重，曾出使东吴，孙权、诸葛恪、羊茞等人以辞锋论难，而费祎据理以答，辞义兼至，始终不为所屈。孙权甚异其才，自礼遇之，费祎也因此常使吴。

费丹旭，字子苕，号晓楼，别号环溪生，晚号偶翁，乌程（今浙江湖州）人，清代画家。

廉

姓氏起源

据《元和姓纂》和《姓苑》记载，帝颛顼之孙名大廉，其后裔子孙有以先祖名为氏者，称廉氏。

商纣王时有大臣飞廉，其后裔子孙亦有以先祖名为氏者。

源于芈姓。春秋时楚国大夫斗廉，其后裔子孙中，有以先祖名为姓氏者，称斗廉氏，后简化分衍为单姓斗氏、廉氏。

元朝时有维族人布鲁海牙，官拜肃政廉访使，其子以父官名为氏，称廉希宪，这也形成了廉姓的一支。

家族名人

廉颇，战国末期赵国名将，与白起、王翦、李牧并称“战国四大名将”。曾率兵讨伐齐国，取得大胜，夺取了晋阳，赵王封他为上卿。廉颇因为勇猛果敢而闻名于诸侯各国。晚年时，因不得志，他先后投奔魏国和楚国。

岑

姓氏起源

源于姬姓，以国为氏。据《吕氏春秋》《通志·氏族略》所载，西周初年，周武王封其父周文王异母弟姬耀之子姬渠于岑地，建立岑国，其后人遂为岑氏。

家族名人

岑参，唐朝诗人，长于七言歌行，对边塞风光、军旅生活，以及少数民族的文化风俗有亲切的感受，故其边塞诗尤多佳作。因风格与高适相近，后人多并称“高岑”。

薛

姓氏起源

源于任姓，以国为氏。黄帝有少子禹阳，禹阳十二世孙仲，夏朝时期食采于奚地，史称奚仲。奚仲发明车辆有功，被夏王大禹任命为车正，又赐封他薛邑，称薛侯。周武王灭商，复封其后裔于薛。春秋以后，薛又迁下邳，战国时为齐国所灭。其后人以故国名为氏，称薛氏。

源于妫姓，以邑为氏。齐国吞并薛国后，在其故地设邑。齐威王时，封田婴于薛邑。田婴子田文，即孟尝君。秦灭六国，薛国故地被秦国设置为薛郡，田文子孙遂以故封邑名为氏，改田氏为薛氏。

家族名人

薛仁贵，名礼，字仁贵，汉族，绛州龙门（今山西河津）人，唐朝名将。贞观末年投军，征战数十年，曾大败九姓铁勒，降服高句丽，击破突厥，功勋卓著。

薛涛，字洪度，长安人，唐代女诗人，姿容美艳，性敏慧，8岁能诗，洞晓音律，多才艺，声名倾动一时。父早亡，沦为歌妓。善歌舞，工诗词，曾创制深红小笺写诗，人称“薛涛笺”。

雷

姓氏起源

源于姜姓。炎帝后人雷受封于方山，称方雷氏，其后分为方氏和雷氏。

黄帝有属下大臣雷公，其后人有以先祖名为姓氏者，称雷氏。

商纣王有宠臣雷开，其后人有以先祖名为姓氏者，称雷氏。

家族名人

雷万春，唐代将领。安史之乱时，从张巡守雍丘，抵抗安禄山军，在城上身中六箭，依旧坚守不动。后随张巡守睢阳，坚守不屈。城陷后，与张巡同遭杀害。

贺

姓氏起源

为庆氏所改。春秋时期，齐桓公有个支孙名叫公孙庆克，其子庆封以父名为氏，称为庆氏。东汉时庆氏后裔庆纯，官拜侍中，为避汉安帝之父清河王刘庆之名讳，改姓名为贺纯，其后代便相传为贺氏。

源于鲜卑族。据《魏书·官氏志》记载，南北朝时期，北魏孝文帝推行汉化改革，将鲜卑拓跋部中的贺兰氏、贺赖氏、贺楼氏、贺敦氏等部落，均改成汉字单姓，称贺氏。

家族名人

贺知章，字季真，晚号四明狂客，越州永兴（今浙江杭州）人，盛唐前期诗人、书法家。诗文以绝句见长，除祭神乐章、应制诗外，其写景、抒怀之作风格独特，清新潇洒。

倪

姓氏起源

源于曹姓。据《通志·氏族略》《姓氏考略》及《辞源》所载，春秋时期，邾武公封次子于郳，建立郳国，为邾国附庸，子孙以国为氏，称郳氏。战国时，郳国为楚国所灭，其后人为避祸，改为倪氏。

源于鲜卑族。据《魏书·官氏志》的记载，北魏孝文帝汉化改革时，代北贺郧氏改成汉字单姓，一部分人称贺氏，亦有一部分人称郧氏，郧氏又改称倪氏。

家族名人

倪宽，字仲文，西汉官员，曾奉诏与司马迁等共定《太初历》，精通经学和历法，且善文辞。

倪瓒，字元镇，号云林居士，元代画家、诗人，江苏无锡人。擅画山水、墨竹。早年画风清润，晚年变法，平淡天真，幽秀旷逸。亦擅诗文。与黄公望、王蒙、吴镇合称“元四家”。

汤

姓氏起源

源于子姓。据《通志·氏族略》记载，商朝开国君主名履，字汤，后世谥为“成汤”。其后裔子孙中，有以先祖字为姓氏者，称汤氏。

据史籍《万姓统谱》记载，春秋宋国公子意诸，以先祖封邑为氏，称荡氏。后其子孙因避祸，去掉草字头称汤氏。

家族名人

汤显祖，字义仍，号海若、若士、清远道人。江西临川人，明代戏曲家、文学家。其戏剧作品《牡丹亭》《紫钗记》《南柯记》和《邯郸记》合称“临川四梦”，其中《牡丹亭》是他的代表作。被誉为“东方的莎士比亚”。

滕殷罗毕　郝邬安常

滕

姓氏起源

源于姬姓。据《万姓统谱》记载，黄帝有二十五子，他给其中的十四个儿子分封了十二个姓。《国语》中记载，黄帝之子十二姓中排在第六位的即是滕氏。

源于姬姓，以国为氏。据《广韵》《万姓统谱》等记载，周武王灭商后，封其弟姬绣（字错，史称错叔绣）于滕，建立滕国。战国初年，滕国为越国所灭，不久复国，后又为宋国所灭。其王室后裔遂以故国名为氏，称滕氏。

家族名人

滕昌佑，字胜华，五代十国时期画家，擅画花鸟、蝴蝶、知了、小虫等，又爱画鹅鸭，尤以画鹅最为著名。情性高洁，常于所居树竹石杞菊，种名花异草，以资其画。

殷

姓氏起源

源于子姓，以国为氏。据《风俗通义》《元和姓纂》及《通志·氏族略》等记载，商代第二十位国君盘庚迁都于殷，故“商”又称“殷”或“殷商”。周武王灭商后，封商纣王的庶兄微子启于宋国，以管理殷商移民。殷商子孙后代中凡不得封赏者，多以故国名为氏，称殷氏。

据《通志·氏族略》和《姓氏急就篇》记载，禹州自古就有殷水，居者以水名为氏，称殷氏。

家族名人

殷峤，字开山，雍州鄠县（今陕西户县）人，唐朝开国功臣，“凌烟阁二十四功臣”之一，历任吏部尚书、兵部尚书，封勋国公。

罗

姓氏起源

源于妘姓，以国为氏。据《通志·氏族略》记载，西周时，祝融的后裔子孙被封在宜城，称罗国。罗国后为楚国所灭。其后人遂以故国名为氏，称罗氏。

以官为氏。两周时期有官职罗氏，专职掌管天下鸟禽的捕捉与饲养，以供王公贵族欣赏和食用。其后裔子孙中，有以先祖官名为氏者，称罗氏。

源于鲜卑族。据《魏书·官氏志》记载，南北朝时，代北有复姓叱罗氏，在北魏孝文帝汉化改革时，改为汉姓罗氏。

家族名人

罗贯中，名本，字贯中，号湖海散人，山西并州太原府（今山西太原）人，元末明初小说家。罗贯中早年曾参与反元的起义斗争。明朝建立之后，专心致力于文学创作。罗贯中编著的小说有《三国志通俗演义》《隋唐志传》《残唐五代史演传》《三遂平妖传》。其中《三国志通俗演义》又称《三国演义》。

毕

姓氏起源

源于姬姓，以国为氏。据《姓氏考略》记载，周武王灭商后，封其弟姬高于毕地，建立毕国，史称毕公高。其后遂有毕氏。

黄帝少子禺阳有裔孙奚仲，奚仲原食采于奚地，后又改封于薛，在奚仲的后裔子孙中，有分迁居于毕原的，遂以居邑名为氏，称毕氏。

家族名人

毕昇，北宋时英山（今湖北英山）人，一说浙江杭州人，中国古代发明家，活字版印刷术发明者。初为印刷铺工人，专事手工印刷。他发明了胶泥活字印刷术，被认为是世界上最早的活字印刷技术。

郝

姓氏起源

源于姜姓。相传，伏羲氏有辅佐大臣郝骨氏，曾帮助太昊治理部落。到了商朝晚期，郝骨氏有个裔孙叫作郝骨期，被商王封在郝邑，其后人遂以封地名为姓氏，称郝氏。郝邑后被姬姓周族首领古公亶父占有，周初被晋国吞并。

源于子姓。商王帝乙时，封其子子期于郝乡，称郝伯。后郝国为周武王所灭，后裔子孙遂以封邑名为氏，称郝氏。

家族名人

郝隆，字佐治，东晋名士。生性诙谐，年轻时无书不读，有博学之名。后投奔桓温，官至南蛮府参军。

邬

姓氏起源

源于妘姓，以国为氏。帝颛顼后裔陆终第四子名求言，封地在郐，自称会（郐）人。会人的后裔中，有子孙在西周时期被封在邬，称邬侯，建立邬国。春秋初期，邬国被郑国吞并，成为郑国的一个邑。后又一度为晋国、楚国所有。邬侯的后裔子孙中，有以故国名为氏者，称邬氏。

源于祁姓。《通志氏族略》中记载："晋大夫邬臧之后，食邑于邬，因以为氏。"

源于姬姓。据《左传·昭公十八年》记载，晋国司马弥牟为邬郡大夫，其后人亦有称邬氏者。

家族名人

邬彤，唐代书法家，人称"寒林栖鸦"，少人能及。擅写草书，曾与书法家怀素论草书，怀素自叹不如。

安

姓氏起源

据《新唐书·宰相世系表》记载，东汉灵帝时，安息国太子安清不愿当国王而向往佛学，想当僧人，于是将王位让给叔父，自己出家为僧。他来到汉朝都城洛阳宣传佛教，随后便定居了下来。安清的后裔子孙，以及当时随同太子安清一同入汉的侍从随员们，皆以原国名的汉译名称为姓氏，称安氏，世代相传。南北朝时又有安息世子来到中国定居，亦为安氏。

据《魏书·官氏志》所载，北魏时有鲜卑安迟氏改为安姓者。

“昭武九姓”之一。安国故址在今乌兹别克斯坦布哈拉一带，一度归唐朝管辖，唐高宗永徽年间归附中原，后为安氏。

家族名人

安俊，字智周，太原人，北宋名将，官至陵川防御史，人称“长髯太保”。久在边地，羌人识之。知环州，种世衡得俘虏，问：“尔畏谁？”答：“畏安太保。”种指安，说：“此长髯将军正是。”

常

姓氏起源

源于姬姓，以邑为氏。据《元和姓纂》记载，周武王灭商后，封其弟姬封于康邑，世称康叔封。后周公平定武庚叛乱，又将原来商都周围地区和殷民七族封给康叔，建立卫国。期间，卫康叔又分封其子于常邑，其后遂为常氏。

据《姓氏考略》记载，黄帝时有大臣常仪和大司空常先，其后人亦有称常氏者。

春秋时期，吴王封其支庶子孙于常，其后人以封邑名为氏，称常氏。

源于芈姓。据《通志·氏族略》记载，古代“恒”、“常”二字通义。恒氏，本是楚国公族恒思公之后，称恒氏。到了宋朝时期，宋真宗名赵恒，恒氏族人因避皇帝名讳，改恒氏为常氏。

春秋时鲁国有常邑，居者称常氏。

以官为氏。西周时有官职常伯、常任，为君主左右随侍官吏；秦汉时有官职常侍；西汉时有官职常侍曹；东汉时有官职常侍谒者；唐朝时有官职常平署令；元朝时有官职常和署令。他们的后裔子孙有以先祖官名为氏者，称常氏。

家族名人

常遇春，字伯仁，号燕衡，凤阳府怀远县（今安徽蚌埠）人，元末红巾军杰出将领，明朝开国名将。元末归附朱元璋，自请为前锋，力战克敌，尝自言能将十万众，横行天下，军中称“常十万”，官至中书平章军国重事，封鄂国公。洪武二年病卒军中，追封开平王。

乐于时傅　皮卞齐康

乐

姓氏起源

源于子姓。《元和姓纂》记载：“宋微子之后，戴公生公子衎，字乐父，子孙以王父字为氏。”

源于姬姓。春秋时晋国有大夫乐王鲋，其后裔子孙有以先祖名为氏者，称乐王氏，后简化为乐氏。

以官为氏。西周时有官职乐正，其后裔子孙中，有以先祖官名为氏者，称乐氏。

家族名人

乐毅，字永霸，战国后期杰出的军事家，拜燕上将军，受封昌国君，辅佐燕昭王振兴燕国，报了强齐伐燕之仇。公元前284年，他统率燕国等五国联军攻打齐国，连下70余城，创造了中国古代战争史上以弱胜强的著名战例。

于

姓氏起源

源于姬姓，以国为氏。据《新唐书》记载，周武王灭商后，封次子姬诞于故邘国旧址，建立姬姓邘国，称邘叔。邘叔的后裔子孙中，有以国名为姓氏者，有的称邘氏，有的则去邑旁称于氏。

源于淳于氏。唐宪宗李纯即位后，因“纯”、“淳”二字同音，为避讳皇帝名讳，遂将复姓淳于氏改为单姓于氏。

源于鲜卑族。据《路史》记载，鲜卑族拓跋部的万忸于氏族人原为山东于氏汉族人，后随鲜卑改称万忸于氏，亦称万纽于氏、勿忸于氏。北魏孝文帝汉化改革时，万忸于氏又恢复为于氏。

家族名人

于谦，字廷益，号节庵，杭州府钱塘县（今浙江杭州）人，明代重臣。正统十四年（1449）土木堡之变，明英宗被瓦剌俘虏，于谦拥立郕王即位，力排南迁之议，固守北京，最终击退瓦剌的进攻，保全了大明王朝。后英宗被放还，石亨等发动“夺门之变”，拥英宗复辟，于谦遭诬被杀。于谦与岳飞、张煌言并称“西湖三杰”。

于成龙，字北溟，号于山，清代名臣。在20余年的宦海生涯中，三次被举“卓异”，以卓著的政绩和廉洁刻苦的一生，深得百姓爱戴和康熙帝赞誉，以“天下廉吏第一”蜚声朝野。

时

姓氏起源

春秋时楚国有大夫申叔时，其后裔子孙有以先祖名为氏者，称时氏。

源于子姓，以邑为氏。春秋时宋国大夫公子来，受封于时邑，其后人以封邑名为氏，称时氏。

据《路史》记载:“古有旹国，灭于楚国，子孙以国为氏。”“旹”即为“时”的古体字，因而旹氏亦称时氏。

家族名人

时澜，字子澜，号南堂拙叟，北宋学者。

时光，宋代画家。

傅

姓氏起源

据《史记·殷本纪》和《通志·氏族略》所载，商高宗武丁时，国势衰微，于傅岩（今山西省平陆东南）找到说，说帮助武丁兴国，修行德政，使天下大治。在傅说的后裔子孙中，有以先祖名号为姓氏者，称傅氏。

源于姬姓。据《新唐书·宰相世系表》记载，黄帝裔孙大由受封于傅邑，建立傅国，其后裔子孙有以国名为氏者，称傅氏。

源于姚姓。舜帝后裔建立傅阳国，后为楚国所灭，国人以故国名为氏，称傅阳氏，后简化为傅氏、复氏、阳氏。另有赖国与傅阳国一起被楚国所灭，赖国遗民为避祸，有改赖氏为傅氏者。

以官为氏。西周时有官职太傅、傅御，西周时有官职傅相，他们的后裔子孙中，有以先祖官名为氏者，称傅氏。

家族名人

傅友德，明朝开国名将，少骁勇，善骑射，元末参加农民起义，先从刘福通部李喜喜入蜀，后归明玉珍，再从陈友谅，均无所成就。元至正二十一年（1301），朱元璋攻江州，傅友德率众来降。朱元璋奇其才，因功封颍国公，曾为明朝一统天下，尤其是明对西南地区的统一，立下汗马功劳。

皮

姓氏起源

源于姬姓，以邑为氏。据《元和姓纂》记载，西周末年，仲山浦辅佐周宣王中兴王室，因功受封于阳樊，建立樊国。其后裔樊仲皮，任周朝卿士，因在家族中排行第二，不能成为樊国的继承人，因此他被分封在今山西河津一带。后人就以先祖名来称封邑为“皮氏邑”，亦以先祖名为氏，称皮氏。

春秋时郑国有大夫子皮，其后裔子孙中有以先祖名为氏者，称皮氏。

源于子姓。春秋时宋国有大夫戴叔皮，其后人亦有称皮氏者。

以官为氏。西周时有官职皮公，其后裔子孙中，有以先祖官名为氏者，称皮氏。

唐朝时南诏国第四任国王皮逻阁，其后裔子孙中，亦有称皮氏者。

家族名人

皮日休，字袭美，一字逸少，曾居住在鹿门山，自号鹿门子，又号间气布衣、醉吟先生。晚唐文学家、散文家，与陆龟蒙齐名，世称“皮陆”。其诗文多抨击时弊、同情人民疾苦之作。他和陆龟蒙、罗隐的小品文被鲁迅誉为唐末“一塌胡涂的泥塘里的光彩和锋镳”。

卞

姓氏起源

源于姒姓。夏商之际，有贤士卞随，其后裔子孙有以先祖名为氏者，称卞氏。

源于姬姓。春秋时，曹叔振铎的支庶子孙名庄，在鲁国为官，受封于卞邑，世称卞庄子，又称为弁庄子。在卞庄子的后裔子孙中，多以先祖封地名称为氏，称卞氏、弁氏。

据《元和姓纂》记载，黄帝后裔姬明，被封在卞国，其后亦有称卞氏者。

以官为氏。西周时有官职弁师，亦称卞师，掌管君主在重大祭祀活动中配戴的冠帽，后各诸侯国亦设有此官位，其后裔子孙中，有以先祖官名为氏者，称卞氏。

家族名人

卞和，春秋时楚国人，和氏璧的发现者。

卞敏，清代女画家，秦淮人。为画家卞赛之妹，善鼓琴，精于兰竹。

齐

姓氏起源

源于姜姓，以国为氏。周武王灭商后，封姜太公于齐国，至齐桓公时成为春秋五霸之首。后田氏代齐，姜姓王族子孙多有以国名为氏者，以怀故时拥国之辉煌和失国之凄惨，称齐氏。

源于姬姓。据《通志·氏族略》记载，春秋时卫国有贵族大夫，姬姓，字齐子，其后裔子孙中，有以先祖字为姓氏者，称齐氏。

源于氐族。据《晋书》记载，武都氐族人有齐姓。

家族名人

齐盖，字副世，西汉平帝时封北平大将军、险渎侯，又封关内侯，兼知河北道事，平帝以为社稷之臣，赐字“汉贤”。

齐白石，原名纯芝，字渭青，号兰亭。后改名璜，字濒生，号白石，湖南湘潭人，近现代中国绘画大师。擅画花鸟、虫鱼、山水、人物，笔墨雄浑滋润，色彩浓艳明快，造型简练生动，意境淳厚朴实。所作鱼虾虫蟹，妙趣横生。

康

姓氏起源

源于姬姓。周武王灭商后，封其弟姬封于京畿内康邑，世称康叔封。后周公平定武庚叛乱，又将原来商都周围地区和殷民七族封给康叔，建立卫国。康叔的后裔子孙中，有以先祖原封邑名为姓氏者，称康氏。

以国为氏。出自西域康居国的使者，以及从康居来中国者，有的就以康为氏。

“昭武九姓”之一。隋唐时代康国（今乌兹别克斯坦撒马尔罕一带）人来中国者，有的以康为氏。

家族名人

康有为，原名祖诒，字广厦，号长素，生于广州府南海县丹灶苏村人，人称康南海，近代资产阶级改良派的代表人物，著名的政治家、思想家、社会改革家。1895年联合会试举人上书朝廷，要求变法，史称“公车上书”。后在光绪帝的支持下发动“戊戌变法”，遭到慈禧太后的镇压，流亡日本。民国六年（1917），康有为和张勋拥立清朝废帝溥仪复辟，十二天后失败。

伍余元卜　顾孟平黄

伍

姓氏起源

《姓氏考略》云：“伍氏，芈姓，黄帝臣有伍胥，见《玄女兵法》，当为伍氏之始。”又据《元和姓纂》记载，春秋时楚国有大夫伍举，举生奢，奢生尚、员。伍员，字子胥，后奔吴。其后有伍氏。

源于姜姓。春秋时齐国户甲制度，五户人家编在一起，称作“轨”，设轨长，轨长在民间俗称“伍伯”。伍伯后裔子孙中有称伍氏者。

以官为氏。春秋战国时期有军职伍长，其后亦有称伍氏者。

家族名人

伍子胥，名员，字子胥，春秋时楚国人，其父伍奢、其兄伍尚因受费无忌谗害，被楚平王杀害。伍子胥投奔吴国，成为吴王阖闾的重臣。公元前506年，伍子胥带兵攻入楚国都城，掘楚平王墓，鞭尸三百，以报父兄之仇。吴国倚重伍子胥等人之谋，西破强楚，北败徐、鲁、齐，成为诸侯一霸。

余

姓氏起源

春秋时秦国有大臣由余，他的祖先本为晋国人，因避乱迁到西戎。后来，由余奉命出使秦国，见秦穆公贤德大度，遂留在秦国为臣，为秦穆公谋划了征伐西戎之计。由余的后裔子孙有以先祖名为氏者，一部分称由氏，一部分称余氏。

源于姒姓。据《姓氏考略》记载，大禹有三子，长子启，赐姓为姒。幼子罕，赐姓为余，其后代相传为余氏。大禹之妻是涂山氏之女，大禹赐小儿子为余氏，有纪念妻子之意。在上古时代，“余”字与“涂”字通假。

家族名人

余怀，清代文学家，福建莆田人，侨居南京，因此自称江宁余怀、白下余怀。晚年退隐吴门，漫游支硎、灵岩之间，征歌选曲，与杜浚、白梦鼎齐名，时称“余、杜、白”。诗文为王士祯等推许，有《味外轩文集》《研山堂集》《秋雪词》及笔记《板桥杂记》。

元

姓氏起源

源于妫姓，据《姓氏五书》记载，商末太史元铣，曾反对帝乙将王位传给辛（即后来的商纣王）。其后人有以先祖名为氏者，称元氏。

源于姬姓。据《左传》记载："元，出卫大夫元咺。"春秋时，卫国有大夫元咺，其后人有称元氏者。

源于芈姓。春秋时楚国有大夫芈喻，字元钧，其后亦有称元氏者。

源于子姓。春秋时宋国有大夫华元，其后亦有称元氏者。

源于鲜卑族。南北朝时期北魏皇族本为拓跋氏，后孝文帝进行汉化改革，改拓跋氏为元氏。

家族名人

元好问，字裕之，号遗山，太原秀容（今山西忻州）人，金代文学家。工诗文，在金元之际颇负重望；诗词风格沉郁，并多伤时感事之作。其《论诗》绝句三十首在中国文学批评史上颇有地位。

元稹，洛阳人，唐朝著名诗人。元稹与白居易共同倡导新乐府运动，世称"元白"。其诗辞浅意哀，仿佛孤凤悲吟，极为扣人心扉，动人肺腑。

卜

姓氏起源

以官为氏。《通志·氏族略》载："卜氏，周礼卜人氏也。鲁有卜楚丘，晋有卜偃，楚有卜徒父，皆以卜命之，其后遂以为氏。如仲尼弟子卜高徒是也。”又据《路史》记载，周文王之子滕叔绣曾任占卜之官，其后代有卜氏。

家族名人

卜静，字玄风，吴郡（今江苏苏州）人，三国吴官吏。因博览群书而闻名江东，与同郡陆逊，名士顾邵、张敦齐名，官至剡令。

顾

姓氏起源

据《元和姓纂》和《唐书·宰相世系表》等记载，帝颛顼曾孙吴回，在帝喾时为火正祝融重黎之弟，亦为祝融。吴回生陆终，陆终有六子，长子樊，赐己姓，封在昆吾国，其后便是昆吾氏。夏朝时，昆吾氏有子孙被封于顾国，是夏的重要盟国。商汤起兵攻伐夏桀时，顾国亦被灭。其国人以故国名为氏，称顾氏。

源于姒姓。越王勾践七世孙摇，在汉代受封为东海王。后摇封自己的儿子为顾余侯，留居会稽。顾余侯的后裔子孙遂以先祖爵名为氏，称顾氏。

家族名人

顾恺之，字长康，东晋画家，精于人像、佛像、禽兽、山水等，时人称之为三绝：画绝、文绝和痴绝。顾恺之作画，意在传神，其“迁想妙得”“以形写神”等论点，为中国传统绘画的发展奠定了基础。

顾炎武，明朝苏州府昆山（今江苏昆山）人，著名思想家、史学家、语言学家，与黄宗羲、王夫之并称为“明末清初三大儒”。

孟

姓氏起源

以次为氏。古代兄弟排行次序为：伯（孟）、仲、叔、季，伯为嫡长子，孟为庶长子。因此，“孟”很早就已经作为子女嫡庶齿序的排列称谓，其后衍生出孟氏。

源于姬姓。春秋时鲁国有公族大夫庆父共仲，三年连弑二君，致使国内大乱，其后本为仲孙氏，后改孟氏。

源于姬姓。春秋时卫国公子絷，字公孟，其后裔子孙以先祖字为氏，称孟氏。

家族名人

孟子，名轲，字子舆，战国时期思想家、教育家，儒家代表人物。与弟子合著有《孟子》一书，继承并发扬了孔子的思想。他的文章说理畅达，气势充沛并长于论理，逻辑严密，尖锐机智，代表着传统散文写作的最高峰。

孟浩然，襄州襄阳（今湖北襄阳）人，唐代诗人。少好节义，隐居鹿门山。曾于太学赋诗，满座叹服。其诗不事雕饰，清淡简朴，感受亲切真实，生活气息浓厚，富有超妙自得之趣。孟浩然与另一位山水田园诗人王维合称为“王孟”。

平

姓氏起源

源于姬姓，以邑为氏。战国时期韩哀侯之子诺受封于平邑，其后裔子孙以封邑名为氏，称平氏。

源于姜姓。春秋时齐国宰相晏婴，字平仲，其后裔子孙有以先祖字为氏者，称平氏。

以官为氏。西周时有官职平贾人，秦汉时有官职平尚书，汉朝时有官职平准令、廷尉平，唐朝时有官吏平章事，他们的后人有以先祖官名为氏者，称平氏。

家族名人

平当，字子思，汉朝平陵人，对于夏禹治水的情况很有研究，因此成帝封他为骑都尉，负责开河筑堤，防治水患。哀帝即位以后，升他为丞相，赐爵关内侯。

黄

姓氏起源

源于嬴姓，以国为氏。伯益后裔有十四支，黄氏为其中之一。黄氏大约于商末周初建立黄国，因被周朝封为子爵，又称黄子国。后黄国为楚国所灭，后人以国名为氏，称黄氏。

家族名人

黄盖，字公覆，零陵泉陵（今湖南永州）人，东汉末年名将，历仕孙坚、孙策、孙权三任君主。赤壁之战时，黄盖前往曹营诈降，并趁机以火攻大破曹操的军队，是赤壁之战主要功臣之一。

黄巢，曹州冤句（今山东菏泽西南）人，唐末农民起义的领袖人物。他出生盐商之家，积财聚众，尤好收留亡命之徒。唐朝末年，皇室奢靡无度，民怨四起。公元875年，王仙芝首先发动起义，黄巢随后响应，后取代王仙芝成为了这支起义军的领袖。广明元年（880）陷洛阳、长安，僖宗逃奔成都，黄巢自号为帝，国号大齐。

和穆萧尹　姚邵湛汪

和

姓氏起源

以官为氏。帝尧时，祝融氏重黎的后人羲和为掌管天地四时的官，其后人以祖上职官为荣，即以首任此官的祖先羲和的名为氏，称和氏。《通志·氏族略》记载："羲和，尧时掌管天地之官，和仲、和叔因以为氏。"

另外，西周时有军职和令与内廷官职受和，他们的后裔子孙有以先祖官名为氏者，称和氏。

源于子姓。春秋时宋穆公名子和，其支庶子孙中有以先祖名为姓氏者，称和氏。

源于芈姓。春秋时楚国有大夫卞和，其后亦有称和氏者。

家族名人

和峤，字长舆，西晋汝南西平（今河南西平）人，祖父和洽曾任魏国尚书令。父和逌是魏国吏部尚书。和峤少有风格，常仰慕舅舅夏侯玄的为人，珍重自爱，有盛名于世，袭父爵上蔡伯，起加太子舍人。累迁颍川太守，为政清简，甚得百姓欢心。

穆

姓氏起源

源于子姓。春秋时期，宋穆公的支庶子孙中，有以先祖谥号为姓氏者，称穆氏。

源于鲜卑族。据《魏书·官氏志》记载，南北朝时期，北魏“代北八族”之首为丘穆陵氏，后孝文帝进行汉化改革，丘穆陵氏改汉姓穆氏。

家族名人

穆崇，南北朝时期北魏大臣。北魏道武帝拓跋珪流亡在外时曾经得到过他的帮助，因此器重他。北魏建立后，穆崇又参与统一北方的战争，官至太尉，封宜都王。

萧

姓氏起源

源于嬴姓，以邑为氏。伯益有后人名孟亏，夏朝时受封于萧邑，世称萧孟亏，其后裔遂以邑名为氏，称萧氏。

源于子姓。春秋时，宋国大夫大心，子姓，是宋国公族子弟。他助宋桓公平乱有功，受封在萧邑建立萧国，世称萧叔大心。萧国为宋国的附庸国。后萧国为楚国所灭，国人遂以故国名为氏，称萧氏。

家族名人

萧何，沛县（今江苏丰县）人，西汉初年大臣。早年任秦沛县狱吏，秦末随刘邦起兵。楚汉战争时，他留守关中，使关中成为汉军的巩固后方，不断地输送士卒粮饷支援作战，对刘邦战胜项羽，建立汉代，起了重要作用。刘邦称帝后，以萧何功最高，位次第一，谥“文忠侯”。

萧衍，字叔达，南朝梁的开创者。在位四十八年，颇有政绩。他在位晚年爆发“侯景之乱”，都城陷落，自己被侯景囚禁，死于台城。

萧道成，字绍伯，南朝齐的开创者。

尹

姓氏起源

据《通志·氏族略》记载，少昊是远古时羲和部落的后裔，华夏部落联盟的首领，同时也是东夷族的首领。少昊之子般为工正，古籍中又作“弓正”，主制弓矢，封于尹城，世称“尹般”。般的后人多以封邑名为氏，称尹氏。

据《风俗通义》记载，西周太师兮甲，字伯吉甫，世称“尹吉甫”，他讨伐淮夷有功，深受周宣王赏识，封其官名为“尹”。尹吉甫的弟子遂以尹为氏。

家族名人

尹思贞，长安人，唐代官至工部尚书，以执法公正无私、清廉而著称。

姚

姓氏起源

《通志·氏族略》云：“舜有二姓，曰姚曰妫。因姚墟之生而姓姚，因妫水之居而姓妫。”姚姓是中国非常古老的姓。

源于羌族。据《晋书》记载，羌族首领弋仲，本是汉朝西羌烧当氏的后人，他自称是帝舜的后代，故而改姓姚，称姚弋仲。在姚弋仲的后裔子孙中，皆以首领之姓为氏，称姚氏。

家族名人

姚兴，字子略，羌族，十六国时期后秦文桓帝，在位22年，勤于政事，治国安民。重视经济发展，兴修水利，关心农事。提倡佛教和儒学，广建寺院。

姚崇，唐朝名相，历任武则天、唐睿宗、唐玄宗三朝，有“救时宰相”之称，特别是在唐玄宗早期为相，对“开元之治”的贡献非常大。

邵

姓氏起源

源于姬姓，以邑为氏。据《通志·氏族略》及《万姓统谱》等记载，周文王之子姬奭食采于召邑，故称召公或召伯。武王灭商后，姬奭又受封于蓟，建立燕国，但是他派长子姬克去治理，自己仍留在镐京辅政。姬奭的后裔子孙中，有以封邑名为氏者，称邵氏。邵、召古时通用。

商朝时有召方部落，后归顺于周，其族人亦有称邵氏者。

家族名人

邵雍，字尧夫，自号安乐先生，后人称百源先生，北宋哲学家、易学家，有“内圣外王”之誉。创“先天学”，以为万物皆由“太极”演化而成。

湛

姓氏起源

源于姒姓。夏朝时有斟灌氏国，是大禹的氏族中的一支建立的诸侯国。太康失国后，东夷族人寒浞又代后羿称王，派兵攻灭斟灌氏国。原斟灌氏族人为避害，便约定把原国姓斟灌二字合并，各取一半，合成一个湛字，遂成湛氏。

周朝时，尧帝后裔大节因功被赐予成周之东的谌地，即礁阳(今河南洛阳)，为礁阳令，遂以封邑为姓氏，称谌氏。唐朝林宝编撰《元和姓纂》时，将“谌”误为“湛”字，以谌重为湛姓。

源于姬姓。春秋时郑国有大夫裨谌，其后裔子孙有以先祖名为氏者，称谌氏。同第二个渊源类似，古代姓氏学家将谌姓误为湛姓。

春秋时有湛邑，属于郑国，继而被楚国所占，后又属于晋国，战国时属于韩国。居者多称湛氏。

家族名人

湛若水，字元明，号甘泉，增城（今广东广州）人，明代哲学家、教育家、书法家。师从陈献章，后与王守仁同时讲学，各立门户，以理学而著名。湛若水的书法也继承了陈献章的风格，而且又能出新意，为当时名家。

汪

姓氏起源

源于姜姓。据《古今姓氏书辨证》及《国语·鲁语下》等记载，夏商时有一古汪罔国，为神农氏的后裔所建之姜姓诸侯国，国君名防风氏。后来防风氏被大禹所杀，国人迁居湖州的深山里，称汪罔氏。汪罔国后为楚国所灭，国人避之于安徽歙县，改称汪氏。

源于姬姓。春秋时期，鲁成公次子因出生时两掌有纹“左王右水”，因而取名为姬汪，是为公子汪，因名封爵为汪侯，食采颍川，世称“颍川侯”。姬汪生姬挺，姬挺生姬满，姬满被封于平阳，始以祖父名为氏，称汪氏。

家族名人

汪踦，春秋时鲁国儿童。哀公十一年齐国伐鲁，汪踦挺身保卫国家而战死，所以鲁人特别破例，以成人之礼来埋葬他。

汪华，字国辅，号英发，少以勇侠闻，隋朝末年，割据称王，保境安民，武德间为王雄诞所败，遂降。授总管六州军事和歙州刺史，封越国公。

祁毛禹狄　米贝明臧

祁

姓氏起源

源于姬姓，以邑为氏。据《元和姓纂》记载，春秋时期晋献侯四世孙名奚，食采于祁邑，其后裔子孙以封邑名为氏，称祁氏。

据《广韵》记载，黄帝有二十五子，给其中的十四个儿子分封了十二个姓，祁姓为其中之一。

源于伊祁氏。据《姓氏考略》记载，帝尧伊耆氏，亦称伊祁氏。帝尧的后裔子孙中，很早即有祁氏、耆氏，后皆统一为祁氏。

以谥为氏。两周时期，“祁”是一种谥号称谓。《左传·庄六年》中记载：“邓祁侯。谥法，经典不易曰祁。”邓祁侯的后裔子孙中，多有以先祖谥号为姓氏者，称祁氏。

源于姬姓。春秋时卫国有大夫石祁子，其后人有以先祖名为氏者，称祁氏。

以官为氏。周朝有军职祁父，其后人亦有称祁氏者。

家族名人

祁韵士，字鹤皋，又字谐庭，别号筠禄，晚年又号访山，山西寿阳人，清代官吏、地理学家。熟悉满文，热心研究西北山川疆域和各部族历史。有《蒙古回部王公表传》《伊犁总统事略》《藩部要略》等。

祁焕，字蕴文，号蔚峯，江苏吴县（今江苏苏州）人，清代画家。善画兰竹，晚年自成一家，颇有古穆之趣。喜好收藏古彝鼎图书，蓄古砚尤多，有《二十八砚斋集》。

毛

姓氏起源

源于姬姓，以国为氏。据《广韵》记载，西周初年，周文王第十子叔郑受封于毛国，世称毛公，其后有毛氏。

源于姬姓，以邑为氏。据《通志·氏族略》记载，周文王第九子姬伯聃(一称姬伯明)，受封于毛邑，世为周卿士，其子孙遂以封邑名为氏，称毛氏。

家族名人

毛遂，战国时期赵国人，为平原君赵胜的门客，居平原君处三年未得展露锋芒。公元前257年，他自荐出使楚国，促成楚、赵合纵，声威大振，并获得了“三寸之舌，强于百万之师”的美誉。

毛亨，山东曲阜人，西汉著名学者，相传是古诗学“毛诗学”的开创者，曾作《毛诗》，世称“大毛公”。

禹

姓氏起源

源于姒姓。禹为中国古代部落联盟首领，亦称大禹、夏禹，其后裔子孙有以先祖名为氏者，称禹氏。

源于妘姓。春秋时有诸侯国鄅国，后为鲁国吞灭，其后裔子孙遂以国名为氏，称鄅氏，后去邑旁为禹，表示亡国，称禹氏。

家族名人

禹之鼎，字尚吉，一字尚基，一作尚稽，号慎斋，江苏兴化人，清代画家。擅山水、人物、花鸟、走兽，尤精肖像。其肖像画名重一时，有白描、设色两种面貌，皆能曲尽其妙。形象逼真，生动传神，有《骑牛南还图》《放鹏图》《王原祁艺菊图》等传世。

狄

姓氏起源

源于有娀氏。《史记·殷本纪》记载：“殷契母曰狄。”狄，亦称娀，是传说中商王朝始祖契之母，又作娀简、简狄、女修、简易、简逷，是颛顼之裔有娀氏之女。史书记载，有一次她偶出行浴，吞燕卵而生契。契的时代，还是母系氏族社会末期，其后裔子孙中，很早即有以先祖母之名字为部族称谓者，称狄氏族，后以为姓氏，称狄氏。

源于姮姓。尧、舜时期，封黄帝之后姮姓氏族为狄氏、翟氏，始有狄族，世居北地，后在商王朝时期迁徙西河地区。周王朝时期的狄族，主要活动于齐、鲁、晋、卫各诸侯国之间，后世的子孙中有取族名为姓氏者，称狄氏。

源于姜姓。西周成王时，封炎帝后裔参卢氏在狄城，建立狄国，其后裔子孙有以国名为氏者，称狄氏。

以官为氏。两周时有官职狄者，其后人亦有称狄氏者。

家族名人

狄仁杰，字怀英，并州太原（今山西太原）人，唐朝著名政治家。高宗的时候为大理丞，后又做过豫州刺史、洛州司马。天授二年（691），狄仁杰担任同凤阁鸾台平章事，成为宰相，但不久就被来俊臣诬陷下狱，平反后还是被贬为彭泽县令，契丹之乱时被起复。神功元年（697），狄仁杰再次拜相，任鸾台侍郎、同凤阁鸾台平章事、纳言、右肃政台御史大夫。他犯颜直谏，力劝武则天立庐陵王李显为太子，使得唐朝社稷得以延续。

狄青，字汉臣，汾州西河（今属山西）人，北宋名将，因面有刺字，善骑射，人称“面涅将军”。他出身贫寒，宝元元年（1038）为延州指挥使，勇而善谋，在宋夏战争中，他每战披头散发，戴铜面具，冲锋陷阵，立下了累累战功。平生前后25战，以皇祐五年（1053）正月十五夜袭昆仑关一战最著名。

米

姓氏起源

源于芈姓。帝颛顼的后裔陆终生子六人，第六子季连，芈姓，其后人建立楚国。楚国灭亡后，其国人为避秦军杀戮，有改芈姓为米姓者。

源自奚族。北宋画家米芾自称是先秦楚国的后裔，本姓芈，后改为米姓，其后有米氏。但实际上，米芾是奚族人(库莫奚族)的汉化后裔，与楚国芈姓毫无关系。

以官为氏。两周时有官职舍人，亦称米史、粟史，其后亦有称米氏者。

“昭武九姓”之一。米国故址在今乌兹别克斯坦撒马尔罕的西南部，一度归唐管辖，唐高宗永徽年间归附中原，后为米氏。

家族名人

米芾，山西太原人，北宋书法家、画家、书法理论家。书画自成一家。能画枯木竹石，时出新意，又能画山水，创为水墨云山墨戏，烟云掩映，平淡天真。善诗，工书法，精鉴别。擅篆、隶、楷、行、草等书体，长于临摹古人书法，达到乱真程度。“宋四家”之一。因个性怪异，举止颠狂，遇石称“兄”，膜拜不已，因而人称“米颠”。徽宗诏为书画学博士，人称“米南宫”。

贝

姓氏起源

源于姬姓。周文王之子姬奭，因最初食采于召，故称召公。武王灭商后，封姬奭于燕国，他派长子姬克去治理，自己仍留在镐京辅政。姬奭后人中有人继承了召公的称号，为周朝辅政大臣。召公奭的后裔召公康，赐封其支庶子孙食邑于巨鹿甘泉泜水流域，建立郥国，为燕国的附庸。后郥国为齐国吞灭，失国的郥国遗族遂去邑改姓氏为贝氏。

家族名人

贝义渊，吴兴（今浙江湖州）人，南朝梁书法家。其字精严遒劲，笔势灵动。贝义渊特别擅长大字，所书大字带行书笔意，更为雄健。存至今日的《始兴忠武王萧憺碑》和《安成康王萧秀碑》为他所书。

明

姓氏起源

源于谯明氏。上古燧人氏为部落首领时，有大臣明由，是谯明氏的后裔，因为具有才能而被燧人氏看重，后来成为“四佐”之一。明由的后裔子孙中，有以先祖名为氏者，称明氏。

源于姬姓。据《通志·氏族略》记载，春秋时期，百里奚为虞国大夫，虞国灭亡后入秦，为大夫。百里奚之子百里视，字孟明，为秦国将军。百里视的后裔子孙有以先祖字为氏者，称孟明氏，后简化为孟氏、明氏。

源于姬姓。周公旦之子姬明保，其后人亦有称明氏者。

源于鲜卑族。南北朝时期北魏鲜卑拓跋部有斗眷氏部落，北魏孝文帝汉化改革时，改为汉姓明氏。

以官为氏。南北朝时有官职明堂令，隋朝时有官职明法掾，金国时有官明纬郎，他们的后人有以先祖官名为氏者，称明氏。

家族名人

明克让，字弘道，隋朝人。少好儒雅，博涉书史，三礼礼论，他都有钻研。天文历法、占卜他都深有研究，各得其妙。先在梁朝做官，后又在周朝做官，累迁至司调大夫。隋文帝受禅后，被拜为率更令，进爵为侯。对当朝的实事，他经常发表有见地的议论。著作有《孝经义疏》《古今地带记》《续名僧记》等。

臧

姓氏起源

源于姬姓，以邑为氏。据《通志·氏族略》记载，春秋时鲁孝公有子名弫，字子臧，受封于臧邑，其后有臧氏。

春秋时鲁惠公之子名欣，字臧，其支孙以祖父字为氏，称臧氏。

以官为氏。汉朝时有官职库藏丞，其后人有以先祖官名为氏者，称臧氏。

家族名人

臧怀恪，字贞节，莒州北乡(今山东安丘)人。唐玄宗开元年间，以智勇名闻于当时，后官累至右武卫将军、上蔡县开国侯。怀恪有七子皆是当时名将。肃宗时，以其子臧希让之功，追赐怀恪为太常卿工部尚书。

计伏成戴　谈宋茅庞

计

姓氏起源

源于姒姓。夏商时期，有古国计国，传说是大禹后人的封国，后为周朝吞灭，其国人以国名为氏，称计氏。

源于有莘氏。史籍《通志·氏族略》记载：“有莘氏改为计氏。”

有莘氏，亦称有辛氏，为上古时期东夷族的一个部落，商初贤士伊尹就出自这个部落。伊尹辅佐商汤，因智虑深远，被称作“计公”，其后裔子孙中，有以先祖名号为姓氏者，称计氏。

源于己姓。西周初年，武王姬发为笼络前朝历代遗民，封少昊之己姓后裔于青州莒地，建立莒国，国都建于计斤。莒国后为楚国所灭，其后人有以先祖建都之地名为氏者，称计氏。

以官为氏。西周时有官职六计，春秋时鲁国有官职计薄，汉朝时有官职计相，他们的后人亦有称计氏者。

家族名人

计衡，字致平，绍兴年间进士，南宋朝奉大夫。历监察御史，出守池州，转朝奉大夫。居官多善政。游太学时，上书言天下大计，高宗嘉之。及卒，家无余资，时称“清白吏”。

伏

姓氏起源

源于风姓。“三皇”之一伏羲氏的后人中，有以先祖名为氏者，称伏氏。伏氏同时也是宓氏，古代“伏”、“宓”两姓通用。

春秋时期鲁国人伏不齐，为孔子弟子，七十二贤之一，他的后裔子孙中有以先祖名为氏者，称伏氏。

南北朝时有汉人侯值，武艺绝伦，随北魏孝武帝西迁，甚得宠幸，赐姓为俟伏侯氏，在《北史》中称作“俟伏氏”。后来侯伏氏跟从魏孝文帝大破沙苑，又再次赐姓为贺屯氏，因而，侯植的后人形成了侯伏氏和贺屯氏两支。孝文帝推行汉化改革，侯伏氏、贺屯氏这两支族人中大部分改为伏氏和贺氏。

家族名人

伏湛，字惠公，琅邪东武（今山东诸城）人，东汉光武帝宰相。其父为著名经学家伏胜，伏湛少时继父业，教授数百人。汉成帝时，因父功绩任博士弟子。至王莽时任绣衣执法、后队属正。更始帝刘玄即位，任其为平原太守。光武帝即位，任其尚书，主管制定旧有制度。建武三年（27），任大司徒，封阳都侯。建武六年（30），改封不其侯。

成

姓氏起源

源于姬姓。据《通志·氏族略》与《辞源》记载，西周初年，周武王封其弟叔武于郕，建立郕国。郕国后为齐国所灭，其后人遂以国名为氏，称郕氏。后有人去邑旁为成氏。几乎在封叔武的同时，周武王又将另一王族季戴分封在另一个郕邑，季戴也建立了郕国。这个郕国后为卫国所灭，其后亦有成氏。

源于芈姓。春秋时期，楚国君主若敖有子名成虎，为大夫，其后裔子孙有以先祖名为氏者，称成氏。

源于子姓。春秋时期宋成公的支庶子孙中，亦有称成氏者。

源于姬姓。春秋时期，晋国大夫郤犨食邑于苦地，号称苦成子、苦成叔、苦成叔子，其后有成氏。

家族名人

成公绥，字子安，西晋文学家，好音律，擅辞赋。幼而聪敏，博涉经传，有俊才，辞赋甚丽。性寡欲，不营资产，家贫岁饿，处之如常。著有《成子安集》。

成玄英，字子实，陕州（今河南陕县）人，通儒学经典，尤重文字训诂学。对老庄之学颇有研究，致力于文理的注疏，继承和发挥了“重玄”思想，使重玄之道成为唐朝初年道教哲学思想的一大主流。

戴

姓氏起源

源于子姓。春秋时期，宋戴公死后，其子司空即位，为宋武公。戴公其余诸子以父谥号为氏，称戴氏。

源于姬姓。春秋时期有戴国，后为郑国所灭，其遗族以国名为氏，称戴氏。

家族名人

戴逵，字安道，谯郡铚县（今安徽宿县）人，东晋学者、画家、雕塑家。他反对佛教的因果报应说，著有《释疑论》。他曾为会稽山灵宝寺作木雕无量佛及胁侍菩萨，又为瓦棺寺塑《五世佛》，和顾恺之的壁画《维摩诘像》、狮子国（斯里兰卡）送来的玉佛，在当时并称“三绝”。所画人物、山水也别具一格。

戴复古，字式之，南宋江湖派诗人。曾从陆游学诗，作品受晚唐诗风影响，兼具江西诗派风格。部分作品抒发爱国思想，反映人民疾苦，具有现实意义。

谈

姓氏起源

商朝时，商王武丁封其子于炎地，建立炎国。周武王灭商后，将炎国封给帝乙长子微子启，归附宋国辖制。一说周武王封少昊后裔中炎族首领于炎地，建立炎国，春秋时归附于宋国。“炎”，古字通“谈”，春秋前后，国名多加“邑”偏旁，从而炎国演化为郯国，亦称谈国，国君称郯子，亦称谈子。谈国后为楚国所灭，其遗族有以国名为氏者，称谈氏、郯氏。

源于姬姓。春秋时候晋国有大夫籍谈，其后有谈氏。

家族名人

谈迁，明末清初史学家。原名以训，字仲木，号射父。明亡后改名迁，字孺木，号观若，自称“江左遗民”，浙江海宁(今浙江海宁西南)人。终生不仕，以佣书、做幕僚为生。喜好博综，子史百家无不致力，对明代史事尤所注心。

宋

姓氏起源

源于子姓。商朝时，商王武丁封其子于宋地，建立有宋国，为伯爵诸侯国。武王灭商，有宋国亦被灭。周成王时，周公平定武庚叛乱，之后把古宋国之地封给微子启。微子启为商王帝乙之长子，贤良有德，受封于宋国故地，以奉商祀，同时监管殷商遗民。宋国后为齐国所灭，其遗族多以故国名为氏，称宋氏。

源于姬姓。春秋时郑国贵族大夫姬宋，字子公，其后亦有称宋氏者。

家族名人

宋玉，又名子渊，战国时楚国人，相传为屈原弟子。曾事楚顷襄王。善辞赋，为屈原之后的辞赋家，与唐勒、景差齐名。相传所作辞赋甚多，《汉书·卷三十·艺文志第十》录有其赋16篇，今多亡佚。流传作品有《九辩》《风赋》《高唐赋》《登徒子好色赋》等。

宋慈，字惠父，南宋著名法医学家。中外法医界普遍认为是宋慈于公元1235年开创了“法医鉴定学”，因此宋慈被尊为世界法医学鼻祖。宋慈所著《洗冤集录》是世界上最早的法医专著，在中国元、明、清三朝是刑、法官必读之书，先后被译成法、英、荷等多种文字。

茅

姓氏起源

源于姬姓，以国为氏。西周初年，周公旦第三子受封于茅邑，建立茅国。茅国后为邹国所灭，其后人以国名为氏，称茅氏。

春秋时晋国大夫先茅，是名将先轸的弟弟。公元前627年，晋国与白翟在箕地交战，元帅先轸、先茅及其子一同战死。大夫胥臣推荐郤缺为晋军主帅。当年8月，郤缺再率晋军攻灭了翟国，并俘虏了白翟的首领。晋襄公任命先轸的儿子先且居为中军主将，以告慰先轸。但因先茅全家战死，没有后裔了，便将先茅原来的封地赏赐给了胥臣，以奖励他举荐郤缺的功劳。胥臣非常敬重先茅及其子，将自己的新封地改称茅城，建茅亭追念其功，并令先茅的故旧家臣皆改姓为茅氏，世代相传。

春秋时郑国大夫茅夷，其后裔子孙有以先祖名为氏者，称茅氏。

战国时秦国大夫茅焦，其后亦有称茅氏者。

家族名人

茅盈，字叔申，西汉咸阳（今属陕西）人，道家茅山派所奉祖师。少时修道于恒山，有异操，后隐于句曲山（今称茅山，在江苏西南部），修炼服气、辟谷术，并以医术救治世人。后其弟茅固、茅衷从其修道，时人称大、中、小茅君，后世称茅氏三兄弟为“三茅真君”。

庞

姓氏起源

源于姬姓。据《通志·氏族略》记载，西周初年，周文王之子姬高受封于毕国，称毕公高。毕公高又封其支庶之子于庞乡，其后遂有庞氏。

源于高阳氏。据史籍《百家姓注》记载，颛顼有八子，号称“八凯”，分别形成了八个以高阳氏为中心的氏族部落，其中之一名叫庞降。庞降的后世子孙中，有以先祖名为姓氏者，称庞氏。

家族名人

庞统，字士元，号凤雏，东汉荆州襄阳（今属湖北）人，刘备手下的重要谋士，与诸葛亮同拜为军师中郎将。与刘备一同入川，进围雒县时，庞统率众攻城，不幸中流矢而亡，时年仅三十六岁，追赐统为关内侯，谥曰靖侯。

庞德，字令明，东汉末年雍州南安郡狟道县（今甘肃天水）人。初为马腾部将，后归降曹操。219年，庞德协助曹仁抵御关羽，两军对垒期间，常骑白马驰骋奔杀，曾一箭射中关羽前额，被蜀军称作“白马将军”。后被水淹七军，为关羽所擒，不屈而死。

熊纪舒屈　项祝董梁

熊

姓氏起源

源于芈姓。据《世本》《古今姓氏书辨证》等记载，帝颛顼后裔陆终有六子，第六子为季连，赐芈姓。其后裔子孙中，到商朝末年有个叫鬻严的人，字熊，很有学问，曾做过周文王的老师，受官火正。鬻熊曾孙以先祖字为氏，称熊绎。周成王时，封熊绎于楚国。

据《元和姓纂》记载，黄帝生在寿丘，长于姬水，居轩辕之丘，建都于有熊，又称有熊氏。黄帝的后代中便有人以地名为氏，称熊氏。

家族名人

熊廷弼，字飞白，号芝冈，汉族，湖广江夏（今湖北武昌）人，明末将领。万历四十七年（1619）以兵部右侍郎任辽东经略。他召集流亡，整肃军令，训练部队，加强防务，在职年余，后金军不敢来攻。明熹宗即位，魏忠贤专权，他被排挤去职。天启元年（1621），辽阳、沈阳失守，他再任经略，与巡抚王化贞不和。次年王兵败溃退，他同退入关，后为魏忠贤冤杀。

纪

姓氏起源

源于姜姓。据《元和姓纂》《通志·氏族略》等记载，西周初年，周武王封炎帝后裔于纪地，建立纪国。纪国后为齐国所灭，遗族以国名为氏，称纪氏。

上古有纪族，伏羲氏之臣纪侗，舜帝老师纪后皆是纪族族人，其后裔子孙中有以氏族名为姓者，称纪氏。

大禹执政时，曾有族人出策导河入海有大功，故赐以纪国，该纪国境内有纪河，因以为国名，族人以国名为姓氏，称纪氏。

家族名人

纪昀，字晓岚，晚号石云，清朝河间人。乾隆进士，授编修。官至协办大学士，加太子太保，他贯通儒籍，旁及百家，任《四库全书》总纂，校订整理，每书悉作提要，冠诸卷首。未著录者则为存目。主持编纂工作20余年，一生精力备注于此。著有《阅微草堂笔记》等书7种。

舒

姓氏起源

春秋时期，在今江淮一带有舒、舒庸、舒蓼、舒鸠、舒龙、舒鲍、舒龚等小国，史称“群舒”。这些小国都是周武王姬发在灭殷商后，分封皋陶后裔时所建的封国，皆为子爵小诸侯国。群舒诸国先被徐国所灭，后又复国，后又被楚国所灭。灭国后，群舒诸国的公族后代就以故国名为氏，称舒氏。

春秋时期，莒国有地名寿舒，居人以邑名为氏，称舒氏。

家族名人

舒璘，浙江奉化人，南宋学者。乾道八年（1172）进士，为徽州教授，时称“第一教官”。官终宜州通判。谥文靖，有《舒文靖集》。

屈

姓氏起源

源于芈姓，以邑为氏。春秋时期，楚武王之子熊瑕食采于屈地，史称屈瑕。屈瑕的后裔子孙中，多以先祖封邑名为氏，称屈氏。

源于姬姓。春秋时期，晋国屈邑出产良马，晋献公派其子夷吾驻守。骊姬乱晋，夷吾逃到梁国，后在秦穆公的帮助下回国即位，是为晋惠公。在晋惠公留居屈邑的支庶子孙中，有以邑名为氏者，称屈氏。

远古黄帝后裔狂屈竖，其后有屈氏。

源于鲜卑族。北魏孝文帝汉化改革时，将鲜卑复姓屈男氏、屈突氏、屈侯氏等均改为汉字单姓屈氏，相传至今。

家族名人

屈原，名平，字灵均，战国时楚国人，伟大的爱国诗人。楚国贵族出身，任三闾大夫、左徒，兼管内政外交大事。他主张对内举贤能，修明法度，对外力主联齐抗秦。后因遭贵族排挤，被流放沅、湘流域。公元前278年，秦将白起一举攻破楚国首都郢都。忧国忧民的屈原在长沙附近的汨罗江畔怀石自杀。屈原创立了“楚辞”这种文体，也开创了“香草美人”的传统。他创造的“楚辞”文体在中国文学史上独树一帜，与《诗经》并称“风骚”二体，对后世诗歌创作产生了积极影响。

项

姓氏起源

源于姬姓，以国为氏。周朝有项国，是周朝同姓诸侯国，后为楚国所灭，其遗族以国名为氏，称项氏。

源于芈姓。春秋时，楚国公子燕，受封于项国。项国于公元前647年灭亡。《左传》谓项国被鲁僖公所灭，《公羊传》《穀梁传》谓项国被齐桓公所灭。子孙以国名为氏，称项氏。

家族名人

项羽，名籍，字羽，秦末下相（今江苏宿迁）人，楚国名将项燕之孙，秦末随叔父项梁在吴中起义，项梁阵亡后他率军渡河救赵王歇，于巨鹿之战击破章邯、王离领导的秦军主力。秦亡后称西楚霸王，实行分封制，封灭秦功臣及六国贵族为王。后与刘邦展开了历时四年的楚汉战争，期间虽然屡屡大破刘邦，但项羽为人不仁，又猜疑亚父范增，最后反被刘邦所灭。公元前202年，项羽兵败垓下，突围至乌江边自刎而死。

祝

姓氏起源

以国为氏。据《元和姓纂》《新唐书·宰相世系表》等记载，西周初年，周武王封黄帝后裔的一支于祝地，后建立祝国，为子爵小国，亦称铸国、祝柯国、祝阿国、东阿国。祝国后为齐国吞灭，其遗族以国名为氏，称祝氏。

源于高阳氏。帝颛顼后裔重黎在帝喾时任火正，为祝融。重黎死后，其弟吴回复居火正，为祝融。在重黎和吴回的后裔子孙中，有以先祖官名为氏者，称祝氏。

以官为氏。古代掌管祭祀活动的祭司，官名称为“巫祝”。少昊时有官职祝鸠，两周时期有官职祝讲，汉朝有官职秘祝，他们的后裔子孙有以先祖官名为氏者，称祝氏。

源于姬姓。春秋时，楚国有大夫姬祝聃，其后有祝氏。

源于鲜卑族。南北朝时，鲜卑拓跋部吐缶氏部落，在北魏孝文帝汉化改革时，改汉姓为祝氏。

家族名人

祝允明，字希哲，号枝山，因右手有六指，自号“枝指生”，明代长洲（今江苏苏州）人。他家学渊远，能诗文，工书法，特别是其狂草颇受世人赞誉，流传有“唐伯虎的画，祝枝山的字”之说。并与唐寅、文征明、徐祯卿齐名，称为“吴中四才子”。

董

姓氏起源

源于己姓。相传颛顼的己姓后裔中有个人叫飂叔安，史书上亦称廖叔安。飂叔安有子名董父，他对龙(马)的习性很有研究，于是舜帝就任命董父为豢龙氏，让他专门养龙。在董父的精心驯养下，许多龙学会了表演各种舞蹈，帝舜很是喜欢，就封董父为鬷川侯，还赐他董姓，他的后代就是董氏。

源于姬姓，以官为氏。春秋时周朝大夫辛有的两个儿子都在晋国任太史，负责董督(考察并收藏之意)晋国的典籍史册，故官名又称董督。这两个董都世袭晋国史官，其后裔以先祖官名为氏，称董氏。

源于姬姓。帝颛顼后裔陆终有子名参胡，因住董地，其后裔子孙以邑名为氏，称董氏。

汉朝有董泽，是一个大湖泊，在董泽附近生活的居民，有称董氏者。

家族名人

董仲舒，广川郡（今河北景县广川）人，西汉名儒。提出“天人感应”、“大一统”学说和“罢黜百家，独尊儒术”的主张，认为“道之大原出于天”，自然、人事都受制于天命。董仲舒的儒家思想维护了汉武帝的集权统治，为当时社会政治和经济的稳定作出了一定的贡献。

董宣，字少平，东汉时洛阳令，他不畏强权，惩治豪族。光武帝姐姐湖阳公主的奴仆仗势杀人，被湖阳公主包庇。董宣拦住湖阳公主的车，令奴下车而杀之。公主诉于刘秀，刘秀令其向公主叩头谢罪，董宣拒不低头。刘秀令人强按之，也不能使其俯首。京师豪族贵戚莫不畏之，号为“卧虎”。

梁

姓氏起源

源于嬴姓，以国为氏。周孝王时，封伯益后人非子于秦。周宣王时，秦仲讨伐西戎有功，其次子康受封于夏阳梁山，建立梁国。后梁国为秦国所灭，其后有梁氏。

源于姬姓。据《路史》记载，周平王有子被封在南梁，后为楚国所灭，其子孙以国为氏，称梁氏。

战国初期，为躲避秦国的威胁，魏惠成王迁都大梁，从此魏国亦被史家称为梁国，魏惠成王又被称为梁惠王。魏国后为秦国所灭，遗族有称梁氏者。

春秋时，晋国有解梁城、高梁、曲梁之地，居者以梁为氏。

源于鲜卑族。南北朝时，鲜卑族有拔列兰氏部落，在北魏孝文帝汉化改革时，改为汉字单姓梁氏。

家族名人

梁红玉，楚州（今江苏淮安）人，南宋名将韩世忠之妻，在抗金斗争中多次立功，被封为安夫人、扬国夫人。

梁启超，字卓如，一字任甫，号任公，又号饮冰室主人，广东新会人，近代思想家、政治家、文学家。青年时期和其师康有为一起倡导变法维新，并称“康梁”，是戊戌变法领袖之一。事败后出逃，在海外推动君主立宪。辛亥革命之后一度入袁世凯政府，担任司法总长，之后对袁世凯称帝、张勋复辟等严词抨击，并一度加入段祺瑞政府。他倡导新文化运动，支持五四运动。曾倡导文体改良的“诗界革命”和“小说界革命”。

杜阮蓝闵　席季麻强

杜

姓氏起源

源于祁姓，以邑为氏。据《通志·氏族略》记载，帝尧为陶唐氏，其后人曾建国于刘，裔孙刘累能扰龙，事夏王孔甲，被赐姓为御龙氏。西周时，刘累的后代建立唐国。后周成王灭唐国，封其弟叔虞于唐，而把唐国国君迁到杜，称杜伯，故又称唐杜氏。周宣王时，杜伯无罪而被杀害，其子隰叔逃奔晋国，留在杜国的人就改姓为杜。后杜国为秦国所灭。

源于芈姓。春秋时楚国君主熊艰，又称杜敖、堵敖、庄敖，其后裔子孙中，有以先祖名号为氏者，称杜氏。

据《世本》记载，杜氏是黄帝时期的酿酒发明人杜康的后代。

以官为氏。春秋战国时期有官职杜蒯，是掌管膳食和祭祀牺牲的官吏，其后裔子孙有以先祖官名为氏者，称杜氏。

源于鲜卑族。南北朝时，鲜卑拓跋部有独孤浑氏族，北魏孝文帝汉化改革时，改为汉姓杜氏。

家族名人

杜甫，字子美，自号少陵野老，河南巩县（今河南巩义）人，唐代伟大的现实主义诗人，与李白并称“李杜”。杜甫在中国古典诗歌中的影响非常深远，被后人称为“诗圣”，他的诗被称为“诗史”。

杜牧，字牧之，号樊川居士，京兆万年（今陕西西安）人，唐代著名诗人、散文家。杜牧的诗歌以七言绝句著称，内容以咏史抒怀为主，其诗英发俊爽，多切经世之物，在晚唐成就颇高。杜牧人称“小杜”，以别于杜甫。与李商隐并称“小李杜”。

阮

姓氏起源

源于偃姓，以国为氏。皋陶后人在商朝时受封于阮国，商末为周文王姬昌所灭，遗族以国名为氏，称阮氏。

秦朝有九阮郡，居者有称阮氏者。

家族名人

阮籍，字嗣宗。陈留尉氏（今河南开封）人，三国魏时期诗人，“竹林七贤”之一。曾任步兵校尉，世称阮步兵。崇奉老庄之学，政治上则采取谨慎避祸的态度。阮籍是“正始之音”的代表，著有《咏怀》《大人先生传》等，其著作收录在《阮籍集》中。

蓝

姓氏起源

源于姜姓。据《蓝氏族谱》记载，蓝姓始祖为帝榆罔之子昌奇。昌奇出生时，恰巧有熊国国君前来进贡秀蓝一株，帝榆罔大喜，因赐姓曰秀蓝，赐名曰昌奇。昌奇后裔子孙中，多有称蓝氏者。

源于嬴姓。伯益后裔秦子向封地在蓝，子孙以邑为氏，称蓝氏。

战国时期中山国宰相诸君，封地在蓝邑，世称蓝诸君，其后亦有称蓝氏者。

源于芈姓。春秋时楚国有大夫亹，因出任蓝县令尹，世称蓝尹亹，其后亦有称蓝氏者。

家族名人

蓝仁，字静之，自号蓝山拙者，与弟蓝智同均为元末明初诗人。后人评价他们的诗风类似盛唐，兼有中晚唐诗人优点，既学唐人，又不失自己的个性。蓝仁不事科举，一意为诗，过着闲适的田园生活。

蓝玉，定远（今安徽定远）人，常遇春妻弟，明朝开国将领。有胆有谋，勇敢善战，屡立战功。官拜大将军，封凉国公。于捕鱼儿海中大破北元，基本摧毁其职官体系而名震天下。后以谋反罪被杀，牵连致死者达一万五千余人，史称“蓝玉案”。

闵

姓氏起源

源于姬姓。春秋时期，鲁庄公去世后，其子姬启继位，不到两年，便被叔父庆父所弑。因年纪尚轻，因此谥号为“湣”，史称鲁湣公。古代“闵”、“愍”、“湣”、“锉”等字义相通，故鲁湣公又称鲁闵公、鲁愍公。鲁闵公的后裔子孙中，有以先祖谥号为氏者，称闵氏。

源于姬姓。春秋时鲁国有大夫闵马父，又称闵子马，其后裔子孙有以先祖名为氏者，称闵氏。

春秋时孔子弟子闵损，字子骞，其后人亦有称闵氏者。

春秋时宋国有闵邑，后为齐国吞并，留居故地的原宋国遗民以邑名为氏，称闵氏。

家族名人

闵贡，字仲叔，东汉山西太原人。家贫，有操守，性恬静。不受无功之禄，自惭口腹之累。世称节士。汉末为河南中部掾。十常侍之乱救驾有功，进郎中，封都亭侯。

席

姓氏起源

《万姓统谱》云："唐尧时，击壤而歌之老翁，姓席氏，尧尊为师。"席师的后裔子孙中，多以先祖名字为姓氏，称席氏。

源于姬姓。春秋时晋国大夫籍谈，其先世代官吏晋国典籍，故以籍为氏。籍谈后人籍镶，为避项羽（名籍，字羽）名讳，于是改籍氏为席氏。项羽败亡后，有部分族人恢复了籍氏，另一部分族人仍沿用席氏，世代相传。

以官为氏。两周时有官职袏席、席庶使，他们的后裔子孙中，有以先祖官名为氏者，称席氏。

家族名人

席书，字文同，号元山，四川蓬溪县人，明弘治元年（1488）中举，三年（1490）中进士，授任山东郯县知县。在郯县，他安抚百姓，开发农田，大兴水利，兴教化，办学校，育人才，数年后成效显著。郯地人民为其立祠树碑纪念。

席佩兰，名蕊珠，字韵芬，号浣云、道华、佩兰等，江苏常熟人，清代女诗人。擅画兰。诗天机清妙，著有《长真阁诗稿》《傍杏楼调琴草》。

季

姓氏起源

古代兄弟排行顺序为伯、仲、叔、季，家族中最小的男孩子统称"季子"，春秋战国公族中，皆有季氏。

源于姬姓。春秋时吴国公族季札，为吴王第四子，受封于延陵，史称"延陵季子"。季札贤明博学，曾多次推让王位。他曾北游齐、郑、晋等诸侯国，并观乐于鲁国，在评论盛衰大势时，颇中时要，以有远见而著称。季札后裔子孙以先祖排行次第为氏，称季氏。

源于姬姓。春秋时鲁大夫季友，为鲁桓公幼子，其后裔子孙以先祖名为氏，称季孙氏，后简化为季氏。

源于芈姓。帝颛顼后裔陆终有六子，第六子曰季连，赐芈姓，其后亦有称季氏者。

家族名人

季布，楚地下相（今江苏宿迁）人，曾效力于西楚霸王项羽，为项羽帐下五大将之一，多次击败刘邦军队。项羽败亡后，被汉高祖刘邦悬赏缉拿。后在夏侯婴说情下，得赦免。季布为人仗义，好打抱不平，以信守诺言而著称。所以楚国人中广泛流传着“得黄金百斤，不如得季布一诺”的谚语。

麻

姓氏起源

源于芈姓，以邑为氏。春秋时期的楚国，有公族大夫食采于麻邑，其后裔子孙以封邑名为氏，称麻氏。

战国时期秦国有麻邑，就是古麻隧，在都城咸阳附近，春秋时秦、晋两国在麻邑爆发了著名的“麻隧之战”。有居麻邑者，以地名为氏，称麻氏。

唐朝时期朝鲜半岛百济国都城曰固麻。百济灭亡后，百济国大将军黑齿常仰慕唐军大将苏定方，因此投降唐王朝。随黑齿常降唐的百济兵将中，有以故国都城名为氏者，称麻氏。

家族名人

麻九畴，字知几，号征君，初名文纯，易州（今河北易县）人，金代文人、医家。通晓经典，尤精于《春秋》。其为文雄丽巧健，诗则精深峭刻，力追唐人，颇为赵秉文所赏。晚好医方，与名医张从正游，尽传其学。

强

姓氏起源

源于姬姓。黄帝玄孙名禺彊，其后裔子孙有以“彊”为姓氏者，称彊氏。因古代“彊”与“强”二字相通，所以后来简化为强氏。

源于姬姓。春秋时郑国有大夫强钼，其后裔子孙中，有以先祖名为氏者，称强氏。

源于姜姓。春秋时齐国公族公孙强，其后人亦有称强氏者。

源于芈姓。春秋时楚国有大夫斗强，其后人亦有称强氏者。

源于姬姓。春秋时卫国有大夫子强，其后人亦有称强氏者。

源于姬姓。春秋时魏国有大夫疆梁，其后有疆梁氏，后简化为强氏。

源于姬姓。春秋时晋国大夫魏武子有支孙魏缰，为魏缰氏，后简化为强氏。

家族名人

强至，钱塘（今浙江杭州）人，北宋学者，他的五个儿子相继登第为官，可谓一门荣华富贵，光彩异常。

贾路娄危　江童颜郭

贾

姓氏起源

源于姬姓，以国为氏。据《新唐书·宰相世系》记载，西周时，周康王封唐叔虞少子公明于贾地，为附庸小国，伯爵国。后贾国为晋国所灭，其遗族以国为氏，称贾氏。

以邑为氏。春秋时，晋文公舅舅狐偃之子狐射姑为晋国上卿，食采于贾邑，故又称贾季。贾季后为避祸逃亡翟国，其子孙以先祖封邑名为氏，称贾氏。

以官为氏。商周时有官职贾正，亦称贾师，其后裔子孙亦有称贾氏者。

家族名人

贾谊，洛阳人，西汉著名政论家、文学家。少有才名，二十岁即为博士，后遭群臣忌恨，被贬为长沙王太傅。后被召回长安，为梁怀王太傅。梁怀王坠马而死，贾谊深自歉疚，忧伤而死。其著作主要有散文和辞赋两类。散文如《过秦论》《论积贮疏》《陈政事疏》等都很有名，辞赋以《吊屈原赋》《鹏鸟赋》最为著名。

贾思勰，益都（今山东寿光西南）人，北魏时人，中国古代杰出的农学家，所著《齐民要术》系统地总结了六世纪以前黄河中下游地区农牧业生产经验、食品的加工与贮藏、野生植物的利用，包括种植菜蔬果木、养殖畜禽鱼类及各类食品加工等的技术知识，是中国第一部完整的农业科学著作。

路

姓氏起源

尧为部落首领时，帝喾孙玄元因功封为路中侯，建路国，其子孙以国为氏，称路氏。

源于姜姓。据《元和姓纂》记载，黄帝为部落首领时，封炎帝支子于潞地，建潞国。西周至春秋时期，潞国被称为赤狄潞氏，后为晋国所灭，其后有潞氏，简化为路氏。

源于妘姓。帝颛顼后裔陆终有六子，第四子求言受封于路邑，后裔子孙以先祖封邑名为氏，称路氏。

源于鲜卑族。南北朝时，鲜卑拓跋部有没潞真氏部落，北魏孝文帝汉化改革时，改为汉姓路氏。

以官为氏。西周时有官职路正，亦称合路，其后人亦有称路氏者。

家族名人

路振，字子发，祁阳（今湖南祁阳）人，北宋史学家。五岁通《孝经》《论语》，后进士及第，曾任太常博士。文辞为名家所称道，著有《九国志》。

娄

姓氏起源

源于姒姓。周成王时追封先贤古帝后裔，发现大禹的第三十六世孙娄云衢在会稽，便把他召来，特赐“木”为“楼”，封为东楼公，封地在杞邑，延续古杞国国祚，主管对禹的祭祀。杞简公在位时，杞国为楚国吞灭。杞简公有一支子孙先前被封在娄邑，杞国亡后遂以地名为氏，称娄氏。

源于姒姓。据《姓氏考略》记载，大禹手下臣子发明了耕地的犁，大大提高了农耕的效率，大禹因此大功赐他为犁娄氏，其后裔子孙有称娄氏者。

源于姬姓。据说《风俗通义》记载，春秋时有邾娄国，即邾国，又名邹国，后为楚国所灭，其遗族有称娄氏者。

春秋时齐国有隐士赣娄子，其后裔子孙有以先祖名为氏者，称娄氏。

相传彭祖弟子离娄，能明察秋毫，史称离娄公，其后裔子孙亦有称娄氏者。

源于鲜卑族。南北朝时，鲜卑拓跋部有匹娄氏(疋娄氏)、伊娄氏、盖娄氏、乙那娄氏(壹那娄、一那娄)等部族，北魏孝文帝汉化改革时，皆改汉姓娄氏。

家族名人

娄师德，字宗仁，郑州原武（今河南原阳）人，唐朝大臣、名将，经唐高宗、武则天两代。高宗上元初，朝廷召募“猛士”御，抵御吐蕃，娄师德以文臣应募，从军西讨，屡有战功。娄师德前后在边疆总共驻扎了三十余年，以谨慎忍让而闻名。

危

姓氏起源

源于缙云氏。相传帝尧因儿子丹朱行为不检，故将帝位禅让给舜。丹朱不服，遂联合三苗部落起兵，与舜争夺天下。舜派大禹领兵镇压，在丹水一带打败了三苗。舜将三苗族人迁徙到西北的三危山一带居住，三苗后裔遂称危氏。汉朝时，危氏族人一直分迁西域，建有危须国。

两汉之际大司空甄丰之子甄寻，原为王莽手下大将，后因罪被流放到三危山一带，其后人为避祸，称危姓。

家族名人

危素，字太扑，号云林，金溪（今江西金溪）人，元末明初史学家、书法家、文学家、诗人。少通五经，在吴澄、范椁门下游学。元朝至正年间被授为经筵检讨，编修宋辽金三史，纂后妃等传。明初为翰林侍讲学士，与宋濂同修元史，并兼弘文馆学士，有《危学士集》。

江

姓氏起源

源于嬴姓，以国为氏。据《元和姓纂》记载，伯益辅佐大禹治水有功，其子玄仲受封于江地。一说在商朝或西周初期，伯益后人受封于江国。春秋时为楚国所灭，其后人以国名为氏，称江氏。

源于翁氏。宋朝初年，福建泉州人翁干度曾官拜闽越国补阙郎中，闽越国灭亡之际，为避战祸，他将六个儿子分别赐姓为洪、翁、江、方、龚、汪六个姓氏。

家族名人

江淹，字文通，宋州济阳考城（今河南商丘）人，南朝著名文学家、散文家。江淹少时孤贫好学，六岁能诗，历仕南朝宋、齐、梁三代，梁时官至金紫光禄大夫，封醴陵侯，以文章见称于世，世称江郎，晚年诗文无佳句，时人谓之才尽，遂有“江郎才尽”之典故。

童

姓氏起源

源于姬姓。颛顼之子老童，亦叫卷章，其后裔子孙有以先祖名为氏者，称童氏。

据《通志·氏族略》记载，春秋时晋国有大夫胥童，其后人亦有称童氏者。

家族名人

童伯羽，字蜚卿，南宋瓯宁（今福建建瓯）人，学者。喜读书，一生不仕，唯从朱熹学，潜心理学。著有《孝经衍义》《四书集成》《五经训解》《性理发微》及《玉溪吟》。

童居易，字行简，南宋时慈溪县观海卫宓家埭人，因好学闻名，晚年归居杜湖之滨，很多人跟他学习，世称“杜洲先生”。著有《宁吾集》。

颜

姓氏起源

源于曹姓。据《元和姓纂》《通志氏族略》等记载，西周末年，邾国国君名颜，字夷父，谥号邾武公。其次子友被封于小邾国，以父名为氏，称颜氏。

源于姬姓，以邑为氏。西周初年，周公旦长子伯禽受封于鲁国，伯禽又把子孙中的一支分封在颜邑，这支周公的后代遂称颜氏。

家族名人

颜之推，字介，琅邪临沂（今山东临沂）人，中国古代文学家、教育家，生活年代在南北朝至隋朝期间。著有《颜氏家训》，在家庭教育发展史上有重要的影响，是北朝后期重要的散文作品。

颜真卿，字清臣，京兆万年（今陕西西安）人，祖籍琅邪临沂，唐代著名书法家。他创立的“颜体”楷书与赵孟頫、柳公权、欧阳询并称“楷书四大家”。唐肃宗时任御史大夫，代宗时官至吏部尚书、太子太师，封鲁郡公，人称“颜鲁公”。他曾积极参与平定安史之乱，后来在李希烈的叛乱中，被叛军杀害。

郭

姓氏起源

源于任姓。黄帝有子禺阳，也作禹阳、禺虢，他的后裔在夏朝建立了郭国，历经夏商周三朝，后为曹国所灭，子孙遂以国为氏。

源于姬姓。周武王灭商后，封两个叔叔虢叔和虢仲于西虢国和东虢国。西虢国位于今陕西宝鸡附近，后随平王东迁至今河南陕县东南，地跨黄河两岸，河北称为北虢，河南称为南虢，实为一国，后为晋国所灭。原地留有一小虢，后为秦国所灭。东虢国位于今河南荥阳，后为郑国所灭。古代“虢”、“郭”同音，这几个虢国的后人中，多有以国名为氏者，称郭氏。

据《风俗通义》记载，古代城外称“郭”，一些居住在外城的人便以“郭”为氏。

唐代回纥定居中原后，改姓郭。

家族名人

郭子仪，华州郑县（今陕西华县）人，唐代名将。曾平定安史之乱，并联回纥，征吐蕃。被尊为“尚父”，赐谥忠武，追封太师。

郭威，即使后周太祖，五代后周王朝的开创者，邢州尧山（今天河北隆尧）人。他生性节俭、虚心纳谏，在位期间改革弊政，使北方地区的经济、政治形势逐渐趋向好转。

梅盛林刁　钟徐邱骆

梅

姓氏起源

源于子姓。据《通志·氏族略》记载，商朝时，商王太丁封其弟于梅，为伯爵，称梅伯。纣王时，梅伯第十二代孙因冒颜进谏而惨遭杀害。周武王灭商后，又封梅伯后裔于梅邑，号忠侯，其后裔子孙遂以封地名为氏，称梅氏。

家族名人

梅尧臣，字圣俞，世称宛陵先生，宣州宣城（今安徽宣城）人，北宋著名现实主义诗人。曾参与编撰《新唐书》，并为《孙子兵法》作注。有《宛陵先生集》60卷，有《四部丛刊》影明刊本等。词存二首。

盛

姓氏起源

源于姬姓，以国为氏。周穆王时期，周文王第二十八子姬樊崔受封于盛，建立盛国。盛国后为齐国所灭，遗族以国名为氏，称盛氏。

源于姬姓。周文王之子姬奭，又称召公奭，是西周重臣，他的后裔子孙中，有以先祖名为氏者，称奭氏。西汉元帝名刘奭，为避其名讳，奭氏族人遂改为盛氏。

家族名人

盛度，字公量，余杭（今浙江杭州）人，北宋著名的政治家、军事家、外交家。尝奉使陕西，勘察疆域，参质汉、唐故地，绘《西域图》献于朝廷，真宗曾嘉奖他，以“博学”称之。

林

姓氏起源

源于子姓。商朝末年，王子比干因直谏而死，其子坚逃难长林之山。周武王灭商后，感比干之忠，赐姓林。

源于姬姓。周平王有庶子名开，字林，其后裔子孙有以先祖字为氏者，称林氏。

以官为氏。西周时有官职林衡，又称林人，掌管林木，并负责植树造林，养护浇灌等，其后人有以先祖官名为氏者，称林氏。

源于鲜卑族。南北朝时，鲜卑拓跋部有丘林氏部落，北魏孝文帝汉化改革时，改汉姓林氏。

家族名人

林逋，字君复，钱塘（今浙江杭州）人，北宋初年著名隐逸诗人。性孤高自好，喜恬淡，勿趋荣利。曾漫游江淮间，后隐居杭州西湖，结庐孤山。宋仁宗赐谥“和靖先生”。

林则徐，字元抚，晚号俟村老人、俟村退叟等，福建侯官（今福建福州）人，清朝末期政治家、思想家和诗人，曾任湖广总督、陕甘总督和云贵总督，两次受命钦差大臣。因其主张严禁鸦片、抵抗西方列强的侵略，有“民族英雄”之誉。

刁

姓氏起源

源于姬姓，以国为氏。周武王灭商后，封同姓兄弟于雕，建立雕国，其国人多姓雕。后简化为刁氏。

春秋时鲁国人漆雕开，字子开，是孔子门人，其后裔子孙有以先祖名为氏者，称漆雕氏，后简化为单姓漆氏、雕氏、刁氏。

以官为氏。《汉书》云："雕姓，考工雕人之后。"考工，是西周至秦汉之际对所有技工的统称，包括了六类三十个基本工种。

春秋时齐桓公有近臣竖刁，其后亦有称刁氏者。

家族名人

刁戴高，字共辰，号约山，浙江慈溪人，清代书法家。博通群籍，以工诗能书著称。因有足疾而行走不便，坐卧一榻，但吟诗写字从不间断。书法效颜柳，结体劲正，腕力浊健。

钟

姓氏起源

源于嬴姓。伯益之后建有钟离国，西周初年周公旦东征，钟离国被迫南迁，春秋时为楚国附属，后为吴国所灭，后人以国为氏，称钟离氏，后又有部分族人简化为钟氏。

源于子姓。据《通志·氏族略》记载，宋桓公裔孙伯宗在晋国做官，因直言被杀，其子伯州犁逃奔楚国，食采于钟离，其后有钟离氏、钟氏。

源于子姓。战国末年，宋国被齐、楚、魏三国联军攻灭，宋国末代君王偃的三弟公子烈逃奔许州，为避祸，他以自己曾被封为"钟邑大夫”而改姓钟。

源于芈姓。东周有钟吾国，为楚国附庸，其后人亦有称钟氏者。

家族名人

钟繇，字元常，三国时期魏国大臣、书法家。官至太傅，人称“钟太傅”。他的书法博取众长，自成一家，尤其擅长隶书和楷书。他的书法飘逸，如飞鸟在海边嬉戏，起舞的仙鹤直冲云天，与书法家胡昭并称“胡肥钟瘦”，与东晋王羲之并称“钟王”。

徐

姓氏起源

源于嬴姓，以国为氏。夏禹时封伯益之子若木于徐国。周穆王时，徐偃王攻周，后败亡。后又封徐偃王之子宗为徐子。春秋时，徐国为吴国所灭，遗族以国名为氏，称徐氏。

源于子姓。商朝有徐氏部落，是东夷的一支。据《左传》记载，周初，周公旦长子伯禽代父就封于鲁国，分到“殷民六族”，其中就有徐氏一族。

家族名人

徐达，字天德，濠州钟离（今安徽凤阳）人，明朝开国名将。初朱元璋为郭子兴部将，往归之。从南略定远，取和州。渡江攻城拔寨，皆为军锋之冠，后为大将，统兵征战。吴元年，为左相国，拜大将军。洪武初累官中书右丞相，封魏国公，追封中山王。

徐霞客，名弘祖，字振之，号霞客，南直隶江阴（今江苏江阴）人，著名的地理学家、旅行家和探险家，著有《徐霞客游记》，被称为“千古奇人”。

邱

姓氏起源

邱姓本为丘姓，清朝雍正年间为避讳孔子的名号，皇帝下令将“丘”一律改为“邱”姓，以表达对先师的敬意。

源于姜姓。西周初年，姜尚因辅佐武王灭商有功，被封于齐国，都营丘，其后裔子孙有以都城名为氏者，称丘氏。

以地为氏。春秋时，陈国有宛丘，邾国有弱丘，居者称丘氏。

源于鲜卑族。南北朝时期，鲜卑拓跋部有丘林氏、丘敦氏、丘穆棱氏等部落，北魏孝文帝汉化改革时，均改汉姓丘氏。

家族名人

邱处机，字通密，道号长春子，是道教主流全真道掌教教主以及执掌天下道教的宗教领袖。邱处机为南宋、金朝、蒙古帝国统治者以及广大人民群众所共同敬重。曾以74岁高龄远赴西域，行程35000里，劝说成吉思汗止杀爱民，因此闻名世界。

骆

姓氏起源

源于姜姓。齐国姜太公有后裔叫公子骆，其后裔子孙以先祖名为氏，称骆氏。

源于嬴姓。商纣王时有大臣恶来，为伯益之后。恶来玄孙叫嬴大骆，其子嬴成建有大骆国，后为西戎所灭，国人称大骆氏，后简化为骆氏。

源于姬姓。春秋时郑国有大夫王孙骆，其后亦有称骆氏者。

源于鲜卑族。南北朝时，鲜卑拓跋部有骆拔氏部落，北魏孝文帝汉化改革时，改汉姓骆氏。

家族名人

骆宾王，字观光，婺州义乌（今浙江义乌）人。唐初诗人，与王勃、杨炯、卢照邻合称“初唐四杰”。唐睿宗文明年间，徐敬业起兵讨武则天，他为其僚属，军中书檄，皆出其手。敬业失败，骆宾王下落不明，或说被杀，或说亡命，甚至说在灵隐寺为僧。

高夏蔡田　樊胡凌霍

高

姓氏起源

源于姜姓，以邑为氏。春秋时，姜太公的八世孙齐文公姜赤将次子封于高邑，称公子高。公子高之孙傒以祖父封邑为氏，为高傒，其后有高氏。

据《通志·氏族略》记载，齐惠公的儿子叫公子祁，字子高，其子孙以祖父字为氏，称高氏。

源于鲜卑族。南北朝时，鲜卑拓跋部有寔娄氏，亦称寔楼氏等部落，北魏孝文帝汉化改革时，改汉姓高氏。

源于改姓。据《北齐书》所载，因北齐皇族姓高，鲜卑族人元景安、元文遥因有功，被赐姓高。另有高隆之，本姓徐，因其父为文宣帝高洋所养，改姓高。又据《魏书》载，后燕皇帝慕容云，本鲜卑族，自称高阳氏后裔，改姓高，称高云。

家族名人

高长恭，又名高孝瓘、高肃，南北朝时北齐宗室，北齐文襄帝高澄第四子，封兰陵王。高长恭貌柔心壮，音容兼美。为将躬勤细事，每得甘美，虽一瓜数果，必与将士共之。突厥入晋阳，长恭尽力击之。邙山之战，长恭为中军，率五百骑再入周军，遂至金墉之下，被围甚急。城上人弗识，长恭免胄示之面，乃下弩手救之，于是大捷。武士共歌谣之，为《兰陵王入阵曲》是也。

高适，字达夫，景县（今河北景县）人，唐朝诗人。少孤贫，爱交游，有游侠之风，并以建功立业自期。20岁西游长安（今陕西西安），功名未就而返。后去蓟北，体验了边塞生活。又漫游梁、宋。天宝三年(744)，与李白、杜甫、岑参同游梁园（今河南商丘），结下亲密友谊，传为文坛佳话。

夏

姓氏起源

源于姒姓。西周时，夏禹后裔东楼公受封于杞国，其余不得封邑者，以原国名为氏，称夏氏。杞国后为楚国所灭，末代国君杞简公之弟姒佗逃到鲁国，鲁悼公因他是夏禹后裔，封他为夏侯，其后裔遂为夏侯氏，后简化为夏氏。

源于妫姓。据《通志·氏族略》记载，春秋时，陈宣公之子少西，字子夏，其孙征舒以祖父字为氏，称夏氏。

以官为氏。大夏是大禹时期音乐名称，代表了国祚，后演变为官职称谓，即大司乐。大司乐的后裔子孙中，有以先祖官名为氏者，称大夏氏，后简化为夏氏。

家族名人

夏竦，字子乔，北宋大臣，古文字学家。以文学起家，自经史、百家、阴阳、律历，至佛老之书，无不通晓；为文章，典雅藻丽；治军尤严，敢诛杀，对疾病死丧者，则抚循甚至。著有文集百卷。

夏完淳，原名复，字存古，号小隐，明松江府华亭县（现上海松江）人，明末著名诗人，抗清英雄。七岁能诗文，十四岁从父及陈子龙参加抗清活动。事败被捕，遗母与妻，就义于南京，年仅16岁。著有《南冠草》《续幸存录》《别云间》等。

蔡

姓氏起源

源于姬姓，以国为氏。据《姓氏考略》《元和姓纂》等记载，周武王灭商后，封其弟叔度于蔡国，让他与管叔、霍叔一起监管殷遗民，称为“三监”。武王死后，蔡叔度参与武庚叛乱，事败被逐。叔度之子胡，率德驯善，后又复封于蔡，称为蔡仲胡。蔡国后为楚国所灭，子孙以国名为氏，称蔡氏。

源于鲜卑族。南北朝时期，北魏孝文帝元宏的二哥为普氏，建有普氏部落，属下有一裨将普钟蔡。普氏在汉化改革时改为周氏。而普钟蔡在与南朝作战中被俘，后得释放，不得归周氏，于是改汉姓蔡氏。

家族名人

蔡伦，字敬仲，汉族，东汉桂阳郡耒阳（今湖南耒阳）人，中国古代四大发明中造纸术的改造者。作为一名古代宦官，他曾在昂贵的丝绸和竹板上书写过，但是，他改造了造纸术，用树皮、鱼网和竹子压制成纸。造纸术的发明彻底改写了后世中国乃至世界的历史，也使蔡伦屹立于古今中外的杰出人物之列。

蔡邕，字伯喈，陈留围（今河南开封）人，东汉时期著名文学家、书法家，才女蔡琰（蔡文姬）之父。博学多才，通经史音律，善散文辞赋，又善隶书，创“飞白”书，而且精通绘画，是“东汉四大画家”之一。

田

姓氏起源

源于姚姓，以邑为氏。据《通志·氏族略》记载，春秋时，陈厉公之子陈完，字敬仲，为避难逃到齐国。齐桓公非常赏识他，封他在田邑，陈完遂改姓田，其后有田氏。陈完裔孙田和后成为齐国国君，史称“田氏代齐”。

以地为氏。春秋时虢国有桑田邑，鲁国有许田邑，晋国有新田邑，居者有称田氏者。

以官为氏。西周时有官职田仆、田正，其后裔子孙有以先祖官名为氏者，称田氏。

源于芈姓。春秋时楚平王支庶孙田公它成，其后亦有称田氏者。

家族名人

田单，战国时齐国临淄人，齐宗室远房亲属，任临淄的市掾（管理市场的小官）。齐国危亡之际，田单坚守即墨，以火牛阵击破燕军，收复七十余城，因功被任为相国，封安平君。

田横，秦末群雄之一，原为齐国贵族，在陈胜吴广大泽乡起义后，田横与兄田儋、田荣也反秦自立，兄弟三人先后占据齐地为王。刘邦统一天下，田横不肯称臣于汉，率五百门客逃往海岛，刘邦派人招抚，田横被迫乘船赴洛，在途中自杀。海岛五百部属闻田横死，亦全部自杀。

樊

姓氏起源

源于姬姓。据《通志·氏族略》记载，周文王裔孙仲山甫辅佐周宣王中兴王室，因功受封于阳樊，称樊侯，其后有樊氏。

源于子姓。据《左传》记载，商汤的后裔子孙，在商中期以后，形成了陶、施、樊、繁、锜、几和终葵七大族，称为“殷民七族”，其中有樊氏。

以官为氏。西周时有官职樊人，其后裔子孙有以先祖官名为氏者，称樊氏。

家族名人

樊哙，沛县（今江苏沛县）人，汉高祖刘邦同乡，西汉开国元勋，为吕后妹夫，深得刘邦和吕后信任。后随刘邦平定臧荼、卢绾、陈豨、韩信等叛乱，为刘邦的心腹猛将。封舞阳侯，谥武侯。

樊圻，字会公，江宁（今江苏南京）人，清代画家。擅画山水、花卉、人物，为“金陵八家”之一，其作《柳溪渔勒图》今藏于北京故宫博物院。

胡

姓氏起源

源于妫姓。据《元和姓纂》记载，西周初年，舜的后裔胡公满（妫满）受封于陈国，后为楚国所灭，其后有胡氏。此“胡”一说是妫满的谥号，一说出自其早期封地胡襄城，公是尊称。

源于归姓。商、周时期有归夷族，建有姒胡国和归胡国，西周初年受到周王的正式册封。两国后为楚国所灭，其王族子孙多以国名为氏，称胡氏。

楚昭王灭了姒胡国和归胡国后，又吞灭了貀国，然后将其后代迁于姒胡国故址胡城，转封其为胡子国。胡子国后为越国所灭，其后亦有称胡氏者。

以官为氏。两周时有官职胡史，掌管君王贵胄的餐饮，汉朝时有官职胡骑校尉，其后裔子孙有以先祖官名为氏者，称胡氏。

家族名人

胡安国，字康侯，号青山，福建崇安（今福建武夷山）人，南宋经学家，著有《春秋传》《资治通鉴举要补遗》。

胡宗宪，字汝贞，号梅林，南直隶徽州府绩溪县（今安徽贵溪）人，明朝抗倭名将。

凌

姓氏起源

源于姬姓，以官为氏。据《通志·氏族略》记载，卫康叔有子在周王室为官“凌人”，是当时一种掌管冰政的官，其后裔子孙以先祖官职名为氏，称凌氏。

以官为氏。西汉时有官职陵令，东汉时有军职凌江将军，他们的后代亦有称凌氏者。

源于鲜卑族。南北朝时，鲜卑拓跋部有丘穆陵氏部落，北魏孝文帝汉化改革时，改汉姓凌氏。

家族名人

凌统，字公绩，吴郡余杭（今属浙江杭州）人，三国时期吴国名将。少有盛名，为人有国士之风，多次战役中表现出色，官至偏将军。

凌濛初，字玄房，号初成，乌程（今浙江湖州吴兴）人，明代文学家、小说家和雕版印书家，著有《初刻拍案惊奇》和《二刻拍案惊奇》。

霍

姓氏起源

源于姬姓，以国为氏。据《元和姓纂》及《广韵》记载，周武王灭商后，封其弟姬叔处于霍国。周成王时，纣王之子武庚伙同霍叔、管叔、蔡叔叛乱，失败后霍叔被废为庶民，但霍国依然存在，并由霍叔之子继任国君。霍国后为晋国所灭，后人以国名为氏，称霍氏。

源于地名。春秋时，梁国有地名霍阳山，居者称霍阳氏，后简化为霍氏。

家族名人

霍去病，河东郡平阳县（今山西临汾西南）人，汉武帝时名将。十八岁任侍中。六次出击匈奴，立下战功无数，官至骠骑将军，封冠军侯。

霍光，字子孟，霍去病异母弟，历经汉武帝、汉昭帝、汉宣帝三朝，官至大司马、大将军，封博陆侯，曾主持废立昌邑王。霍光去世后，霍家因谋反被族诛。

虞万支柯　昝管卢莫

虞

姓氏起源

源于姚姓。舜帝号称有虞氏，故又称虞舜。大禹又将舜的儿子封在虞地，建立虞国，其后有虞氏。

源于姬姓，以国为氏。西周初年，周武王封周太王古公亶父之子仲雍的曾孙于虞国，为侯爵，称虞仲。虞国后为晋国所灭，后人以国名为氏，称虞氏。

源于姬姓。春秋时期的吴国，亦称虞国，因为两周时期虞、吴为同一个字。故吴国灭亡后，其后亦有称虞氏者。

以官为氏。西周时有官职虞衡，其后裔子孙有以先祖官名为氏者，称虞氏。

家族名人

虞翻，字仲翔，会稽余姚（今浙江余姚）人，三国时期吴国学者、官员。于经学颇有造诣，尤其精通《易》学。

虞世南，字伯施，越州余姚（今浙江余姚）人，唐著名书法家、文学家、政治家。善书法，与欧阳询、褚遂良、薛稷合称“初唐四大家”。

万

姓氏起源

源于姬姓。据《万姓统谱》记载，西周初年，周武王封同族卿士姬良于芮，建立芮国，史称“芮伯”。春秋时，芮国传至芮伯万，其后裔子孙有以先祖名为氏者，称万氏。

源于姬姓。周文王之子毕公高，其后人毕万在晋国任大夫，后受封于魏，为魏国始祖。毕万的后裔子孙亦有称万氏者。

源于任姓。战国时期孟子弟子万章，任姓，名万，字子章，其后亦有称万氏者。

源于鲜卑族。南北朝时期，鲜卑拓跋部有叶万氏、万纽于氏、万俟氏等部落，北魏孝文帝汉化改革时，改为汉姓万氏。

家族名人

万脩，字君游，扶风茂陵（今陕西兴平）人，东汉大将，“云台二十八将”之一。

万斯同，字季野，号石园，浙江鄞州人。清初著名史学家，博通诸史，尤精明史。他讲求志节，坚决不愿在清朝为官。康熙间，应邀以布衣参修《明史》五百卷，皆其手定。著有《历代年表》。

支

姓氏起源

源于子姓。据《高士传》记载，尧舜时有隐士子州支父，子姓，名州，字支父，其后裔子孙以先祖字为氏，称支氏。

源于姬姓。据《路史》记载，周代王公、诸侯后的支子，一部分后人以支为氏。周朝时宗法制度下称先祖嫡长子为“宗子”，嫡妻之次子以下及妾子为“支子”，他们在分封时，支子有的就以支为姓，遂形成支氏。

以国为氏。春秋时期有析支国，亦称赐支国，秦汉时期西域有月支国，汉朝时有黄支国，唐朝时西域有条支国，其国人亦有称支氏者。

源于妫姓。据《姓氏大观》记载，夏朝时有大夫郭支，其后裔子孙有以先祖名为氏者，称支氏。

以官为氏。晋朝时有官职度支尚书，其后亦有称支氏者。

家族名人

支遇，字弘达，号龙洞，南宋淳熙年间武进士，官拜采石总戎，在抗击金军时壮烈牺牲。

支立，字中夫，嘉兴（今属浙江）人，约明宪宗成化年间在世，精于经学，时人称为“支五经”。

柯

姓氏起源

源于姬姓。据《广韵》记载，周文王叔父仲雍五代孙、吴国国君名叫相，因与诸侯会盟柯山，故号柯相。柯相曾孙柯卢，为纪念曾祖，确定本氏家族正式改为柯氏。

源于姜姓，以邑为氏。春秋时卫国有柯邑，后为鲁国攻取，后又为齐国占领。齐襄公将柯邑封给自己的一个儿子，其后有柯氏。

春秋时郑国有邑名柯陵，齐、鲁、宋、卫、曹等诸侯国曾在此会盟，计划联合伐楚，史称“柯陵之会”。柯陵大夫即以此历史事件为氏，称柯陵氏，后简化为柯氏。

以职为氏。春秋时有工匠柯工，即伐木工人，其后亦有称柯氏者。

源于鲜卑族。南北朝时，鲜卑拓跋部有柯拔氏、柯只氏、柯祇氏等部落，北魏孝文帝汉化改革时，皆改为汉姓柯氏。

家族名人

柯九思，字敬仲，号丹丘，元朝台州仙居（今浙江仙居）人。勤读书，能诗文，善书画，尤精画枯木、墨竹。又善于鉴别古代钟鼎器物，元朝宫廷所藏书法名画，多由其鉴定。

柯维骐，字奇纯，莆田人，明朝历史学家，专心研究宋代历史。合《宋史》《辽史》《金史》为一书，以宋朝为正统，附以辽、金，积20年之力撰成《宋史新编》，对元人所修宋史的错误和疏漏，多有补正。

昝

姓氏起源

源于子姓。商汤时期五卿之一晉单，时任职掌水土之职的土正。土正在西周时改称冬官正，就是后世所称的大司空。“晉”字，后在西汉时期有笔误者，写作“昝”。晉单后人有称晉氏者，即昝氏。

春秋时期越国有于晉邑，楚国灭越国后，居于于晉的居民以居邑名为氏，称于晉氏，后简化为晉氏，即昝氏。

春秋时期，晋文公的舅舅狐偃受封昝邑，其后有昝氏。

源于蜀族。春秋时蜀中有昝部落，春秋末期至战国初期晋、楚、越文化进入蜀中，昝部落逐渐融合于他姓，迁离蜀中的昝部落族人以部落名为氏，称昝氏。

源于鲜卑族。南北朝时，鲜卑拓跋部有叱卢氏、昝卢氏部落，北魏孝文帝汉化改革时，改汉姓昝氏。

家族名人

昝茹颖，字仲遂，号白村，安徽怀宁人，清朝书画家。他工诗善画，所绘松竹菊石，皆磅礴有致，人争珍藏。在家乡，和兄蔚林的诗、文、字、画双双出名，被誉为“八绝”。

管

姓氏起源

源于姬姓。据《通志·氏族略》记载，西周初年，周武王封其三弟姬叔鲜于管，建立管国。周成王时，管叔鲜参与武庚叛乱，兵败后被杀，管国由此而被废为邑，其后称管氏。

源于姬姓。周穆王将自己的一个庶子分封于原管叔之邑，传至春秋时期的管仲，该支家族始显于齐国。管仲的后人皆以先祖封邑名为氏，称管氏。

以官为氏。两周时有官职管钥，掌管王宫禁城、都城国门的大门钥匙，其后亦有称管氏者。

家族名人

管宁，字幼安，北海郡朱虚（今山东安丘、临朐东南）人，与华歆、邴原并称为“一龙”。东汉末年天下大乱时，与邴原及王烈等人一起到辽东避乱。他在当地只谈经典而不问世事，并引来大量同是逃避战乱的人，颇受人们爱戴。曹魏几代帝王数次征召管宁，他都没有应命。

管师复，号卧云先生，龙泉（今属浙江）人，宋朝诗人。为人讲义气、勇敢，擅长写诗。宋神宗想要授给他官职，他没有接受。著有《白云集》。

卢

姓氏起源

源于姜姓，以邑为氏。据《通志·氏族略》记载，齐文公次子受封于高邑，称公子高，其孙高傒食采于卢邑，其后裔子孙以先祖封邑名为氏，称卢氏。

源于姜姓。春秋时期，齐桓公有后裔分封于卢蒲、葛卢，其后裔子孙为卢蒲氏、葛卢氏，后简化为卢氏。

源于姬姓。春秋时期有庐阳国，亦称庐子国，其后亦有称卢氏者。

以官为氏。汉朝时有官职卢令丞，其后亦有称卢氏者。

源于鲜卑族。南北朝时期，鲜卑拓跋部有吐伏卢氏、伏卢氏、叱卢氏、沓卢氏、卢浦氏、莫卢氏、豆卢氏、豆卢宁氏、奚什卢、奚斗卢氏等部落，北魏孝文帝汉化改革时，皆改汉姓卢氏。

家族名人

卢植，字子干。涿郡涿（今河北涿州）人，东汉末年经学家、将领。黄巾起义时为北中郎将，率军镇压黄巾军，后被诬陷下狱。皇甫嵩平定黄巾起义后力救卢植，于是复为尚书。后上谏激怒董卓，被免官。隐居在上谷军都山，被袁绍请为军师。著有《尚书章句》《三礼解诂》等，今皆失佚。

卢纶，字允言，河中蒲（今山西永济）人，唐代诗人，“大历十才子”之一，官至检校户部郎中。有《卢户部诗集》。

莫

姓氏起源

源于高阳氏。据《姓氏考略》记载，帝颛顼造鄚阳城，其支庶子孙定居于此，后人去邑旁为“莫”，以地名为姓氏，称莫氏。

源于芈姓。春秋时楚国有官职莫敖，地位较高，一般只能由公族子弟担任。有的人长期担任这个职务，便被称为莫敖氏，后来简化为莫氏。

源于妫姓。幕，乃是上古圣君虞舜之祖。据史籍《通志·氏族略》记载，莫字即幕字的省文，幕氏即莫氏。

家族名人

莫胜，明代书画家，善绘鱼。

莫我愚，清代书画家。工法山水，尤善写照，所绘莫不神态毕肖。

经房裘缪　干解应宗

经

姓氏起源

源于姬姓。春秋时期周王室有卿士被封于经邑，称经侯，其后有经氏。

源于姬姓。春秋时郑武公的小儿子共叔段封地在京，其后裔子孙以邑名为氏，称京氏。汉朝时，京氏后人为避仇杀，改为经氏。

汉朝时有易学大师京房，其后人为避祸，改为经氏。

东汉时期，光武帝刘秀的叔父字经孙，其后裔子孙有以先祖字为氏者，称经氏。

家族名人

经承辅，江都（今属江苏扬州）人，明朝文士。个性温文儒雅，品格高尚，孝行很好。少年时父丧，为孝敬母亲，一辈子不做官。隐居于平山之麓，与世隔绝，以田园自居，栽梅种竹，耕读教子，并抚养弟弟长大成人，年七十无疾而终。

房

姓氏起源

源于伊祁氏。尧帝之子起初被封于丹水，史称丹朱。舜帝即位后，封尧之子丹朱于房，为房邑侯。丹朱之子陵，以封邑名为氏，史称房陵，后代遂为房氏。

以邑为氏。春秋时楚国有邑名房渚，居者有称房氏者。

源于鲜卑族。南北朝时期，鲜卑拓跋部有屋引氏部落，北魏孝文帝汉化改革时，改汉姓房氏。

家族名人

房玄龄，齐州临淄（今山东临淄）人，唐朝开国宰相，因其善于谋，与杜如晦合称“房谋杜断”。著有《晋书》。

房琯，字次律，河南缑氏（今河南偃师）人，唐玄宗、肃宗两朝宰相。官至正议大夫、同凤阁鸾台平章事。与杜甫为“布衣”之交。

裘

姓氏起源

源于姬姓，以邑为氏。春秋时卫国大夫柳庄，食采于裘邑，称裘侯，其后有裘氏。

源于子姓。据《广韵》记载，裘氏本为仇氏，为春秋时宋国大夫仇牧之后。

以官为氏。周朝有官职司裘，又名裘官，其后裔子孙有以先祖官名为氏者，称裘氏。

家族名人

裘琏，字殷玉，号废莪子，人称横山先生，浙江慈溪人，清代戏剧家。现存他创作的杂剧《昆明池》《集翠裘》《鉴湖隐》《旗亭馆》，均取材于唐代故事，合称“四韵事”。

缪

姓氏起源

源于嬴姓。春秋时秦国国君秦穆公，因古代“缪”、“穆”二字同音，故又称秦缪公，其支庶子孙以先祖谥号为氏，称缪氏。

以官为氏。秦汉时有官职缪吏，亦称缪人、缪使，也就是专职负责绞杀罪犯的刽子手。“缪”，在古代通“绞”。其后亦有称缪氏者。

家族名人

缪彤，字歌起，号念斋，吴县（今江苏苏州）人。热衷于科举，先后五次北上应试，终于在康熙六年（1667）丁未科成为清代第十二位状元，授翰林院修撰。后畏仕途之艰难，以家丧辞官回归故里。创办“三畏书院”，为乡里培育人才，成为从事教书约五十年的“状元先生”。

干

姓氏起源

源于姬姓。周朝时有古邗国，相传为周武王之子邗叔所建，邗叔的后裔子孙遂改为邗氏。邗国后为吴国所灭，国人去邑旁为干，称干氏。

源于子姓。春秋时宋国有大夫干犨，其后裔子孙有以先祖名为氏者，称干氏。

据《史记》及《路史》记载，春秋时期老子的儿子李宗，任魏国大将，先封于魏国的段邑，后封于魏国的干邑，后人合其封邑名而称段干氏。段干氏族人中，有简化为单姓干氏、段氏者。

源于鲜卑族。南北朝时，鲜卑拓跋部有纥干氏、厘若干氏、干已氏、阿伏干氏、可地干氏等部落，北魏孝文帝汉化改革时，改为汉姓干氏。

家族名人

干宝，字令升，新蔡（今河南新蔡）人，晋朝著名史学家。他卓学博览，好阴阳五行术数。元帝时，被朝庭召为著作郎，编修国史。他著作的《晋纪》，直而能婉，时称良史。他编著的《搜神记》被评为“鬼之董狐”。此外，他还著有《春秋左氏义外传》及注《周易》《周官》等数十篇。

解

姓氏起源

源于姬姓，以邑为氏。据《万姓统谱》记载，周成王之弟唐叔虞有子名良，食采于解邑，其后有解氏。

源于鲜卑族，南北朝时期，鲜卑拓跋部有解毗氏（解批氏）部落，北魏孝文帝汉化改革时，改为汉姓解氏。

家族名人

解缙，字大绅，号春雨，谥文毅，明朝第一才子、内阁首辅、《永乐大典》总纂修、对联大师。著有《解学士集》《天潢玉牒》。

应

姓氏起源

源于姬姓，以国为氏。周武王灭商后，封其第四子姬达于应，建立应国，其后有应氏。

以官为氏。西周时有应乐史，在王族宫廷乐队中掌演奏应鼓，亦有官职应门史，门职掌君王出入之门，他们的后裔子孙有以先祖官名为氏者，称应氏。

家族名人

应玚，字德琏，南顿（今河南项城）人，东汉末文学家，“建安七子”之一。擅长作赋，有文赋数十篇。其弟应璩亦有文名。

宗

姓氏起源

源于子姓。春秋时期，宋桓公裔孙伯宗在晋国任大夫，后因直言被害。伯宗子伯州犁逃奔楚国，出任楚国太宰。伯州犁次子伯连的后裔子孙以先祖名为氏，称宗氏。

源于偃姓。春秋时有宗国，后为楚国所灭，其国人以故国名为氏，称宗氏。

源于妫姓。春秋时期陈宣公有裔孙宗来，其后裔子孙以先祖名为氏，称宗来氏，后简化为宗氏。

以官为氏。《元和姓纂》记载：“四岳，为尧帝时官名，司掌四时、方岳。”四岳的后代在周王朝时期为宗伯官，掌握邦国祭祀典礼之职，亦称秩宗、祝宗、太宗、上宗，相当于后来的礼部尚书。宗伯的后裔子孙中，有以先祖官名为氏者，称宗氏。此外，殷商时有太学之教官瞽宗，其后亦有称宗氏者。

家族名人

宗泽，字汝霖，婺州义乌（今浙江义乌）人，北宋末、南宋初抗金名臣。刚直豪爽，沉毅知兵。进士出身，历任县、州文官，颇有政绩。宗泽在任东京留守期间，曾20多次上书高宗赵构，力主还都东京，并制定了收复中原的方略，均未被采纳。他因壮志难酬，忧愤成疾，1128年7月，三呼“过河”而卒。

丁宣贲邓　郁单杭洪

丁

姓氏起源

源于姜姓。据《通志·氏族略》《元和姓纂》等记载，姜太公之子伋，死后谥号为“丁公”，其后有丁氏。

源于子姓。宋丁公的后裔子孙中，亦有以先祖谥号为氏者，称丁氏。

源于子姓。据《姓氏考略》记载，丁侯为殷商诸侯，周武王伐纣时，丁侯被灭，子孙散居各地，称丁氏。

《三国志·江表传》云：“孙权因孙匡烧损茅芒，以乏军用，别其族为丁氏。”

家族名人

丁德兴，元末定远（今属安徽）人，初在濠州参加朱元璋军，称“黑丁”。元末百姓赞其曰：“皂袍将丁德兴，威名四海。”朱元璋称其为“攻无不克，战无不胜之虎将”。

丁汝昌，字禹廷，安徽庐江人，晚清北洋海军提督。在威海卫之战中，指挥北洋舰队抗击日军围攻，但未得到上级命令，无奈港内待援，致北洋海军陷入绝境。最后在弹尽粮绝，援军来援的希望破灭之后，拒绝了伊东祐亨的劝降，服毒自尽以谢国人。

宣

姓氏起源

源于姬姓。据《风俗通义》记载，周宣王姬静，其支庶之孙有以先祖谥号为氏者，称宣氏。

源于子姓。春秋时宋宣公的后裔子孙亦有称宣氏者。

源于姬姓。春秋时鲁桓公第五世孙叫叔孙侨如，为当时著名政治家和外交家，死后被周简王追谥为“宣”，史称宣伯，其后有宣氏。

以官为氏。春秋时驾御车辆之官曰宣人，制玉工匠曰瑄人，其后有宣氏。

家族名人

宣温，明朝会稽（今浙江绍兴）人。勤奋好学，精通经史，洪武年间被诏。上谕之以治国之道，授之以四川参政。

贲

姓氏起源

源于姬姓。春秋时鲁国有大夫县贲父，其后裔子孙以先祖名为氏，称贲氏。

源于芈姓。据《元和姓纂》记载，春秋时晋国有大夫贲皇，为楚国大夫伯棼之后，其后亦有称贲氏者。

源于嬴姓。秦人先祖非子之后中有一个叫嬴父的，因封地在贲，故称贲父，其后有贲氏。

源于戎族。春秋时期北戎分支贲浑戎，亦称陆浑戎，其族人称贲浑氏、陆浑氏，后简化为单姓贲氏、陆氏。

以官为氏。西周时期有官职虎贲氏、缀衣虎贲，战国时秦国有官职旅贲氏，其后有贲氏。

源于鲜卑族。南北朝时期，鲜卑拓跋部有是贲氏部落，亦称拾贲氏、施贲氏。北魏孝文帝汉化改革时，改为汉姓贲氏。

家族名人

贲嵩，汉代汝南郡（今属河南驻马店）人，以操守清高纯洁之士而知名，为时人所敬重。

邓

姓氏起源

源于姒姓，以国为氏。据《路史》记载，夏王仲康封其子孙在邓，称邓君，建有邓国，其后有邓氏。

帝颛顼曾赐少昊金天氏的一个有功的儿子为曼氏，曼氏后分出许多支系，邓氏就是其中之一。

源于子姓。据《元和姓纂》记载，商王武丁封他的叔父曼季于曼城，史称曼侯，后又改封于邓国，世人改称其为邓侯。邓国后为楚国所灭，其后裔子孙以故国名为氏，称邓氏。

据《安化邓氏谱序》记载，五代十国时期，南唐后主李煜封第八子李从镒为邓王。南唐灭亡后，李从镒之子李天和出逃，其后裔子孙以先祖封号为氏，称邓氏。

家族名人

邓禹，字仲华，南阳新野（今河南新野）人，东汉初军事家，年轻时与光武帝刘秀交好，协助刘秀登上帝位，功勋卓著，为“云台二十八将”第一位。

邓艾，字士载，义阳棘阳（今河南新野）人，三国时魏国将领。其人文武全才，深谙兵法，多年在曹魏西边战线防备蜀汉姜维。263年他与钟会分别率军攻打蜀汉，最后他率先进入成都，使得蜀汉灭亡。

郁

姓氏起源

源于姬姓。春秋时鲁国宰相郁黄（一名郁贡），其后亦有称郁氏者。

以邑为氏。春秋时吴国有大夫食采于郁邑，其后裔子孙以先祖封邑名为氏，称郁氏。此外，鲁国亦有郁邑，汉朝有郁夷县，居者亦有称郁氏者。

以国为氏。汉朝时，西域有郁立国，主要是西羌民族，其国民归汉之后，后裔称郁氏。

家族名人

郁继善，北宋名医，为时所重。

单

姓氏起源

源于姬姓，以邑为氏。据《元和姓纂》《通志·氏族略》等记载，西周时，周成王封其少子姬臻于单邑，其后有单氏。

远古尧、舜时期有先哲单卷，亦称善卷，相传为游牧于菏泽四泽六水之地的东夷民族的政治领袖、氏族首领。因善道术，有德行，被时人尊称为单父，其后裔子孙以先祖名为氏，称单氏。

源于姬姓。春秋时鲁国有大夫羽父单，其后有单氏。

春秋时孔子有弟子鄡单，其后有单氏。

源于鲜卑族。南北朝时期，鲜卑拓跋部有可单氏、阿单氏、渴单氏等部落，北魏孝文帝汉化改革时，改为汉姓单氏。

家族名人

单雄信，曹州济阴（今山东曹县）人。少勇健，隋末入瓦岗起义军。后投降王世充。620年，李世民率军包围洛阳，单雄信与尉迟敬德交战，被刺坠马。一年后李世民克洛阳，王世充降唐，单雄信被杀。

单思恭，字惠仍，扬州人。生卒年均不详，约明神宗万历末前后在世。工诗，著有《甜雪斋集》二十卷。

杭

姓氏起源

源于姬姓。据《战国策·齐策》记载，春秋时，鲁国有贵族受封于军事要地亢父，其后称亢父氏，后以通假字分衍出单姓亢氏、伉氏、抗氏、杭氏。

源于姬姓。据《元和姓纂》记载，春秋时卫国有邑名三伉，三伉大夫之后裔子孙有称杭氏者。

源于姒姓。据《姓氏考略》记载，大禹完成治水工作后，剩余下来不少舢板、船只，于是他把九州内所有的船只统统交由庶子管理，封国于浙江滂水之地，其地即称“余航”。其后裔子孙就改“航”为“杭”，称杭氏。

家族名人

杭淮，字东卿，宜兴（今属江苏）人，明朝著名大臣、诗人，与其兄杭济俱有诗名，著有《双溪集》八卷存世。

杭雄，字世威，明朝著名将领。

洪

姓氏起源

源于轩辕氏。据《路史》记载，远古黄帝的帝号为“帝鸿”，其后有称鸿氏者，古代“鸿”、“洪”二字同义通假，故又称洪氏。

源于姜姓。据《尚书》《元和姓纂》记载，共工是炎帝的后裔，在黄帝时期世袭为治理天下水利的官职，被人们尊为水神。帝颛顼时期，共工起兵与颛顼争天下，后失败。传说共工在失败后，一怒之下一头撞倒了西北方支撑天地的不周山，造成了天塌地裂，引发了大洪水，因此被逐出中原。共工的后裔子孙为不忘自己先祖是水神，便在“共”的旁边加上“氵”偏旁，称洪氏。

据《通志·氏族略》记载，西周初期，姬姓族人有被封于共者，为伯爵，建有共国。春秋时共国为卫国所灭，其后有共氏。唐朝以前，部分共氏族人因避仇逃难而改为洪氏。

源于姬姓。春秋时郑庄公之弟初封于共，后封于京，世称共叔段，其后有共氏。后有族人为避祸而改称洪氏。

源于姬姓。春秋时鲁国大夫庆父，谥曰共仲，其后有共氏，后改洪氏。

以官为氏。南北朝时期，北齐有官职洪赞，其后有洪氏。

家族名人

洪承畴，字彦演，号亨九，福建泉州人。明神宗万历四十四年(1616)进士，累官至陕西布政使参政，崇祯时官至兵部尚书、蓟辽总督，松山战败后降清，成为清朝首位汉人大学士。

洪昇，字昉思，号稗畦、南屏樵者，钱塘（今浙江杭州）人，清代戏曲作家、诗人。二十年科举不第，白衣终身。代表作《长生殿》历经十年，三易其稿，于康熙二十七年（1688）问世后引起社会轰动。洪昇与孔尚任并称“南洪北孔”。

包诸左石　崔吉钮龚

包

姓氏起源

源于风姓。三皇之首伏羲氏，又称庖牺、包羲、孢羲、宓羲、庖牺等。其后有包氏。

源于芈姓。春秋时楚国有大夫申包胥，其后有包氏。

据《后汉书》记载，西汉末年丹阳包氏，本为鲍氏，为避王莽之乱，改鲍为包。

家族名人

包融，润州延陵(今江苏丹阳)人，唐朝著名诗人。开元初，与贺知章、张旭、张若虚皆有名，号“吴中四士”。其子包何、包佶，世称“二包”，各有集。

包拯，字希仁，庐州合肥（今属安徽）人，北宋天圣年间进士。以断狱英明刚直而著称于世。知庐州时，执法不避亲党。至和三年(1056)，以龙图阁直学士权知开封府，因不畏权贵，不徇私情，清正廉洁，当时流传有“关节不到，有阎罗包老”的赞誉。死后追赐礼部尚书，谥孝肃。

诸

姓氏起源

源于姒姓。春秋末年越国有大夫诸稽郢，以善辩和擅长外交著称，其后有诸氏。

春秋时鲁国有大夫食采于诸邑，其后裔子孙以邑名为氏，称诸氏。

源于驺氏。越王勾践后裔无诸在越国灭亡后移居闽地，自称闽越王。秦统一后，以其辖地为闽中郡。无诸不满，起兵反秦。秦亡后，项羽不封无诸为王。无诸遂率兵辅佐刘邦。刘邦即帝位，复立无诸为闽越王。无诸的后裔子孙有以先祖名为氏者，称诸氏。

家族名人

诸燮，字子相，余姚（今属浙江）人，明嘉靖年间进士。历官兵部主事、邵武同知，俱有惠政。曾守山海关，忠贞为国。精理学。

左

姓氏起源

以国为氏。据《姓氏考略》及《吕氏春秋》记载，古有左国，以国为氏，黄帝臣左彻为其后。

以官为氏。春秋时各诸侯国都有左史官，其后裔子孙有以先祖官名为氏者，称左氏。春秋战国时期，有许多因官职称谓而为姓氏者，如左师氏、左行氏、左军氏、左宫氏、左侍氏、左卫氏等，其后简化为左氏。

源于姜姓。据《广韵》记载，春秋时齐国公族有左、右公子之分，其中左公子的后人有称左氏者。

家族名人

左丘明，春秋时鲁国人，后人因其目盲，称之为“盲左”。相传他曾任鲁太史，为《春秋》作传，成《春秋左氏传》，简称《左传》。又作《国语》。

左思，字太冲，临淄（今山东淄博东北）人，西晋著名文学家。其《三都赋》颇为当时称颂，造成“洛阳纸贵”。左思自幼其貌不扬却才华出众。晋武帝时，因妹左棻被选入宫，举家迁居洛阳，任秘书郎。晋惠帝时，依附权贵贾谧，为文人集团“二十四友”的重要成员。永康元年(300)，因贾谧被诛，遂退居宜春里，专心著述。

石

姓氏起源

源于姬姓。据《元和姓纂》记载，卫国第六代国君卫靖伯之孙石碏，是卫国贤臣，其子石厚，石厚子骀仲，以祖父名为氏，称石氏。

源于子姓。据《春秋公子谱》记载，春秋时宋国公子段，字子石，其后裔子孙有以先祖字为氏者，称石氏。

源于姬姓。据《春秋公子谱》记载，春秋时郑穆公之子公子丰，字石葵，其后有石氏。

源于鲜卑族。南北朝时期，鲜卑拓跋部有乌石兰氏、伊娄氏部落，北魏孝文帝汉化改革时，改为汉姓石氏、伊氏。

家族名人

石崇，字季伦，西晋文学团体“金谷二十四友”之一、大臣、著名富豪。曾为荆州刺史，以劫夺客商而积财产无数。与贵戚王恺、羊琇等争为侈靡。“八王之乱”时，为赵王司马伦所杀。

石守信，开封浚仪（今河南开封）人，北宋开国将领，与宋太祖赵匡胤为异姓兄弟。北宋建立后，参加平定潞州、扬州等战役。后被宋太祖杯酒释兵权。

崔

姓氏起源

源于姜姓。据《新唐书·宰相世系表》及《元和姓纂》等记载，西周时，齐丁公嫡子季子，本来应按礼制继承齐国君位，他却让给弟弟叔乙，自己食采于崔邑，其后有崔氏。

源于高丽族。据《新唐书》所载，唐朝时朝鲜半岛新罗国有崔氏。

家族名人

崔林，字德儒，清河郡东武城（今山东诸城）人，三国时曹魏大臣。曹操平定冀州，任命崔林为坞长，后改任御史中丞。魏文帝时，为幽州刺史、大鸿胪、司隶校尉。明帝时，升任司空，封安阳亭侯，后进封安阳乡侯。其家族即著名北方大族“清河崔氏”。

崔护，字殷功，唐朝诗人。其诗诗风精练婉丽，语言清新，《全唐诗》录其诗六首，皆是佳作，尤以《题都城南庄》流传最广，脍炙人口。

吉

姓氏起源

源于姞姓。黄帝裔孙伯儵，受封于南燕国，赐姓姞，其后裔子孙有省去“女”偏旁而称吉氏者。

源于兮姓。据《元和姓纂》记载，周宣王时有贤臣兮甲，字伯吉父（一作甫），因官居尹，又称尹吉甫。其支庶后代中，有以先祖字为氏者，称吉氏。

源于姒姓。据《潜夫论》记载，夏王启封高辛氏的儿子挚于莘，建立了莘国。殷商末年，莘国为周所灭，莘氏族人迁居于吉白，以地为氏，分衍有吉白氏家族。在吉白氏族人的后裔中，有简化为单姓吉氏、白氏者。

家族名人

吉惟善，明朝开州（今河南濮阳）人。性安静，精通理学，不事举业。专心于学问，不图功名利禄。

吉梦熊，字毅杨，号渭崖，江苏丹阳人。清乾隆十七年（1752）壬申科进士，曾任广东道监察御史、顺天府尹、太仆寺卿等。著有《研经堂文集》《研经堂诗集》《丹阳见闻录》等。

钮

姓氏起源

春秋时期，钮宣义为吴国从卫骑都尉，因其祖上为专职从事钮柄制作的“百工”之长，故以技艺为姓，称钮氏。

满族八大姓之一钮祜禄氏，后改汉姓为钮氏。

家族名人

钮衍，字公裕，明代常熟人，洪武年间中贡生，授德安知府，以清白廉政而著称。

钮福畴，字西农，乌程人，清代诗人，著有《亦有秋斋诗钞》。

龚

姓氏起源

源于姜姓。据《元和姓纂》记载，共工后裔为共氏。后为避祸，亦有加“龙”字称龚氏者。

源于姬姓。西周时有共国，其后有共氏，亦有称龚氏者。

源于姬姓。春秋时郑庄公之弟共叔段，其后有共氏，亦有称龚氏者。

源于姬姓。春秋时晋献公太子申生被人诬陷而死，谥号为“恭君”。古代“恭”即“共”，申生的后代以先祖谥号为氏，称共氏，后演变为龚氏。

家族名人

龚鼎臣，字辅之，郓州须城（今山东东平）人。北宋景祐年间进士。

知渠州，倡文教，兴郡学，曾上书建议裁汰冗员，节俭开度。著有《东原录》等。

龚自珍，字璱人，号定庵，杭州人，清代著名的思想家、文学家。博览群书，通晓经学、文字学、历史、地理等各方面学识。为今文经学派的重要人物。道光年间举为进士，官至礼部主事。其诗、文有较高成就。著有《定庵文集》。

程嵇邢滑　裴陆荣翁

程

姓氏起源

源于风姓，以国为氏。相传上古时帝颛顼任其孙重为南正之官，掌管祭祀，重的弟弟黎为火正之官，掌管民事，其子孙世袭该职。商朝时封重、黎之裔孙于程，建立程国，子孙称程氏。

商、周之际，重黎的后人伯符助周灭商有功，被封在广平的程地，称程伯，子孙以国为氏，称程氏。

西周宣王时，重黎的裔孙程伯林父为大司马，因攻占徐方有功，受封于程邑，部分子孙以邑名为氏，称程氏。

源于荀氏。春秋时晋国荀氏的支子食采于程邑，其后有程氏。

家族名人

程普，字德谋，右北平土垠（今河北丰润东）人。东汉末年东吴的武将，历仕孙坚、孙策、孙权三任君主。他曾跟随孙坚讨伐过黄巾、董卓，又助孙策平定江东。孙策死后，他与张昭等人共同辅佐孙权，并讨伐江东境内的山贼，功勋卓著。程普在东吴诸将中年岁最长，被人们尊称为“程公”。

程颐，字正叔，洛阳伊川（今河南伊川）人，北宋理学家和教育家。与其胞兄程颢共创“洛学”，为理学奠定了基础。其兄弟二人不但学术思想相同，而且教育思想基本一致，合称“二程”。

嵇

姓氏起源

源于姒姓。上古时期，会稽是一个重要的政治文化重地，它曾是大禹召集天下诸侯开会的地方，而且大禹死后就葬在会稽山。夏王少康将其子季杼封于会稽，专门主持禹帝的祭祀活动，其后裔子孙遂以先祖封邑名为氏，称会稽氏。汉朝初年，会稽氏族人迁到豫州南部谯郡嵇山，遂改为嵇氏。此后，会稽氏的后裔就以“嵇”作为姓氏。

源于鲜卑族。南北朝时期，鲜卑拓跋部有统稽氏、纥奚氏，北魏孝文帝汉化改革时，改为汉姓嵇氏。

家族名人

嵇康，字叔夜，三国时期魏国谯郡铚县（今安徽濉溪）人，著名思想家、音乐家、文学家、玄学家。博学多才，崇尚老庄。工诗文，善鼓琴，通乐理。清高自傲，不愿与世俗同流合污，为“竹林七贤”的精神领袖。后因得罪钟会，为其构陷，而被司马昭处死。

邢

姓氏起源

源于姬姓，以国为氏。据《元和姓纂》记载，西周初年，周公旦第四子受封于邢国，后为卫国所灭，子孙以故国名为氏，称邢氏。

以邑为氏。据《姓氏考略》记载，春秋时晋国大夫韩宣子之族食采于邢邑，其后有邢氏。

家族名人

邢劭，字子才，河间鄚（今河北任丘北）人，北朝齐文学家。10岁能作文，为当时名士所赏识。北魏明帝初，授奉朝请，迁著作佐郎。后任中书侍郎、国子祭酒等职。北齐时累官至骠骑将军、西兖州刺史，太常卿兼中书监，后授特进，死于任上。

邢昺，字叔明，曹州济阴（今山东曹县西北）人，北宋经学家。所撰《论语注疏》，讨论心性命理，为后来理学家所采纳。所撰《尔雅义疏》及《孝经正义》，均收入《十三经注疏》。

滑

姓氏起源

源于姬姓，以国为氏。据《通志·氏族略》记载，西周有滑国，是周朝分封的同姓小国，最初建都于滑，后又迁都于费，故又称为费滑。滑国后为晋国所灭，子孙以故国名为氏，称滑氏。

源于姬姓。春秋时郑庄公之弟共叔段有子公孙滑，其后有称滑氏者。

家族名人

滑寿，字伯仁，晚号樱宁生，祖籍襄城（今河南襄城），后迁仪真（今江苏仪征），又迁余姚（今属浙江），元代大医学家。他不仅精通《素问》《难经》，而且融通张仲景、刘守真、李明之三家学说，所以给人治病有“奇验”，著有《读伤寒论抄》等医书。

裴

姓氏起源

源于嬴姓，以邑为氏。据《名贤氏族言行类稿》载，伯益有后裔叫飞廉，其裔孙受封于莘邑，称莘氏。至六世孙有莘陵，在周僖王时被封为莒君，他就去掉邑字底，改加衣字底，表示已经离开了莘邑，称裴氏。

源于嬴姓。秦国先祖非子有后人被封为裴乡侯，子孙称裴氏。

源于姬姓。据《通志·氏族略》记载，晋平公将颛顼的一个裔孙封到裴中做首领，称裴君，其后有裴氏。

家族名人

裴松之，字世期，南朝宋河东闻喜（今山西闻喜）人，后移居江南。著名史学家，为《三国志》作注。与裴骃、裴子野祖孙三代有“史学三裴”之称。

裴行俭，字守约，绛州闻喜（今山西闻喜东北）人，唐高宗时名将，隋将裴仁基之子。早年得名将苏定方教授用兵奇术。高宗废王立武时，裴行俭因私议论，被贬为西州都督府长史。麟德二年（665）拜安西大都护，在西域时，诸部多慕义归附。后来还朝，与李敬玄、马载同掌选事十余年，甚有能名。

陆

姓氏起源

源于妫姓。据《新唐书·宰相世系表》记载，战国时期，齐宣王少子通受封于平原县陆乡，其后有陆氏。

帝颛顼后人吴回有子陆终，其后亦有称陆氏者。

春秋时有戎族陆浑国，后为晋国所灭，其遗民以国为氏，称陆氏。

源于鲜卑族。南北朝时，鲜卑拓跋部有步陆孤氏，北魏孝文帝汉化改革时，改为汉姓陆氏。

家族名人

陆机，字士衡，吴郡吴县（今江苏苏州）人，西晋文学家、书法家，三国时东吴名将陆逊之孙，与其弟陆云合称“二陆”。

陆羽，字鸿渐，复州竟陵（今湖北天门）人，唐代著名的茶文化家和鉴赏家。一生嗜茶，精于茶道，以著世界第一部茶叶专著——《茶经》而闻名于世，对中国和世界茶业发展作出了卓越贡献，被尊为“茶圣”。

陆游，字务观，号放翁，越州山阴（今浙江绍兴）人，南宋著名诗人、词人。在政治上坚决主张抗金，但不得重用，晚年隐居家乡。其文浑雄豪放，有着强烈的报国之情。

荣

姓氏起源

据《姓氏考略》和《吕氏春秋》载，远古黄帝时代，有音乐家荣援，或称荣将，受黄帝命，与伶伦共铸造了12个铜钟，以和五音。其后有荣氏。

源于姬姓。西周成王时，有卿士受封于荣邑，是为荣伯，其后裔子孙以邑名为氏，称荣氏。

清朝满洲旗人亦有改为汉姓荣氏者。

家族名人

荣禄，字仲华，号略园，瓜尔佳氏，满洲正白旗人。出身于世代军官家庭，以荫生晋工部员外郎，后任内务府大臣，工部尚书，出为西安将军。因为受到慈禧太后的青睐，留京任步军统领，总理衙门大臣，兵部尚书。辛酉政变前后为慈禧太后和恭亲王奕䜣赏识。官至总管内务府大臣。

翁

姓氏起源

源于姒姓。夏王启执政时，有贵族叫翁难乙，其后裔子孙以先祖名为氏，称翁氏。

源于姬姓。周昭王庶子受封于翁山，其后有翁氏。一说周昭王庶子出生时双手握拳，他人掰不开，独昭王能掰开，周昭王掰开后见初生儿左掌纹似篆文的“公”字，右掌纹如“羽”字，即赐姓翁，取名弘。翁弘即翁氏始祖。

家族名人

翁同龢，字叔平，号松禅，江苏常熟人，咸丰六年（1856）科举状元。官至协办大学士，户部尚书，参机务。先后担任同治、光绪两代帝师。光绪戊戌政变时，罢官归里。中国近代史上著名政治家、书法家。

翁方纲，字正三，号覃溪，晚号苏斋，直隶大兴（今属北京）人，清代书法家、文学家、金石学家。

荀羊於惠　甄曲家封

荀

姓氏起源

源于轩辕氏。黄帝二十五子，得姓者十四人，为十二姓，荀姓为其中之一。

黄帝时有大臣荀始，其后裔子孙有以先祖名为氏者，称荀氏。

源于姬姓。据《姓苑》记载，西周初年，周文王第十七子受封于古郇国，建立姬姓郇国。郇国后为晋国所灭，后代子孙称郇氏，后又改为荀氏。

家族名人

荀子，名况，战国末期赵国人，著名思想家、文学家、政治家，儒家代表人物之一。

荀彧，字文若，颍川颍阴（今河南许昌）人。曹操统一北方的首席谋臣和功臣，自小即有人称其为“王佐之才”。荀彧在战略上为曹操制定并规划了统一北方的蓝图和军事路线，曾因多次修正曹操的战略方针而得到曹操的赞赏。

羊

姓氏起源

源于姬姓。春秋时期，晋献公将晋武公曾孙姬突封在羊舌邑，其后遂以封邑名为氏，称羊舌氏，后简化为羊氏。羊舌氏一族后为他族所灭，其封邑被改封给晋国大夫祁氏家族，祁氏族人亦有改称羊氏者。

以官为氏。西周时有官职羊人，专门掌管马和羊，其后亦有称羊氏者。

家族名人

羊祜，字叔子，泰山平阳（今山东新泰）人，西晋著名战略家、军事家、政治家和文学家。博学能文，清廉正直。坐镇襄阳十年，大开屯田，广储军粮，倾力做足伐吴的准备，然后入朝陈伐吴大计，并举荐杜预以自代，此后杜预大造楼船一举伐吴成功。

於

姓氏起源

以邑为氏。据《世本》记载，黄帝时臣子於则，发明了用麻编织的鞋子，结束了古人光脚走路的历史，因功被封于於，称为於则，其后裔子孙以先祖封邑名为氏，称於氏。

源于妫姓。战国时，齐国陈仲子居於陵，其后裔子孙有称於氏者。

春秋时齐国有於丘，居者有称於氏者。

以官为氏。西周时有官职於官，负责掌管在禁宫之内饲养畜禽，其后亦有称於氏者。

家族名人

於清言，晋陵（今江苏武进）人，南宋画家，专画荷花草虫，独步一郡，谥号“荷”。

於竹屋，明朝画家，以擅长画墨竹而闻名于世。

惠

姓氏起源

帝颛顼后裔陆终有七子，第二子名惠连，其后裔子孙有以先祖名为氏者，称惠氏。

源于妫姓。陈国第七位国君陈僖公有子公子惠，字子得，其后裔子孙有以先祖名为氏者，称惠氏。

以谥为氏。春秋时期周惠王、鲁惠公、晋惠公、齐惠公、楚惠王、柳下惠以及战国时期秦惠文王的后裔子孙中，皆有以先祖谥号为氏者，称惠氏。

源于姬姓。春秋时鲁国孟献子有裔孙叫服惠伯，其后有服氏、惠氏。

源于姬姓。春秋时鲁桓公裔孙公子彭，封号惠伯，其后有惠氏。

家族名人

惠周惕，原名恕，字元龙，号红豆主人，江苏吴县（今江苏苏州）人，清代经学家。其子惠士奇，其孙惠栋三世都是著名经学家。

甄

姓氏起源

源于姚姓。据《通志·氏族略》记载，上古时期，舜帝在东夷部落发展烧陶技术，使得东夷部落经济发展，形成了一个城邑，这就是甄城。舜的子孙有的留在甄城做甄官，掌管制陶业，后来甄官的后代便以先祖官职名为氏，称甄氏。

据《元和姓纂》记载，上古部落首领皋陶的儿子仲甄在夏朝做官，封地在甄，其后有甄氏。

源于鲜卑族。南北朝时期，鲜卑拓跋部有郁都甄氏，北魏孝文帝汉化改革时，改为汉姓甄氏。

家族名人

甄权，许州扶沟(今河南扶沟）人，约生于南朝梁大同七年（541)，卒于唐贞观十七年（643)，享年102岁。因母病，与弟甄立言，精究医术，专习方书，遂为名医。甄权于针灸术造诣尤深，兼通药治。

曲

姓氏起源

源于姬姓，以地为氏。据《风俗通义》记载，春秋时晋穆侯封少子成师于曲沃，成师的支孙就以封地名为氏，为曲沃氏，后简化为曲氏。

源于鞠姓。“鞠”与“曲”音近，有部分鞠姓族人改称曲氏。

源于麴姓。西周时有麴人，掌管酿酒业，其后有称麴氏者。因“麴”是“曲”的繁体字，麴氏后多改为曲氏。另外亦有鞠氏改为麴氏者，故鞠氏、曲氏、麴氏为同宗。

家族名人

曲环，唐代陕州安邑（今山西夏县）人，官至司空，封晋昌郡王。善兵法，善骑射。天宝年间授果毅别将。安禄山反，守邓州，平河北，败吐蕃，威名大震。后任陈许节度使，宽赋税，简条教，不三年乃五谷丰登。

家

姓氏起源

源于姬姓。周孝王之子家父，周幽王时在朝中为官，称周大夫，他见幽王沉迷酒色，骄奢淫逸，很是不满，作《节南山》讽刺。家父为人耿直忠诚，后世子孙以他为荣，以其名为氏，称家氏。

据《姓苑》和《姓氏考略》记载，春秋时鲁庄公之孙名驹，字子家，后人以先祖字为氏，称家氏。

源于家仆氏。春秋时晋国有家仆徒，其后有家仆氏，后简化为家氏。

家族名人

家定国，字退翁，眉山(今四川眉山)人，宋文学家。长于诗文，曾与苏轼、苏辙唱和，体格清懿。著有古律诗三十卷、杂文十卷，今已佚。

家铉翁，号则堂，眉山（今属四川眉山）人，宋末学者，学问渊博，精《春秋》，有《春秋详说》《则堂集》。

封

姓氏起源

源于姜姓。据《姓苑》记载，炎帝后裔名钜，曾做过黄帝的老师。夏朝时，钜的后代食采于封父，为诸侯国，其后有封氏。

源于姜姓。黄帝之臣封子，居于宁地，世称宁封子，其后有封氏。

以官为氏。西周时有官职封人，宋朝时有官职封弥史，其后裔子孙有以先祖官名为氏者，称封氏。

源于鲜卑族。南北朝时期，鲜卑拓跋部有贲氏部落，北魏孝文帝汉化改革时，改为汉姓封氏。

家族名人

封常清，蒲州猗氏（今山西猗氏）人，唐朝名将，战功赫赫。自幼家中清贫，但受祖父影响喜爱读书。曾两次入朝为官。安史之乱时，因出师不利被处斩。

芮羿储靳 汲邴糜松

芮

姓氏起源

源于子姓，以国为氏。夏朝时，居于渭水河畔的部落建有芮荔国，商朝末年，为周所灭。其国人以故国名为氏，称芮荔氏，后简化芮氏。

源于姬姓，以国为氏。据《万姓统谱》记载，西周初年，周武王封同族卿士姬良于芮荔国之地，建立姬姓芮国，其后有芮氏。

家族名人

芮麟，字志文，宣城（今安徽宣城）人，明代知府。由国子生累官台州知府，明于政体，吏民信服。清廉宽简，有古循吏之风。以慈惠称。后起为严州知府。

芮城，江苏溧阳人，清代学者。他博通经书，文章在当时风靡一时，后来隐居著书，40多年不进城市，著有《礼记通志》《纲目分注补遗》等。

羿

姓氏起源

后羿是中国历史上一个富有传奇性的人物。据《夏本记》记载，说后羿出身于射正官的家庭，射正官是执掌弓箭，训练射手的官，所以羿自小练得箭法如神，并且他的手又长又有力，能拉强弓。又据《左传》记载，他是当时有穷氏之君，以善射而见称，曾经篡夏朝第五代君主相的地位而自立，不过即位后不修民事，而为其部下寒浞所杀。后羿的后人有以先祖名为氏者，称羿氏。

家族名人

羿忠，湘阴（今属湖南岳阳）人，明洪武初年为遂宁知县，有异政。

储

姓氏起源

以国为氏。相传上古时有储国，其国人有以国名为氏者，称储氏。

据《风俗通义》记载，春秋时齐国有大夫字储子，其后裔子孙以先祖字为氏，称储氏。

家族名人

储欣，字同人，清朝宜兴人。自幼好学，精通经史。早年无意仕途，以制艺为业。直到60岁，始领康熙乡荐，一试礼部不遇，遂闭门著书。著有《春秋指掌》30卷，《在陆草堂集》6卷，选编《唐宋十家文全集录》51卷。

靳

姓氏起源

源于芈姓。据《风俗通》《通志·氏族略》及《古今姓氏书辨证》等记载，春秋时楚地有小国靳国，后为楚大夫尚之采邑，称为靳尚。靳尚后人以先祖封邑名为氏，称靳氏。

家族名人

靳歙，西汉开国功臣，信武侯。秦末从刘邦起义，初为中涓，以军功赐爵建武侯，迁骑都尉。随刘邦定三秦，败赵将贲郝于朝歌，破项籍于陈，封信武侯，后又以骑都尉击代，攻韩王信于平城，有功，升为车骑将军，并从击陈豨、英布。

汲

姓氏起源

源于姬姓。春秋时卫宣公太子居于汲，称太子汲，其支庶子孙遂称汲氏。

源于姜姓。据《风俗通义》记载，齐宣公有支孙受封于汲，其后裔子孙以先祖封邑名为氏，称汲氏。

家族名人

汲黯，字长孺，濮阳（今河南濮阳）人，西汉名臣。景帝时任太子洗马。武帝时初为谒者，后来出京做官为东海太守，有政绩。被召为主爵都尉，列于九卿。汲黯为人耿直，好直谏廷诤，武帝称其为“社稷之臣”。主张与匈奴和亲。后犯小罪免官，居田园数年，召拜淮阳太守，卒于任上。

邴

姓氏起源

据《通志·氏族略》记载，春秋时期，晋国大夫邴豫的封地在邴邑，其后有邴氏。

春秋时齐国有邴邑，又名祊，原是郑国祭祀泰山的一个汤沐之邑，后鲁国以许田与郑国交换，再后为齐国所占。齐大夫邴鹨的封地就在那里，其后亦有称邴氏者。

家族名人

邴吉，字少卿，西汉鲁国北海人，曾官至廷尉监、光武省右监。汉昭帝时曾任大将军长史。曾舍命相救戾太子长孙刘病已。后刘病已登基，即汉宣帝刘询，以邴吉为丞相，死后封定侯。

糜

姓氏起源

源于姒姓。据《百家姓考略》记载，夏朝有同姓诸侯，专门负责种植豆黍之类的农作物，其中有“糜子”。这在当时属于先进的生产活动，种糜的人富裕昌盛。后得封糜子国，后为楚国所灭，国人以先祖职业和故国名为氏，称糜氏。

源于芈姓。春秋时楚国有大夫受封于南郡糜亭（今河南汝南），其后裔子孙以先祖封邑名为氏，称糜氏。

源于芈姓。春秋时楚国有工尹，其名为熊糜，史称工尹糜，其后裔子孙有以先祖名为氏者，称糜氏。

家族名人

糜竺，字子仲，东海朐（今江苏连云港）人，东汉末年人，其家世代经商，所以资产丰厚，门客众多。徐州牧陶谦聘他为别驾从事。陶谦去世后，糜竺奉陶谦遗命迎刘备继任徐州牧。糜竺的妹妹嫁给了刘备，就是糜夫人，也是后主刘禅的生母。

松

姓氏起源

据《史记·秦本纪》和《名贤氏族言行类稿》记载，秦始皇统一六国后，志得意满，封禅泰山。一次祭完泰山，下山途中突遇大雨，还好山上有五棵大松树，枝繁叶茂，围起来像个大亭子，正好供秦始皇避雨。秦始皇很高兴，认为这五棵松树护驾有功，封五棵松树为“五大夫松”。那些随行的还没有得到皇帝封号的官员便跟着以松为姓。此后，就有居于泰山之人也以松作为姓氏，世代相传。

满族旗人亦有改姓松氏者。

公氏族人亦有改成松姓者。

家族名人

松筠，玛拉特氏，字湘圃，蒙古正蓝旗人，清朝大臣。翻译生员，考授理藩院笔帖式，充军机章京，能任事，为乾隆帝所知。累迁银库员外郎。嘉庆年间官至武英殿大学士，曾任军机大臣，兵部、礼部尚书。

井段富巫　乌焦巴弓

井

姓氏起源

源于姜姓。春秋时，姜尚后人在虞国任大夫，受封于井邑，世称井伯，其后有井氏。相传，井伯有后人井奚，在秦国为官，受封于百里邑，改称为百里奚，其后称百里氏。故井氏与百里氏是同宗。

西周初年，周公旦第四子受封为邢侯，邢侯有后人在周朝为大夫，名井利，其后裔子孙有以先祖名为氏者，称井氏。

家族名人

井丹，字大春，东汉郿地（今陕西眉县）人，年轻时学习于太学，通五经，善谈论，京师人都议论说："五经纷纶井大春。"据说，他为人非常清高，从不趋炎附势，更不屑攀龙附凤。

段

姓氏起源

源于姬姓。据《新唐书·宰相世系表》及《通志·氏族略》记载，春秋时郑庄公之弟共叔段，其支孙以先祖名为氏，称段氏。

据《史记·老子列传》记载，春秋时老子之子李宗，任魏国大将，先封于魏国的段邑，后封于魏国的干邑，后人合其封邑名而称段干氏。段干氏族人中，有简化为单姓段氏、干氏者。

云南白蛮人亦有段氏。

家族名人

段志玄，齐州邹平（今山东济南）人，初唐名将。隋末客居太原，为李世民所赏识，随从李渊父子起兵。潼关之战中击败屈突通，后从李世民讨伐王世充。参与玄武门之变。太宗即位后，迁左骁卫大将军，封樊国公。

段秀实，字成公，陇州汧阳（今陕西千阳）人，唐代名将。幼读经史，稍长习武，言辞谦恭，朴实稳重。历任安西府别将、陇州大堆府果毅、绥德府折冲都尉。安史之乱后，总揽西北军政，期间吐蕃不敢犯境，百姓安居乐业。

富

姓氏起源

源于姬姓，以邑为氏。据《通志·氏族略》记载，春秋时期，周王室有大夫姬辰，因其封地在富邑，故世称富辰。其后裔子孙有以先祖封邑名为氏者，称富氏。

源于姜姓。炎帝后有富父氏。春秋时，鲁国有大将富父终甥，其后裔子孙有以先祖名为氏者，分衍有许多姓氏，如富姓、终姓、钟姓、甥姓等。

家族名人

富弼，字彦国，洛阳人，北宋大臣。曾与范仲淹等共同推行“庆历新政”。

富恕，字子征，自号林屋山人，吴江（今江苏苏州）人，元代著名诗人、画家。

富元衡，字公权，宋代进士，书法家。

巫

姓氏起源

以职为氏。中国古代有专门负责占卜预知吉凶的官职，夏朝和商朝分别称作巫祝和巫臣。商朝时候有巫臣名叫巫咸，他和他的儿子巫贤都是商朝重臣，其后有巫氏。又据《姓氏考略》记载："黄帝臣巫彭作医，为巫氏之始。"

周代有专门掌管养马并为马治病的官员，称巫马，其后有巫马氏。巫马氏族人有改称巫氏者。

家族名人

巫凯，明朝南直隶句容（今属江苏镇江）人，刚毅果断，智勇双全，镇守边镇30多年，边务修饬，威惠并行。

巫子秀，广东兴宁人，明孝宗弘治年间的名士，以英勇绝人而著称。出知新喻县时，以孝友廉介而被老百姓誉为"青天"。

乌

姓氏起源

据《新唐书·宰相世系表》记载，相传少昊作东夷部族首领时，以鸟名任命职官，其中有"乌鸟"一职，其后以先祖官名为氏，称乌鸟氏，后简化为乌氏。

源于姜姓，以国为氏。春秋时期，陇西西戎族有乌氏国，后为秦国所灭，国人以故国名为氏，称乌氏。

源于鲜卑族。南北朝时期，鲜卑拓跋部有乌丸氏、乌洛兰氏部落，北魏孝文帝汉化改革时，改为汉姓乌氏。

家族名人

乌承玼，字德润，张掖（今甘肃张掖）人。唐玄宗开元年间，与族兄乌承恩皆为平虏先锋，因战功卓著，号称“辕门二龙”。

焦

姓氏起源

源于姜姓，以国为氏。据《通志·氏族略》记载，周武王灭上后，封神农氏后裔于焦，建立焦国。一说源于姬姓，焦国为周王室同姓诸侯。春秋时被晋国所灭，其后人以故国名为氏，称焦氏。

源于姜姓。春秋时许灵公曾迁都焦地，其后有称焦氏者。

家族名人

焦遂，唐代名士。说话口吃，清醒时话不成句，醉酒时对答如流。与贺知章、李适之、李白、汝阳王李王进、崔宗之、苏晋、张旭并称“饮中八仙”。

焦循，扬州人，清朝经学家、数学家、戏曲理论家。嘉庆举人。出身治《易》世家。他以数学原理及音韵训诂整理《易经》。著有《雕菰楼易学三书》《孟子正义》《论语道释》《剧说》《释弧》《释轮》《加减乘除释》等。

巴

姓氏起源

据《姓氏考略》和《路史》记载，上古伏羲氏有个后裔叫后照，定居于巴水，其后人就以水为氏，称巴氏。

以国为氏。据《元和姓纂》记载，周代有巴国，子爵，又称巴子国，后为秦国吞并，后人以国名为氏，称巴氏。

清朝时，满族、蒙古族迁徙中原，有不少改称巴氏者。

家族名人

巴慰祖，字予藉，号晋堂，徽州歙（今黄山市歙县）人，清代篆刻家。他有《四香堂摹印》《百寿图印谱》流传，能得汉印精髓。

弓

姓氏起源

源于姬姓。据《万姓统谱》记载，春秋时鲁国有公孙婴齐，字叔弓，其支孙以祖父字为氏，称弓氏。

据《元和姓纂》记载，黄帝之子为弓正，始制弓矢，受封于张，其后有弓氏和张氏。

家族名人

弓翊，三国时人，官博陵太守。

弓元，明代人，进士第，官至御史廉政清洁，有操守，政绩显著。

牧隗山谷　车侯宓蓬

牧

姓氏起源

上古时，黄帝有贤臣力牧，其后有牧氏。

源于姬姓。据《路史》记载，卫康叔有子孙受封于牧邑，其后亦有称牧氏者。

家族名人

牧相，浙江余姚人，心学大家王阳明之父王华门下的得意学生。明弘治年间进士及第，被授为南京兵科给事中，直言，敢于犯上。以疏请罢礼部尚书崔志瑞等而享有盛名。正德初年，因清查御马监，向皇帝力陈吕滥之弊以及中官李棠矫诏旨营私利之罪，受杖刑罢归。

隗

姓氏起源

据《帝王世纪》记载，魁隗氏为神农氏之后的第二位炎帝，其后人又有大隗氏建都具茨之山，称大隗山。其后有称隗氏者。

源于姒姓。商汤灭夏桀后，封夏王族后代于隗邑，并让他们建立姒姓隗国，春秋时为楚国所灭，其后以故国名为氏，称隗氏。

春秋时，中原北部的赤狄人，大多姓隗。

家族名人

隗嚣，字季孟，天水成纪（今甘肃秦安）人。出身陇右大族，青年时代在州郡为官，以知书通经而闻名陇上。王莽的国师刘歆闻其名，举为国士。刘歆叛逆后，隗嚣归故里。刘玄更始政权建立后，隗嚣趁机占领平襄，成了割据一方的势力。

隗顺，南宋临安的狱卒，因掩藏民族英雄岳飞的遗骨而名传千古。

山

姓氏起源

源于姜姓。据《风俗通义》记载，炎帝出生于烈山，故号烈山氏，其后有称山氏者。

以官为氏。据《名贤氏族言行类稿》记载，周代有掌管山林的山务之官，称山师，或称山虞，其后裔子孙有以先祖官名为氏者，称山氏。

春秋时楚国有大臣叔山冉，其后亦有称山氏者。

家族名人

山涛，字巨源。汉族，河内怀县（今河南武陟西）人。西晋时期名士、政治家，“竹林七贤”之一。早孤，家贫。虽居高官荣贵，却贞慎俭约，俸禄薪水，散于邻里，时人谓为“璞玉浑金”。武帝时任尚书之职，凡甄拔人物，各有题目，称“山公启事”。

谷

姓氏起源

源于嬴姓，以国为氏。据《通志·氏族略》记载，伯益后人非子，被周孝王封于秦谷，后有秦国和谷国。谷国后为楚国所灭，其王族后裔子孙以故国名为氏，称谷氏。

源于姜姓。战国时齐国公子尾孙受封于夹谷，其后有谷氏。

源于姬姓。据《鼠璞》记载，古代有郤姓，唐叔虞后代，后去掉邑旁改为谷姓。

源于鲜卑族。南北朝时期，鲜卑拓跋部有谷会氏部落，北魏孝文帝汉化改革时，改为汉姓谷氏。

家族名人

谷倚，魏郡（今河北临漳）人，唐中宗神龙年间在世。有文辞，为太原主簿。与富嘉谟、吴少微齐名，时称“北京三杰”。后流寓客死。著有文集十卷，《两唐书志》传于世。

谷际岐，字凤来，号西阿，云南赵州人，清朝官吏。乾隆四十年进士，选庶吉士，授编修，参与校对《四库全书》。

车

姓氏起源

源于妫姓。据《元和姓纂》《汉书》记载，战国时田齐后裔、西汉大臣田千秋以年老得乘小车出入官府办公，当时人称他为车丞相，其子孙也因此称车氏。

源于嬴姓。据《路史》所载，春秋时秦国有子车氏，其后有车氏。

据《世本》所载，相传黄帝之臣车区占星气，据传乃车姓之始。

据《魏书》所载，西域车氏，本车师国胡人，以国为氏。

家族名人

车胤，字武子，南平郡（今湖北公安）人，东晋时期大臣。自幼聪颖好学，家境贫寒，常无油点灯，夏夜就捕捉萤火虫，用以照明夜读，学识与日俱增。

车似庆，台州黄岩（今属浙江）人，宋代学者。潜心理学，隐居乐道，年已及耄，读书犹至夜半。释经评史，榷古商今，迥出新意，自成一家之言。著有《五经论》《闲居录》等。

侯

姓氏起源

源于姬姓。据《新唐书·宰相世系表》记载，春秋时晋哀侯及其弟皆为晋武公所杀，他的子孙逃居他国，以祖先爵位为氏，称侯氏。

源于姒姓。《姓氏考略》云：“夏后氏之裔，受封于侯国，子孙以为氏。”

源于姬姓。春秋时，郑庄公之弟共叔段发动叛乱，事败忧愤而死，郑庄公赐其子共仲为侯氏。

源于鲜卑族。南北朝时期，鲜卑拓跋部有侯奴氏、侯伏氏部落，北魏孝文帝汉化改革时，改为汉姓侯氏。

家族名人

侯君集，豳州三水（今陕西旬邑）人，唐朝名将，“凌烟阁二十四功臣”之一。少时以武勇称。隋末战乱中，跟随秦王李世民东征西战，功勋卓著，在拥立李世民称帝时起了重要作用。

侯方域，字朝宗，明归德府（今河南商丘）人，明末清初著名文人。擅长散文，以写作古文雄视当世，与方以智、冒襄、陈贞慧合称“明末四公子”，与魏禧、汪琬合称“清初三大家”。著作有《壮悔堂文集》10卷，《四忆堂诗集》6卷。清初作家孔尚任撰《桃花扇》传奇剧本即以侯方域与秦淮名妓李香君的爱情故事为主要内容，反映了南明的兴亡。

宓

姓氏起源

源于风姓。上古三皇之首伏羲氏，又称宓羲氏，其后有宓氏。伏姓和宓姓实际是一个姓。

家族名人

宓宏谟，清朝官员，根据《重修台湾省通志》记载，他于1755年任台湾知府，为台湾清治时期的地方官员，主要从事台湾府府内典簿奏章的收发与校注，也分掌奏章文书。

蓬

姓氏起源

源于姬姓。据《万姓统谱》记载，西周时，周天子封支子于巴国的伏虞邑，建蓬国，后为巴国吞并，其后有蓬氏。

据《姓氏考略》记载，西汉武帝太始年间，有北海人名球，某日入山伐木，遇仙女弹琴，欣然忘返。及其归，已是汉哀帝建平年间，世间已过去九十年，他原来的家已经蓬蒿丛生，自己与邻居的房屋都变成了废墟。球感慨之下，指蓬草为姓氏，自称蓬氏，世代相传。

家族名人

蓬萌，字子庆，北海（今山东潍坊）人，东汉著名隐士。

全郗班仰　秋仲伊宫

全

姓氏起源

源于泉姓，以官为氏。西周时期，人们称钱币为“泉”，因设有泉府之官，负责掌管货币交流和集市贸易。泉府官的后裔子孙中，有以先祖官名为氏者，称泉氏，后改全氏。

唐代有全节县，居者有称全氏者。

家族名人

全琮，字子璜，吴郡钱塘（今浙江杭州）人，三国时期吴国名将。全琮娶孙权长女孙鲁班为妻，颇受器重，但他并不因此骄横跋扈，为人十分谦恭。

全元起，南朝时医学家，齐梁间人。

全整，字修斋，明代学者，著有《三石山房文》。

郗

姓氏起源

源于姬姓。黄帝后裔苏忿生，周武王时官至司寇，负责诉讼事宜，有清正之声，其支族受封于郗邑，其后有郗氏。

家族名人

郗鉴，字道徽，高平金乡（今山东金乡）人，东晋书法家、将领。少年时孤贫，但博览经籍，躬耕吟咏，以清节儒雅著名，不应朝廷辟名。晋惠帝时曾为太子中舍人、中书侍郎。晋室南渡后，官至安西将军。

班

姓氏起源

源于芈姓。春秋时楚国令尹子文为若敖氏之后，幼时是吃虎乳长大的，因此称斗穀於菟，意为“虎哺育的”。又因虎身有斑纹，其后裔子孙有称斑氏者。古代“斑”、“班”通用，故又称班氏。

源于芈姓。令尹子文之子斗般为楚国令尹，其后有般氏。“般”和“班”同音，古时通用，故又称班氏。一说楚国申公斗班之后。

源于子姓。春秋时宋国有大夫彨班，其后裔子孙有以先祖名为氏者，称班氏。

源于姬姓。春秋时鲁国有巧匠公孙般，即鲁班，其后亦有称班氏者。

家族名人

班超，字仲升，扶风郡平陵县（今陕西咸阳东北）人，东汉著名军事家、外交家，史学家班彪幼子，其长兄班固、妹妹班昭也是著名史学家。班超为人有大志，不修细节，但内心孝敬恭谨，审察事理。他辩给过人，博览群书，不甘于为官府抄写文书，投笔从戎，随窦固出击北匈奴，又奉命出使西域，在31年的时间里，平定了西域50多个国家，为西域回归、促进民族融合，作出了巨大贡献。封定远侯。

仰

姓氏起源

据《吕氏春秋》记载，上古时期，舜帝手下有大臣仰延，精通音乐，将当时的八弦瑟改造增为二十五弦，其后裔子孙有以先祖名为氏者，称仰氏。

源于嬴姓。战国时秦惠文王有子名印。印，古代为仰字的右半部。公子印的支庶子孙以先祖名为氏，加一“人”偏旁，为仰氏。

家族名人

仰仁谦，宋代廉吏，有楹联赞他：“抚宇劳心，百姓改观新政令；廉静寡欲，四方共仰大风声。”

仰瞻，明朝著名刑官，于永乐年间任大理丞，以执法严明著称，而得后世景仰。

秋

姓氏起源

源于姬姓。据《路史》记载："少昊之后有秋氏。"少昊后裔传至春秋时期，鲁国有个大夫叫仲孙湫，其裔孙叫胡，世称湫胡，在陈国当卿士。其支庶子孙以先祖之名号为氏，去湫之水部，称秋氏。

以官为氏。西周时有官职司寇，时称"秋官"，号称"秋卿"，主要职责就是职掌刑律之法和牢狱；汉朝时有官职大长秋，负责宣达皇后旨意、管理皇后所居的长秋宫诸般事务；南朝梁时有官职秋卿。唐朝时有官职秋官正，主管天文历法。这些官员的后裔子孙中，有以先祖官名为氏者，称秋氏。

家族名人

秋君，汉朝官员，王莽时任苏郡太守。
秋允，明朝学者，明孝宗弘治年间举人。

仲

姓氏起源

源于高辛氏。上古时，帝喾有八个品德高尚、才能高尚的儿子，世称"八元"。"八元"之中有仲堪、仲熊两兄弟，其后裔子孙中，有以先祖名为氏者，称仲氏。

源于任姓。商汤属下有贤相仲虺，任姓，名莱朱，奚仲之后，其后有仲氏。

源于姬姓。春秋时鲁桓公次子庆父，谥曰共仲，其后有仲孙氏，后简化为仲氏。

源于姬姓。春秋时郑国有卿大夫祭仲，其后有仲氏。

源于姬姓。春秋时卫国有大夫仲由，其后有仲氏。

源于姬姓。春秋时鲁庄公庶子叔牙有后人叔仲彭生，其后有仲氏。

源于子姓。春秋时宋元公有子名皇野，字子仲，其后有仲氏。

家族名人

仲长统，字公理，山阳郡高平（今山东微山）人，东汉末年哲学家、政论家。好学，敢直言，官至尚书郎。他提出“人事为本，天道为末”的论点，否认“天命”，著有《昌言》一书。

伊

姓氏起源

源于伊祁氏。尧出生于伊祁山，称伊祁氏，其后有伊氏。一说尧出生在伊水边，故姓伊，其后代中，有人继承了伊氏，世代相传。

源于姒姓。据《元和姓纂》记载，商朝开国贤臣伊尹曾居于伊川，其子伊陟始称伊氏。

以官为氏。西周时有官职伊耆，其后裔子孙以先祖官名为氏，称伊耆氏，后简化为伊氏。

源于鲜卑族。南北朝时期，鲜卑拓跋部有伊娄氏部落，北魏孝文帝汉化改革时，改为汉姓伊氏。

家族名人

伊籍，字机伯，兖州山阳（今山东金乡）人，三国时蜀汉文臣。少时依附于同邑人镇南将军荆州牧刘表。刘备在荆州时，伊籍常与之往来。刘表死后，伊籍随刘备南渡江，从入益州。益州既定，伊籍为左将军从事中郎，其待遇仅亚于简雍、孙乾等。

宫

姓氏起源

源于姬姓。西周初年，周武王封虞仲于虞国，又封其子于郜国，后为晋国所灭。郜国公族之后郜之奇逃到虞国，以故国名去邑旁为氏，称宫之奇，其后有宫氏。

南宫氏、共氏、龚氏族人，有改称宫氏者。

以官为氏。周朝时有官职宫人，其后亦有称宫氏者。

家族名人

宫熙儒，字得先，号四知，五代后周时期人，北宋建立后隐居，潜心钻研《易经》，得其精髓。

宁仇栾暴　甘钭厉戎

宁

姓氏起源

源于嬴姓。据《元和姓纂》记载，秦襄公曾孙谥号是宁公（秦宪公），其支庶子孙以先祖谥号为氏，称宁氏。

源于姬姓。东周初，卫武公封其子姬季亹于宁邑，其后有宁氏。

家族名人

宁成，南阳穰县（今河南邓县）人，西汉官吏。他任济南都尉时，执法严厉。后来任关都尉时，出入关的人都哀叹："宁见乳虎，无直宁成之怒。"后辞官回乡经营，大富大贵，家族昌盛。

宁玉，元朝大将，虽为武将，但很有修养，谦虚待人，深受赞扬。

仇

姓氏起源

源于九吾氏。夏朝时，九吾氏为诸侯。商朝时，九吾氏改为九氏，建立九国，九侯为三公之一。商末，纣王杀九侯，其族人避居各地，不少人加“人”偏旁，称仇氏。

源于子姓。据《元和姓纂》记载，春秋时宋国有大夫仇牧，其后有仇氏。

源于氐族。十六国时期有前、后仇池国，国灭后有族人以故国名为氏，称仇池氏，后简化为仇氏。

源于侯姓。据《魏书》载，南北朝北魏时，有中山人侯洛齐，本为侯姓，后为仇氏养子，故改仇姓。太武帝时，他以平凉州功高，拜为内都大官，其后渐成望族，成为中原仇姓一支。

家族名人

仇远，字仁近，号近村，钱塘（今浙江杭州）人，元代儒学教授、诗人、词人。著有诗集《金渊集》、诗文集《山村遗集》等。

仇英，字实父，号十洲，江苏太仓人，后移居吴县（今江苏苏州），明代画家。擅画人物，尤长仕女，既工设色，又善水墨、白描，能运用多种笔法表现不同对象，或圆转流美，或劲丽艳爽。偶作花鸟，亦明丽有致。与沈周、文征明、唐寅并称为“明四家”。

栾

姓氏起源

源于姬姓，以邑为氏。西周时期，晋靖侯的孙子名宾，受封于栾邑，世称栾宾，其后有栾氏。

源于姜姓。春秋时期，齐惠公之子名坚，字子栾，其后亦有称栾氏者。

家族名人

栾布，西汉梁地人，因为彭越收尸、据理力争而被汉高祖看重。汉文帝时，出任燕相，封鄃侯。

栾崇吉，宋代良吏，封丘（今属河南新乡）人。明习文法，为官清廉，勤于政事，以政绩突出而闻名。

暴

姓氏起源

据《风俗通义》记载，商朝时有暴国，其后有暴氏。

源于姬姓，以国为氏。西周初年，有王族受封于暴邑，建立姬姓暴国，后为郑国吞并，其后亦有称暴氏者。

家族名人

暴显，南北朝时北齐大将军，勇敢善战，官至骠骑大将军，封定阳王。

暴昭，潞州（今山西长治）人，明初名臣。

甘

姓氏起源

源于姒姓，以国为氏。夏朝有诸侯国甘国，其后有甘氏。

据《元和姓纂》记载，商高宗武丁以甘盘为相，甘盘后人有称甘氏者。一说称甘盘就是夏朝甘国之后。

源于姬姓。据《名贤氏族言行类稿》记载，周武王时，封同族人于畿内为诸侯，其中有封于甘地者，称甘伯，其后有甘氏。

源于姬姓。春秋时，周襄王封其弟王子带于甘邑，为甘昭公，其后有甘氏。

家族名人

甘延寿，字君况，北地郁郅（今甘肃庆城县）人，西汉名将。少善骑射，擢羽林郎，后升为辽东太守。后与陈汤共同诛灭了匈奴的郅支单于，被封为义成侯。

甘宁，字兴霸，巴郡临江（今重庆忠县）人，三国时吴国大将。初为海盗，后历仕于刘表和黄祖麾下，不被重用。建安十三年（208），甘宁率部投奔孙权。先取黄祖，尽获其士众。又从周瑜破曹操，攻曹仁，拜西陵太守。曹操出濡须，宁为前都督，衔枚出破敌，敌惊退。时称“江表虎臣”，官至折冲将军。

钭

姓氏起源

源于姜姓。战国初期，齐国的田氏取代了姜氏统治了齐国，史称“田氏代齐”。原齐国国君齐康公被迫迁居海边，生活十分艰苦，只能用一种名叫“钭”的铜勺子作锅，煮些野菜、鱼虾吃。齐康公的支庶子孙为了纪念这段艰难的日子，就以钭为姓，称钭氏。

家族名人

钭滔，五代十国时吴越国官吏，后入宋为臣。

厉

姓氏起源

源于姜姓。西周时，齐厉公去世后，其支庶子孙以先祖谥号为氏，称厉氏。

以国为氏。先秦有诸侯国厉国，国人有称厉氏者。

源于孙姓。三国时，吴主孙皓因宗室孙秀奔魏，改其族人姓氏为厉氏。

源于李姓。唐玄宗李隆基称帝前，唐宗室新兴王李晋与太平公主合谋叛乱，事败被诛。李隆基执政后，追改李晋族人为厉姓，不准其恢复李氏。

家族名人

厉文才，字日新，号蓉州，浙江东阳人，唐朝大臣，为东阳历史上最早的进士。贞观元年（627），他任道州刺史，“平盗靖疆，威爱并著”。次年，升为容州都督兼刺史，统领岭南五管之政，不久，辞归东阳故里。

戎

姓氏起源

源于子姓。微子启之弟微仲为宋国第二任国君，其孙名戎胥轩，娶骊山女为妻，其后裔子孙有以先祖名为氏者，称戎胥氏，后简化为戎氏。

源于金天氏。少昊金天氏之孙九格的后裔，为西羌部族的先祖。《元和姓纂》记载：“犾戎，少昊之孙九格之后。”《姓氏考略》中也记载：“西羌部族有犾戎氏。”犾戎氏部族在西周末年建立义渠国，吞并诸戎，兴盛一时，后为秦国所灭。义渠戎族逐渐汉化，其后有称戎氏者。

源于姜姓。西周初年有古戎国，为东夷民族的一支，后为齐国吞灭，其后有戎氏。

源于芈姓。战国时楚国火正戎律，其后有称戎氏者。

以官为氏。周朝时有官职戎右，其后亦有称戎氏者。

家族名人

戎昱，荆州人，唐代诗人，为中唐前期比较注重反映现实的诗人之一。名作《苦哉行》写战争给人民带来灾难。

戎洵，明朝清官，为官清正廉明，不惧权贵。

祖武符刘　景詹束龙

祖

姓氏起源

源于子姓。据《元和姓纂》和《姓谱》等书记载，商汤的后人有祖乙、祖辛、祖丁、祖庚、祖甲等，都曾是商王朝君王的庙号，这些商王的支庶子孙称祖氏。一般认为，祖氏得姓始祖应为祖己。祖己乃商高宗武丁时贤臣，他是古籍记载的最早姓祖的人。

家族名人

祖逖，字士稚，范阳遒县（今河北涞水）人，东晋名将。西晋末年，率亲朋党友避乱于江淮。313年，以奋威将军、豫州刺史的身份进行北伐。祖逖所率之军纪律严明，得到各地人民的响应，数年间收复黄河以南大片土地，使得石勒不敢南侵，以此进封镇西将军。后因势力强盛，受到朝廷的忌惮，并派戴渊相牵制。321年，祖逖因朝廷内明争暗斗，国事日非，忧愤而死，追赠车骑将军，部众被弟弟祖约接掌。死后，东晋北伐功败垂成。

祖冲之，南北朝时期人，杰出的数学家、科学家、天文学家。他在前人研究的基础上，将圆周率计算到小数点后第7位，这在当时是世界上最严密的，比欧洲早了一千多年。他还编制了《大明历》，著有《缀术》等。

武

姓氏起源

源于姒姓。据《世本》《万姓统谱》等史料所载，夏朝大臣武罗受封于武罗国，后国灭，子孙称武氏。

源于子姓。据《武班碑》所载，商王武丁之后，有以先祖名为氏者，称武氏。

源于子姓。据《风俗通义》所载，春秋时宋武公之后，亦有称武氏者。

源于姬姓。据《元和姓纂》记载，周平王少子手掌上有一“武”字形状纹路，故名姬武，其后有武氏。

源于姬姓。周襄王之孙王孙满受封于武疆，其后有武疆氏，后简化为武氏。

据《风俗通义》记载，汉朝有武强王梁，其后有武强氏，后简化为武氏。

武则天称帝时，有傅、左、李诸姓被赐姓为武氏。

以官为氏。汉朝时有官职武功爵、武库令、武卫将军，南北朝时北周有官职武伯，他们的后裔子孙中，亦有称武氏者。

家族名人

武则天，名曌，并州文水（今山西文水）人，中国历史上唯一一位正统的女皇帝。本是唐高宗的皇后，唐中宗和唐睿宗时为皇太后，后自立为武周皇帝，改国号为“周”。武则天统治唐朝数十年，是一名杰出的女政治家。

武元直，金代北平（今北京）人，金章宗明昌年间名士。善画山水，能诗文，作品有《莲峰小隐图》《渔樵闲话图》《东坡游赤壁图》等。

符

姓氏起源

源于姬姓。战国末期，鲁国末代君主鲁顷公的孙子公雅任秦国的符玺令。所谓符，是古代朝中传达命令、调遣名将所用的凭证，先用金、玉、铜、竹或木制成某种形状，再从中间剖成两半，君王的使者和被调遣者各持一半，传令时相合，以检验真假。公雅的后人以先祖官名为氏，称符氏。

源于氐族。南北朝时期，前秦氐族人苻洪改蒲氏为苻氏，其孙苻坚登基称帝。淝水一战苻坚兵败后，苻氏后人有的为避祸而改为符姓，所以苻氏后人也融为符氏的一支。

家族名人

符融，陈留浚仪（今河南开封）人，东汉名贤。

苻坚，字永固，小名坚头，氐族，略阳临渭（今甘肃秦安）人，十六国时期前秦皇帝。苻坚在位前期励精图治，重用汉人王猛，推行一系列政策与民休息，加强生产，终令国家强盛，接着以军事力量消灭北方多个独立政权，成功统一北方。苻坚于383年发动战争意图消灭东晋，史称淝水之战。最终战败，前秦陷入混乱，各治下民族纷纷叛变独立，苻坚本人最终亦遭羌人姚苌杀害。

刘

姓氏起源

源于祁姓，以国为氏。上古时期，尧帝封其第九子监明于刘地，建立刘国。夏朝时，监明十八世孙刘累能扰龙，事夏王孔甲，被赐姓为御龙氏。刘累之后有以先祖封国为氏者，称刘氏。

源于杜姓。西周时，刘累后人建立唐国，称陶唐氏。唐国后为周所灭，族人迁于杜，故称唐杜氏。周宣王时，杜伯无罪而被杀，其子隰叔逃奔晋国。隰叔子艻，任狱讼官，称为士师，故又名士艻。士艻后人士会为晋国大夫，后被迫归秦。赵盾执政时，召回士会。士会归晋后，其子康和一些亲族仍留秦国，恢复了刘姓。一说言“刘”取“留”之谐音。

源于姬姓。据《名贤氏族言行类稿》记载，西周时，周定王封其弟姬季子于刘邑，建立姬姓刘子国，号刘康公，其后有刘氏。

西汉、东汉、蜀汉、北汉等朝国君皆为刘氏，多有功臣被赐姓刘氏。

西汉初年，高祖刘邦以刘姓宗女嫁给匈奴单于，故匈奴部落多有称刘氏者。其他少数民族如鲜卑、沙陀、契丹、蒙古等亦多有冒姓称刘氏者。

家族名人

刘邦，即汉高祖，别名刘季，沛县丰邑（今江苏丰县）人，西汉王朝的开创者。

刘秀，即东汉光武帝，南阳郡蔡阳（今湖北枣阳）人，东汉王朝的开创者。

刘备，即蜀汉昭烈帝，幽州涿郡涿县（今河北涿州）人，三国时期蜀汉王朝的开创者。

刘裕，字德舆，小名寄奴，京口（今江苏镇江）人，南朝宋的开创者。

景

姓氏起源

源于姜姓。春秋时期，齐景公之支庶子孙以先祖谥号为氏，称景氏。

源于芈姓。春秋时楚平王之后。

家族名人

景丹，字孙卿，冯翊栎阳（今陕西西安）人，东汉大将，“云台二十八将”之一。

景焕，北宋官吏，工书画，著有《野人寒语》《牧竖闲谈》等。

詹

姓氏起源

源于姬姓，以国为氏。据《姓苑》记载，周宣王封庶子于詹，建立詹国，史称詹文侯，其后有詹氏。

源于姬姓。据《路史》记载，相传黄帝后裔之得世人尊敬瞻仰者，被舜帝赐为詹氏。

据《姓氏考略》所载，春秋时晋国有詹嘉、郑国有詹伯，均以邑为氏。

以官为氏。据《百家姓溯源》所载，古代负责詹（占）卜的官名叫詹尹官，其后人有以先祖官名为氏者，称詹氏。另外，秦、汉时有官职詹事，专职掌管皇后、太子的诸般庶务家事，全称为太子詹事，或少詹事，归属于东宫管辖，其后亦有称詹氏者。

家族名人

詹何，战国时哲学家，楚国术士。继承杨朱的“为我”思想，认为“重生”必然“轻利”，反对纵欲自恣的行为。思想接近道家。

詹先野，建州崇安（今属福建武夷山）人，北宋时名士，博鉴经史百家。仁宗天圣四年（1026）领乡荐，继应贤良科。后隐居武夷，吟咏山水间，终日忘归，人谓其有仙风道骨。

束

姓氏起源

源于妫姓。据《晋书·束皙传》载，战国时，齐国疏族有疎（古"疏"字的异体字）氏，西汉太傅疎广即为其族后裔。王莽末年，疎广的曾孙孟达避难，自东海一带迁居沙鹿山南，遂将"疎"去左偏旁改为"束"，自此称束氏，世代相传。

家族名人

束皙，字广微，阳平元城（今河北大名东）人，西晋文学家、文献学家。以博学多闻、善为文辞而知名。少时游国学，作《玄居释》，张华见而奇之，召为掾，升著作佐郎，撰《晋书·帝纪》，迁博士。

束清，江苏丹徒人，明代清官。性廉介，明洪武初年任万载知县，清廉而俭约。遇到有人交不起租赋，他甚至变卖自己的衣物代人交，深受百姓爱戴。

龙

姓氏起源

据《姓氏录源》及《竹书纪年》记载，黄帝臣有龙行，其后有龙氏。

据《通志·氏族略》记载，舜帝有臣纳言龙，龙为名，纳言为官职名，职掌传宣上命，受纳奏言。纳言龙之后亦有称龙氏者。

以官为氏。据《名贤氏族言行类稿》记载，相传董父，已姓，精于饲龙，以畜养龙而被舜赐为"豢龙氏"。又据《姓氏考略》记载，刘累为尧帝之后，有驯化龙的本领，深得夏王孔甲赏识，被赐为"御龙氏"。董父、刘累之后人有称龙氏者。

据《华阳国志》所载，西汉时的牂牁郡大姓中有龙氏。

据《北史》所载，西域焉耆国及且弥的国王皆姓龙。

古代有勾龙氏，其后有改称龙氏者。

源于芈姓。楚国有大夫食采于龙邑，其后有龙氏。

家族名人

龙燮，字理侯，号石楼，望江人，康熙己未年间，举博学鸿词，授检讨。左迁大理寺评事，官至中允。有诗名，与王士祯、庞皑等有唱和。亦工词曲，所作《琼花梦》传奇，《芙蓉城》杂剧，颇称于时。除了剧作两种，尚有《和苏诗》三集，今存有康熙刻本和抄本。

叶幸司韶　郜黎蓟薄

叶

姓氏起源

源于芈姓，以邑为氏。据《风俗通义》记载，春秋时楚国大夫沈诸梁，字子高，食采于叶，自称叶公，其后有叶氏。

以国为氏。汉朝时有古叶调国，东汉永建六年（130）曾遣使中国，建立友好关系，叶调国来中国的移民多以叶为姓，称叶氏。

中国古代有叶阳氏、叶大夫氏，其后有改称叶氏者。

家族名人

叶梦得，字少蕴，苏州吴县（今江苏苏州）人，宋代词人。绍圣四年(1097)登进士第，历任翰林学士、户部尚书、江东安抚大使等官职。晚年隐居湖州弁山玲珑山石林，故号石林居士，所著诗文多以石林为名，如《石林燕语》《石林词》《石林诗话》等。

叶适，字正则，号水心，世称“水心先生”，浙江永嘉（今属浙江温州）人，南宋时期著名思想家、文学家、政论家，永嘉学派代表人物。历仕于孝宗、光宗、宁宗三朝，官至权工部侍郎、吏部侍郎兼直学士院。他力主抗金，反对议和。

幸

姓氏起源

源于姬姓。周文王第四十七子姬偃因镇守朔北雁门有功，被其侄周成王赐为“幸”姓，史称偃公，其后有幸氏。

据《姓氏五书》记载，古代帝王信任亲近的臣子，曰幸臣。幸臣之后人以祖上为荣，遂称幸氏。

家族名人

幸南容，又名幸显，字惕微，洪城幸村（今属江西高安）人。唐时国子监祭酒，桂岩书院创办人。对文学、史学、哲学都有研究。

幸元龙，字震甫，号松垣，筠州高安（今属江西）人，南宋名臣。

司

姓氏起源

以官为氏。上古神农氏属下有官职司怪，专事占卜；两周时有官职司成、司空、司工、司德、司徒、司会、司吏、司禄、司狱、司监、司马、司寇、司隶、司臣、司城、司事等；汉朝时有官职司直、司道、司藩、司臬、司房等。这些官员各司其职，其后裔子孙中，有以先祖官名为氏者，称司氏。

家族名人

司居敬，恩县（今山东平原县等地）人。生活简朴，为人耿直。元末为邹县尹，勤政爱民，常到各地查询民情。当地县民当时最大的困难是要把田赋运到胶州交纳，路途遥远，往返困难。他曾三次上书，要求改运滕县，终于得到允许。又建造学宫，广设学田，把自己的藏书也捐给学宫。他离职后，县民为他刻石，歌颂他的功德。

司九经，字圣典，宁夏人，清朝将军，官至宣化总兵。

韶

姓氏起源

舜为部落首领时，他的乐官作了一首名叫《韶》的曲子，优美动听。《论语》中记载，孔子曾在齐国听了《韶》乐，“三月不知肉味”。这位乐官的后人以祖上所作曲名为氏，称韶氏。

今广东省的曲江、乐昌、仁化、乳源、翁源、英德六县，自隋代以来，称为韶州，居者有称韶氏者。

家族名人

韶护，陕西岐山人，明朝洪武年间官员，为官用心尽力，深受赞扬。后以勤恪敏达、事无凝滞而由户部主事改任星山典史，继又擢升为按察佥事。

郜

姓氏起源

源于姬姓，以国为氏。据《世本》及《名贤氏族言行类稿》等记载，周文王第十一子受封于郜，建郜国，后为宋国所灭，其后有郜氏。

家族名人

郜知章，元代诗人，与王祠能并称“王郜”，同时他还是一位精研儒学的学者。

郜焕元，字凌玉，号雪岚，直隶长垣（今河南长垣）人。清顺治四年（1647）进士，谒选，得山西太原县令，历任刑部贵州司主事、湖广按察使佥事提调学政。有《猗园存笥稿》。

黎

姓氏起源

源于九黎族。据《风俗通义》记载，九黎，古时为中国南方土生土长的庞大种族之一，相传为少昊金天氏之时的诸侯。黎曾被封为北正（一说火正）官，掌管民事，其后裔有以字为氏，称黎氏。

以国为氏。据《元和姓纂》等所载，商时有诸侯国黎国，一个在今山西长治县西南，商末被周文王所灭；另一个在今山东郓城县西。这两个黎国的子孙，后以国为氏，称黎氏。又据《风俗通义》所载，这两个黎国均为古部落“九黎之后”。

源于伊祁氏。据《元和姓纂》等所载，周文王灭黎国后，周武王封尧帝后裔于黎国故地，仍称黎国。春秋时黎国迁都于今山西黎城县东北的黎侯城，后为晋国所灭，其子孙以故国名为氏，称黎氏。

源于子姓。又据《路史》所载，古黎国被周文王吞灭后，周武王封商汤后裔于黎国，后有黎侯丰舒，其子孙有黎氏、犁氏。

源于鲜卑族。南北朝时期，鲜卑拓跋部有素黎氏部落，北魏孝文帝汉化改革时，改为汉姓黎氏。

家族名人

黎民怀，字惟仁，自号白泉山人，广东从化人，明代著名画家，擅长诗、书、画，时称“三绝”。

黎庶昌，字莼斋，贵州遵义人，晚清外交家和散文家。历任驻英、法、德、日四国参赞，又为出使日本大臣。著有《拙尊园丛稿》，编有《续古文辞类纂》。

蓟

姓氏起源

源于姬姓，以国为氏。据《路史》记载，周武王灭商后，封黄帝之后于蓟，称蓟侯，建立蓟国，后为燕国所灭，其后有蓟氏。

据《姓氏考略》记载，古代范阳地区多生蓟草，故自唐以来皆称蓟州，居者有称蓟氏者。

家族名人

蓟子训，汉代建安年间名士。

薄

姓氏起源

源于姜姓，以国为氏。据《潜夫论》记载，上古有薄国，相传是炎帝后裔的封国，其后有薄氏。

源于子姓。据《万姓统谱》记载，薄氏为古东夷族商部落族的一个分支。

商王朝时期，薄姑国之地又称薄城，与古盖国相邻。周武王灭商后，薄姑国联合盖国起兵反周，被太师姜尚率军所灭。姜尚被封于齐地，他收服了薄姑国与盖国的故民，薄姑国与盖国故地遂成为齐国之邑。薄姑国被吞并后，其贵族后裔子孙以故国名为氏，称薄姑氏，后简化为薄氏。

源于子姓，以邑为氏。据《左传·杜预注》记载，春秋时期，宋国有大夫受封于薄城，其后裔子孙以封邑名为氏，称薄氏。

源于鲜卑族。南北朝时期，鲜卑乌桓部中有薄奚氏部落，北魏孝文帝汉化改革时，改为汉姓薄氏。

家族名人

薄绍之，字敬叔，丹阳（今安徽当涂东）人，南朝宋时书法家。官至给事中。善书，风格秀异。尤工行、草，行草倜傥，与越羊欣并称为“羊薄”。

薄珏，字子珏，长洲（今属江苏苏州）人，明末机械制造家。崇祯年间，流寇欲劫掳安庆，巡抚张国维调薄珏入城制造铜炮，防御流寇，又制造了千里望远镜，以观察流寇的远近，后又制作水车、水镜、地雷、地弩、火铳等兵器。当流寇进犯安庆府时，城内兵民固守，发挥了各种武器的作用，大败流寇。著有《浑天仪图说》《格物测地论》等。

印宿白怀　蒲台从鄂

印

姓氏起源

源于姬姓。春秋时郑穆公有子名睔，字子印，其孙段为郑国大夫，以祖父字为氏，称印段，其后印氏世代相传。

家族名人

印应雷，字德豫，原籍天津静海，迁居江苏常熟，抗元名将。南宋嘉熙二年（1238）进士。以沿江制置使邱岳之命，车兵突入和州，击退蒙古兵。后一度罢官归隐。咸淳年间复起用，官至权理兵部侍郎、两淮安抚制置使兼知扬州，封静海县开国伯。

宿

姓氏起源

源于风姓，以国为氏。据《元和姓纂》记载，周武王灭商后，封伏羲氏后裔于宿，建立宿国，其后有宿氏。

据《北史》记载，南北朝时，有朔方人若豆根，被赐姓为宿氏。

据《魏书》记载，北魏时，有刘子义，因对北魏有功，被赐为宿氏。

源于鲜卑族。南北朝时，鲜卑族有宿六斤氏，北魏孝文帝汉化改革时，改为汉姓宿氏。

家族名人

宿进，夹江（今四川夹江）人，明正德年间官至刑部员外郎。为人忠耿，疾恶如仇。刘瑾专权时，他曾三次弹劾，没有结果。后刘瑾被诛，宿进除了弹劾依附刘瑾的大臣王敞等人，还建议对因反对刘瑾而死的人从优抚恤，对揭发刘瑾罪行的人给予奖励，因此得罪了明武宗，被廷杖革职。

白

姓氏起源

据《姓氏寻源》及《元命苞》记载，远古炎帝神农氏时，有大臣白阜，精通水脉，为疏通水道作出了贡献，其子孙以先祖名为氏，称白氏。

源于芈姓。春秋时，楚国太子建与父亲楚平王生隙，逃奔郑国。郑人以礼相待，可他却利用郑人对他的信任，与晋人策划袭击郑国。郑人察觉，将他杀死。太子建之子熊胜逃奔吴国，投靠伍子胥。楚惠王即位后，楚令尹子西招熊胜回国，任巢大夫，封在白邑，称白公胜。白公胜一心欲报父仇，迫切想要伐郑，但未能得到楚惠王和令尹子西的同意，遂怀恨在心，后发动叛乱，谋权篡位，事败自缢而死。白公胜死后，其子孙以先祖封邑名为氏，称白氏。

据《姓氏考略》记载，唐朝有白州，居者有称白氏者。

家族名人

白起，郿（今陕西宝鸡）人，战国时秦国大将，善用兵，一生南征北战，百战百胜，为秦统一中国立下大功，受封“武安君”，世称“常胜将军”，又称“战神”。

白居易，字乐天，号香山居士，河南新郑人，唐代伟大的现实主义诗人，有“诗魔”和“诗王”之称。与元稹共同倡导新乐府运动，世称“元白”，与刘禹锡并称“刘白”。

怀

姓氏起源

据《姓氏考略》记载，上古炎帝神农氏时期，中原地区有无怀氏部落，其后人以部落名为氏，称怀氏。

源于姬姓。西周初年，周成王封其弟叔虞为唐侯，并将商的遗民“怀姓九宗”赐给他，这怀姓九宗的后代便以怀为姓，称怀氏。

源于子姓。据《路史》所载，宋微子的后代有以怀为氏者。

源于芈姓。战国时楚怀王的后人有以先祖谥号为氏者，称怀氏。

家族名人

怀应聘，秀水（今浙江嘉兴）人，清朝文士，文章诗词俱工，有《冰斋文集》。

怀叙，三国时期吴国尚书，有显著政绩。

蒲

姓氏起源

源于妫姓。夏朝时，舜帝后裔被封在蒲坂，其后以封邑名为氏，称蒲氏。

春秋时，帝少昊后裔封地在蒲地，建有蒲国，其后有蒲氏。

东晋十六国时期，氐族人苻洪为西羌族酋长，是前秦政权的奠基者。相传他家中有一个水池，里面长了茂盛的蒲草，很多人看到以后都感到奇怪，于是人们称其家为蒲家，称苻洪为蒲洪，其后有蒲氏。

家族名人

蒲松龄，字留仙，号柳泉居士，世称聊斋先生，自称异史氏，山东淄博人，清代著名小说家。19岁应童子试，接连考取县、府、道三个第一，名震一时，补博士弟子员。以后屡试不第，直至71岁时才成岁贡生。他搜集材料写作近42年，创作出著名的文言文短篇小说集《聊斋志异》。

台

姓氏起源

据《风俗通义》记载，金天氏裔孙曰台骀，其后有台氏。

墨胎氏，亦称墨台氏、墨怡氏，商朝孤竹国君之后，其后有改成台氏者。

家族名人

台产，字国俊，晋朝上洛（今陕西商洛）人。少专京氏《易》，善图谶、秘纬、天文、洛书、风角、星算、六日七分之学，尤善望气、占候、推步之术。隐居商洛南山，兼善经学，泛情教授，不交当世。

从

姓氏起源

源于姬姓。周人始祖后稷有后人名从和，其后有从氏。

源于姬姓。周平王幼子姬精英受封在枞邑，建有枞国，为侯爵，史称枞侯。枞侯的后裔子孙中，有以先祖封邑名为氏者，称枞氏，后有去“木”旁为从氏者，世代相传。

以官为氏。汉朝时有官职从事中郎、从史，其后裔子孙有以先祖官名为氏者，称从氏。

家族名人

从贞，明代安陆人，祖籍太平府繁昌（今安徽繁昌）人，宣德八年(1433)袭安陆卫指挥同知，居官清俭，萧然若寒士，管领漕运，尤爱惜士卒。

鄂

姓氏起源

源于姞姓，以国为氏。黄帝姞姓子孙在远古时期即分封居于鄂地，夏、商时为诸侯国。为有别于春秋时期晋国的鄂邑，后来史家称其为“西鄂”，侯爵。商末，西鄂侯为纣王所杀，其后有称鄂氏者。

源于姬姓，以邑为氏。晋哀侯姬光为公子时，曾受封于鄂邑，其支庶子孙有称鄂氏者。

源于姬姓。据《名贤姓氏言行类稿》记载，春秋时晋国大夫顷父之子嘉父叛晋，奔至鄂，称鄂侯，其后有鄂氏。

源于芈姓，以国为氏。据《史记·楚世家》记载，周夷王时，楚君熊渠自称楚王，并封三个儿子为王，其中二儿子熊挚被封于鄂国，称鄂王，其后有鄂氏。

源于岳姓。南宋民族英雄岳飞被追封鄂王，其后人有称鄂氏者。

家族名人

鄂千秋，西汉开国功臣。刘邦立国后嘉奖功臣，鄂千秋力排众议，首举萧何有万世之功，当封第一。刘邦听其言，又封鄂千秋为安平侯。

索咸籍赖　卓蔺居蒙

索

姓氏起源

源于子姓。周武王灭商后，封周公旦于鲁国，并把殷商七姓公族中的六族迁徙到鲁国，索姓为其一。

南北朝及唐时胡人入居中原，有改姓索者。清朝满族亦有改成索氏者。

家族名人

索卢恢，东平人，西汉末年东平一带农民起义军首领，是无盐大捷的组织者、指挥者之一。

咸

姓氏起源

帝喾为部落首领时，有臣子咸丘黑，辅佐帝喾记载历史，被咸氏尊为始祖。

商代有贤臣巫咸，以卜祝巫事为职业，其后有巫氏、咸氏。

源于姬姓。春秋时，晋献公之妃骊姬发难，欲立其子奚齐为君，导致晋国内乱。奚齐后被废除晋国公族，称为咸氏。

源于芈姓。据《元和姓纂》记载，春秋时，楚国公族斗克黄任箴尹，即谏臣，其后有箴氏，后简化为咸氏。

春秋时陈僖公之孙受封于针，称针子，其后有针氏。针氏有后人奔楚，任箴尹，其后人亦有称咸氏者。

家族名人

咸廙，字廙业，唐朝名臣，唐朝“开元十八学士”之一。

咸惟一，山东莱阳人，明代学者，精通五经。

籍

姓氏起源

源于姬姓，以官为氏。春秋时期，晋国有公族名伯靥，在朝廷里专门负责管理晋国典籍，其后裔子孙有称籍氏者。

春秋时卫国有籍圃，齐国有籍丘，居者有称籍氏者。

家族名人

籍谈，又称籍父，春秋时晋国大夫。

籍馨芳，明朝著名孝子。

赖

姓氏起源

源于姜姓。据《中国史稿》《炎黄源流史》等记载，炎帝后裔有烈山氏，古时“烈”与“厉”通，又音“赖”，故烈山氏、厉山氏、赖山氏皆同。商朝时，烈山氏部落建赖国，依附于商。周武王灭商后，赖人南迁，后接受周武王的子爵封号，为赖子国。后为楚国所灭，国人以故国名为氏，称赖氏。

源于姬姓，以国为氏。据《通志·氏族略》及《文献通考》等记载，西周初，周武王封其弟弟叔颖于赖国故地，建姬姓赖国，后为楚国所灭，其后有赖氏。

家族名人

赖布衣，原名赖国，字文俊，自号布衣子，又号称“先知山人”，江西宁都人，宋朝著名风水大师。曾任国师，后受奸臣秦桧陷害，流落民间，足迹踏及全国，以风水术扶危济困，助弱抗强，留下了许多神话般的传说。

赖文光，广西客家人，捻军统帅、太平天国将领，封遵王。

卓

姓氏起源

源于芈姓。据《战国策》《姓氏考略》记载，战国时楚国有大夫卓滑，是楚悼王的后人，其后裔子孙以先祖名为氏，称卓氏。

据《史记·货殖列传》所载，蜀郡卓氏，本为赵人，秦时迁入蜀之临邛，以铁冶致富。汉武帝时有卓王孙。

家族名人

卓文君，西汉临邛（今四川邛崃）人。卓王孙之女。善鼓琴，通音律。丧夫后家居，与司马相如相恋，一同逃往成都。不久又同返临邛，自己当垆卖酒。她的故事流传民间，旧小说、戏曲曾取为题材。

卓茂，字子康，南阳宛（今河南南阳）人，汉朝学者。西汉元帝时求学于长安，号称通儒。初被辟为丞相府史，又以儒术举为侍郎，给事黄门。迁官密县令，礼法并施，史称“教化大行，道不拾遗”。王莽摄政，解职归乡。更始时曾任侍中祭酒。东汉光武帝时征拜太傅，封褒德侯。

蔺

姓氏起源

源于姬姓，以邑为氏。春秋时晋国名臣、韩国先祖韩厥之元孙韩康在赵国为官，因功被赵襄子封到了蔺地，其后以封邑名为氏，称蔺氏。

家族名人

蔺相如，战国时赵国上卿，初是赵国宦官缪贤的家臣，“完璧归赵”后被赵王赏识，在秦赵渑池之会中以大智大勇保全了赵国脸面，自此更受赵王器重。大将廉颇不服他，曾多次羞辱。蔺相如为保大局，忍辱退让，廉颇终于明白蔺相如之心胸，亲自登门负荆请罪。

蔺子云，南朝宋名将，官至冀州刺史。

屠

姓氏起源

据《拾遗记》记载，黄帝逐蚩尤，迁其民善者于邹屠之地，以地为氏，分为邹、屠二姓。

源于子姓。商朝时有同姓诸侯弦国，春秋时为楚国所灭，其国人以故国名为氏，称弦氏。后又因避难而举族皆改称屠氏。

源于姜姓。东周初，周平王封申侯幼子于屠原，其后就以原姓“申”与地名“屠”合为复姓，称申屠氏，后简化为单姓申氏、屠氏。

源于姚姓。舜帝后代有胜屠氏，古代“胜”与“申”两字同音，故俗称申屠氏，后简化为单姓申氏、屠氏。

以职为氏。古人有屠宰为业者，其后有称屠氏者。

家族名人

屠隆，字纬真，一字长卿，明朝戏剧作家、文学家，浙江鄞县人。历官吏部主事，有异才。常招名士饮酒赋诗，游历大山名川，而政务不误，著作颇丰。著有《昙花记》《修文记》《彩毫记》等。

屠绅，字贤书，号磊砢山人，江苏江阴人，清代官员、小说家。其小说文字古奥，内容荒诞，著有笔记小说《六合内外琐言》及长篇神魔小说《蟫史》。

蒙

姓氏起源

源于高阳氏。夏朝时，帝颛顼后人被封到蒙双城，其后裔子孙有以地名为氏者，蒙双氏或双蒙氏，后简化为单姓蒙氏。

源于姬姓，以官为氏。周朝时，专门主持蒙山（今山东蒙山）祭祀的官员称东蒙主，其后有蒙山氏、东蒙氏，后简化为蒙氏、山氏、东氏。

清朝时巫罗俊后裔，为避难改称蒙氏。

家族名人

蒙恬，战国后期秦国名将，其先祖为齐国人，其祖父蒙骜、其父蒙武、其弟蒙毅皆为秦国名将。蒙恬的主要功绩是抗击匈奴。秦始皇统一六国后，蒙恬率30万大军击退了匈奴，收复河南地区，并奉命修筑长城。蒙恬镇守边疆数余年，匈奴不敢进犯。

蒙得恩，广西平南人，太平天国将领。

池乔阴郁　胥能苍双

池

姓氏起源

源于嬴姓。战国时秦国有王族公子池，其后裔子孙以先祖名为氏，称池氏。

据《风俗通义》记载："氏于地者，城、郭、园、池是也。"古代城墙称作城或垣，城外护城河称之为池。有世居于护城河畔的人，便以池为姓，称池氏。

源于子姓。殷商后裔辅佐周穆王有功，受封于池邑，其后以封邑名为氏，称池氏。

源于氐族。东汉末年西北地区有古仇池国，其国人有称池氏者。

家族名人

池裕得，字士爵，号明洲，同安（今属福建厦门）人。明嘉靖年间进士，任遂昌县令，他为官清廉，办事公正，通达事理，能够以理服人。他所到之处，调查民情，一旦发现问题，能及时辟径解除民间疾苦，因此深受人民群众的爱戴。累迁太常寺少卿。

池生春，字剑之，云南楚雄人，清道光年间进士，官至国子监司业。他为人慷慨大方，言行举止悉合礼仪，以不欺人为本。善于书法。著有《入秦日记》《直庐记》《诗文剩稿》等。

乔

姓氏起源

源于姬姓。据《元和姓纂》《万姓统谱》记载，相传黄帝去世后葬在桥山，子孙中有留在桥山守陵看山的，称桥氏。又据史料记载，桥氏后东汉太尉桥玄的六世孙桥勤在北魏王朝晚期任平原内史，因不满宰相高欢专权，遂追随北魏孝武帝一起投奔宇文泰建立的西魏政权。某日，宇文泰心血来潮，叫桥勤去掉其姓氏桥的“木”偏旁，变成“乔”字，取“乔”之高远之意。桥勤不敢不从，自此桥氏改为乔氏。

家族名人

乔吉，一称乔吉甫，字梦符，号笙鹤翁，又号惺惺道人，山西太原人，流寓杭州，元代杂剧家、散曲作家。其散曲风格清丽，内容则多消极颓废，明清人多将他同张可久并称为“元散曲两大家”。

乔行简，字寿朋，浙江东阳人，南宋大臣。光宗绍熙进士，理宗时曾任参知政事，兼同知枢密院事、进知枢密院事、右丞相、左丞相，晚年至平章军国重事，封鲁国公。著有《周礼总说》《孔山文集》。

阴

姓氏起源

源于风姓。远古时有阴康国，其后有阴康氏，后简化为阴氏、康氏。

古时，山之南、水之北为阳，山之北、水之南称阴。尧帝之子丹朱死后葬于苍吾山之阴，其后世子孙遂以地貌特征称谓为氏，称阴氏。一说曰尧帝之后封于阴，以地貌特征为国家命名，称阴国，其后有阴氏。

源于姬姓。战国初，“田氏代齐”后，管仲后人管修为齐侯所逐，逃奔楚国，被楚肃王封为阴邑大夫，故又称为阴大夫、阴修，其后有阴氏。

源于姬姓，以邑为氏。春秋时晋国大夫姬饴甥，先被封在阴邑，以地为姓，称阴饴甥，后又因功被改封在吕邑，因此又称吕饴甥，史书上简称其为吕甥，其后有阴氏、吕氏、甥氏。

家族名人

阴兴，字君陵，南阳郡新野县（今河南新野）人，光烈皇后阴丽华的弟弟。历任黄门侍郎、期门仆射等职，随从光武帝刘秀征伐四方，深受刘秀的信赖。建武九年（33），任侍中，被赐爵关内侯，阴兴坚决推辞。后任卫尉，与执金吾阴识共同辅导太子刘庄。

阴铿，字子坚，武威姑臧（今甘肃武威）人，南朝梁、陈著名诗人、文学家。铿幼年好学，能诵诗赋，长大后博涉史传，尤善五言诗，为当时所重。

郁

姓氏起源

相传，远古时期大禹老师叫郁华，其后裔子孙以先祖名为氏，称郁氏。

源于姬姓。据《姓苑》记载，周宣王执政时期，郑国公子翩受封于蔚邑，其后称蔚氏，后有部分族人改同音字称郁氏。

以官为氏。西周时有官职郁人，其后亦有称郁氏者。

以地为氏。秦、汉时期西南有鬱林郡，居者称鬱林氏，后简化为鬱氏。鬱林郡在汉朝时改称郁林郡，其后亦称郁氏。

胥

姓氏起源

源于风姓。远古有华胥国，有女名华胥，为伏羲氏之母，其后有称胥氏者。

上古炎帝部落中有赫胥氏族人，其后有称胥氏者。

源于姬姓。西周时，周宣王封其庶子在故华胥国之地，其后称胥氏。

源于姬姓。春秋时晋国有公族大夫胥臣，其后有胥氏。一说胥臣为胥懿之后。姬懿为蒲地之吏，乃以职为氏，称胥懿。凡吏者，古代皆称之为“胥”。

源于姬姓。春秋时晋国有公族大夫受封于华胥，其后裔子孙以先祖封邑名为氏，称华胥氏，后简化为华氏、胥氏。

以官为氏。两周时有官职胥人，掌管商贾市场；两汉之际有官职胥附，专职辅佐、辅导太子。他们的后人中亦有称胥氏者。

家族名人

胥鼎，字和之，金朝大臣。大定末，擢进士第，入官以治能称，迁大理丞。至宁间，由户部尚书拜参知政事。宣宗即位，元兵围中都，授知大兴府事兼中都路兵马都总管。

胥必彰，明朝监察御史，忠于职守，权贵犯错，也直言不讳，被赞为“真御史”。

能

姓氏起源

源于芈姓。西周时，楚君熊渠有三子，长子熊康、次子熊挚、少子执疵。由于长兄熊康早逝，熊渠卒后熊挚成为继承人，后少子执疵发动政变，弑兄代立为君，改名熊延。熊挚后人为避难，将“熊”字去“灬”改为“能”，称能氏。一说熊挚有疾，不能继承君位，遂自避于夔，后子孙有功，楚王封以国，称夔国。夔国后为楚国所灭，夔国的许多人本来皆为王族熊氏，后改称能氏。

家族名人

能自宣，宋朝医学家。医术高超，救人无数，以清静养德为上，当时人称他为“国手”。

能鉴，明朝官吏。博学多闻，官至始兴县令，有政绩，民皆赞。

苍

姓氏起源

源于姬姓。黄帝时史官仓颉，复姓侯刚，名仓颉，其后裔子孙以先祖名为氏，称仓颉氏、苍颉氏，后简化为仓氏、苍氏。

源于高阳氏。帝颛顼有才子八人，世称“八恺”，其中苍舒为“八恺”之首，其后有苍氏。

周朝时，百越之地有地名苍梧，后为楚地，居者有称苍氏者。

以官为氏。周朝时仓库官叫仓人、仓吏；汉朝时官库管理官叫仓曹参军、仓曹史；隋唐时有仓督；金国有仓使。这些官员的后人中，有以先祖官名为氏者，称仓氏，后演变为苍氏。

家族名人

苍英，汉朝人，官至江夏太守。

双

姓氏起源

源于高阳氏，与蒙姓同宗。夏朝时，帝颛顼后人被封到蒙双城，其后裔子孙有以地名为氏者，蒙双氏或双蒙氏，后简化为单姓双氏。

源于量纲。双在古代是田亩的计量单位。战国时期乃至秦、汉之际，兵战繁多，得胜归来后，伍长以上赏官田，即五十亩，兵卒赏私田，即五亩，皆称“赐双”。期间有得田者为新生而取姓，称双氏，世代相传。

家族名人

双渐，南宋时名人，曾跟从朱熹学习，后出仕，官汉阳知府。博学能文，为政平和，对百姓很宽松和气，深受吏民爱戴，称他有“古代循吏之风”。

双弥周，三国时魏人，任河州刺史，有惠政，深得民心。

闻莘党翟　谭贡劳逢

闻

姓氏起源

以邑为氏。春秋时郑国有地名闻邑，后被晋国攻占，改名为汜邑。原闻邑之郑国人，在成为晋国汜邑之民后，取“闻邑之人”之意，称闻人氏，后简化为闻氏。

源于姬姓。春秋时鲁国太史左丘明，撰《春秋左氏传》流传千古，因称“古之闻人”、“鲁之君子”。闻人，就是众所崇敬的名人。左丘明之后有称闻人氏者，后简化为闻氏。

春秋时期，鲁国有少正卯，博学多识，很有名气，曾聚众讲学，与孔子齐名。他的很多观点与孔子不同。孔子的儒家学说，主张“克己复礼”，维护奴隶主阶级“礼治”的奴隶社会；而以少正卯为代表的法家学说，主张变法革新，建立新兴地主阶级法治的封建社会。后来听少正卯讲学的人越来越多，连不少孔子的弟子都跑到少正卯处听讲，对孔子私学有很大影响。后孔子做了鲁国司寇，就以“改政”为名，把当时远近闻名的少正卯杀了。因少正卯是文人学士公认的“闻人”，故其后人有称闻人氏者，后简化为闻氏。

源于文姓。南宋抗元英雄文天祥兵败后，其后人为避祸，改文氏为谐音的闻氏。

家族名人

闻启祥，明朝人，自幼聪慧，好读书，以文章著称，居家不仕。

闻立慎，字修远，安徽人，清朝学者，任定元县教谕，教读六十余年，出其门下者不下百余人。平生手录批点之书四百余部。

莘

姓氏起源

源于己姓。帝颛顼后人祝融吴回给自己的儿子分赐八个姓：己、董、彭、秃、妘、曹、斟、芈。莘氏就是出自其中己姓的一个分支，因多居于漯水之畔水草肥美的莘州，遂指地为姓氏，称莘氏。

夏朝初，夏王启封帝喾之子、帝尧之兄挚于莘邑，建立莘国，其后有莘氏。后有族人简化为辛氏。

源于姒姓，以国为氏。据《名贤氏族言行类稿》记载，夏王启封支子于莘，称有莘国，简称莘国，子孙以国名为氏，称莘氏。

源于子姓。据说有莘国女子聪明美丽，商朝开国君主成汤娶的就是有莘氏的女儿，此后历代商王沿之。殷商王族的后裔子孙中，有以先祖母故国名为氏者，称莘氏。

源于姬姓。春秋时西虢国有莘邑，居者有称莘氏者。

家族名人

莘融，钱塘（今浙江杭州）人，宋朝文士。博学多才，善属文知名。

莘野，字叔耕，归安（今浙江湖州）人，明朝官吏。任枣强知县，因勤政爱民，时称贤县令。他博学强记，善写文章。著有《环州集》。

党

姓氏起源

源于姒姓。史书记载，夏禹后裔世居党项，遂称党氏。

源于姬姓，以邑为氏。据《名贤氏族言行类稿》记载，春秋时，晋国有公族大夫封邑在上党，其后有党氏。

源于任姓。春秋时鲁国有位大夫相传为黄帝少子禺阳的后裔，被鲁君封于阙党邑，其后以封邑名为氏，称阙党氏、鲁党氏，后简化分衍为党氏、阙氏、鲁氏。

源于羌族。据《广韵》记载，秦、汉时期西北羌族有分支党项族，后以部落称谓为氏，称党项氏，后简化为党氏。

源于回族，出自西夏党项族。1038年，党项人李元昊建立西夏王朝后，一些党项族人逐步融于回族当中，故以氏族称谓为氏，称党项氏，后简化为党氏。

家族名人

党怀英，字世杰，号竹溪，金代著名文学家、书法家。少时聪慧，曾与辛弃疾同师于亳州刘瞻，时号“辛党”。

党湛，同州（今陕西大荔）人，清朝名士，常言：“人生须做天地间第一等事，为天地间第一等人。”所以号为“两一”。

翟

姓氏起源

源于祁姓。据《元和姓纂》及《通志·氏族略》记载，上古时候，北方有翟族，史书亦称翟国，是黄帝祁姓后裔所建。春秋时翟国为晋国所灭，其后有翟氏。

源于隗姓。春秋时，赤狄有六个较大的部落群体，分别称作潞氏部、甲氏部、皋落氏部、留吁氏部、铎辰氏部、廧咎如氏部，史称赤狄六部，或赤翟六部、狄翟六部。赤狄建有翟国，中原诸侯又称其为翟、狄、翟族、赤翟、狄翟等。赤狄长期与中原各国作战，在长期的战乱中，翟国人以原国名或族名为氏，称翟氏。

源于姬姓，以邑为氏。西周时，周成王封其次子于翟地，后为郑国吞并，其后有翟氏。

源于姜姓。春秋时齐国有大夫翟偻新，其后有翟氏。

以官为氏。两周时有官职翟者，其后亦有称翟氏者。

家族名人

翟让，东郡韦城（今河南长垣）人，隋末农民起义军瓦岗军首领。

翟汝文，字公巽，润州丹阳（今江苏丹阳）人。进士出身，历任秘书郎、参知政事。风度翘楚，好古博雅，精于篆、籀。善画道释人物及山水。

谭

姓氏起源

源于姒姓，以国为氏。周武王灭商后，封夏禹后裔于谭，建立谭国，春秋时为齐国吞灭，其后裔子孙以故国名为氏，称谭氏。

源于嬴姓。秦国灭亡后，嬴氏族人为避战乱，其中一支迁徙至巴，部分改姓谭。

据《万姓统谱》的考证，巴南六姓有谭氏，自称盘古的后代。

家族名人

谭元春，字友夏，号鹄湾，别号蓑翁，湖广竟陵（今湖北天门）人，明代文学家。与同里钟惺同为“竟陵派”创始人。论文重视性灵，反对摹古，提倡幽深孤峭的风格，所作亦流于僻奥冷涩，有《谭友夏合集》。

谭嗣同，字复生，号壮飞，湖南浏阳人，是中国近代资产阶级政治家、思想家，维新志士。1898年参加、领导戊戌变法，失败后被杀，年仅33岁，为“戊戌六君子”之一。代表作品有《仁学》《寥天一阁文》《莽苍苍斋诗》《远遗堂集外文》等。

贡

姓氏起源

源于端木姓。春秋时，孔子弟子端木赐，复姓端木，字子贡，善于辞令，精明能干。秦朝时，子贡九世孙端木武为避焚书坑儒之祸，隐居于齐，以先祖字为氏，称贡氏。

源于姒姓。据《通志·氏族略》记载，夏朝有大夫贡允，其后有称贡氏者。

家族名人

贡禹，字少翁，琅邪（今山东诸城）人，西汉大臣，主张选贤能，诛奸臣，罢倡乐，修节俭。后世尊为“贡公”。

贡师道，元朝文士，任翰林学士和国史编修，是著名史学家，对宋朝、辽代、金代的史书编撰很有功绩。

劳

姓氏起源

源于禽名，出自先秦时期酷吏博劳。博劳，原本是一种小型鸟类，为候鸟性猛禽，古代称其为“鵙”，亦称百劳、浊温，在医药典籍《本草》中称作“博劳”，今动物学书籍中通称“伯劳”。伯劳是一种自然生态环境中重要的季节性肉食性鸟类，它的主要特点是喙形大、强而利，上喙端具钩和缺刻，略似鹰喙。其翅短圆，通常呈凸尾状，飞行迅速。脚爪强健，趾有利钩。由于伯劳的这种特性，人们后来常称凶狠的屠夫为“博劳”，更称擅长使用酷刑的刑官、刑吏为“博劳”或“伯劳”。在刑官、刑吏、屠夫的后裔子孙中，有以先祖官职俗称为姓氏者，称博劳氏、伯劳氏，后简化为劳氏。

源于嬴姓。西汉时期南越王赵佗之孙赵眜曾在对闽越的战争中出兵解救祖父，后又力劝祖父归汉，为汉朝立下大功，汉文帝嘉奖其为“双功双劳”，赐他劳姓，从此赵眜一族以赵劳为氏。汉武帝时，南越国为汉所灭，赵劳氏一族后裔子孙被迫沿海逃到山陬海岛避难。这海岛古称牢山，秦朝时期称山陬海岛，大约赵劳氏一族来此后才改成劳山或崂山，赵劳氏族人后改称劳氏。

唐朝时江陵有劳劳亭，附近居民有以地名为氏者，称劳亭氏，后简化为劳氏。

家族名人

劳钺，明代进士，江西德化人。历任江浦、临江、山阳三县，政绩很好，深得百姓的拥护。后迁湖州太守。

劳泉，清代诸生，字平甫，仁和人。他和劳革两人专攻历史书，在当时很有名气，人称“二劳”。

逄

姓氏起源

源于姜姓，以国为氏。商朝初年，炎帝后裔陵受封于逄，建立逄国，后为周所灭，国人以故国名为氏，称逄氏。

夏朝时有著名弓箭手逄蒙，其后有称逄氏者。

春秋时齐国有大夫逄丑父，其后亦有称逄氏者。

家族名人

逄安，东汉时大司马。

逄纪，字元图，南阳（今属河南）人，东汉末年袁绍帐下谋士。

姬申扶堵　冉宰郦雍

姬

姓氏起源

传说黄帝生于寿山，长于姬水，于是其母便给他取姓为姬。黄帝的嫡系后裔长期以来保持着姬姓，后来黄帝的家族越来越大，他的后裔陆续分封在各地，成为其他的姓氏，构成中华民族的主流。

黄帝有二十五子，其中得姓者十四人，为十二姓：姬、酉、祁、己、滕、箴、任、荀、僖、姞、嬛、衣。姬姓为十二姓之首。

家族名人

姬昌，即周文王，商朝末年周族的领袖，商纣王时为西伯。他建国于岐山之下。在位期间，收附虞、芮两国，攻灭黎、邘、崇等国，建都丰邑，为武王灭商奠基，传《周易》为其所演。

姬发，即周武王，周文王之子，周代开国君主。他继承父亲遗志，于公元前1046年消灭商朝，夺取全国政权，建立了周王朝，表现出卓越的军事、政治才能，成为中国历史上一代名君。

申

姓氏起源

源于墨胎氏。据《姓氏考略》及《元和姓纂》记载，商末时，原商先族旁支墨胎氏封国孤竹国君之子伯夷、叔齐，在周灭商后“不食周粟”，饿死首阳山。周成王时，封伯夷后裔在吕地，建立申国。周宣王时，由于申伯文武兼备，在辅佐周宣王“中兴”的过程中立有大功，因此周宣王又增封给申伯淮河上游地区，命召伯往营新邑谢城，建申国，史称南申国。而叔齐之子孙在周穆王时因功被封侯，亦建申国，称西申国。西申国后为秦国所灭，南申国后为楚国所灭，其后人以故国名为氏，称申氏。

源于姜姓。夏朝时，炎帝后人曾被封于吕地，当西周时，周成王封伯夷之后在吕地建申国，该吕氏一族被迫放弃吕地，迁居于申地。当时的申地在长江下游近海口一带的申江平原，因此史称该族为“申吕”。申吕一族于西周中期在申江平原建立了申国，史称申吕国，后为楚国所灭，其后称申吕氏，后简化为申氏。

源于芈姓。春秋时楚国公族封地在申，称申叔时，其后有申氏。

家族名人

申不害，战国时思想家。他在韩国为相19年，使韩国走向了国富兵强，作为法家代表人物，他以“术”著称，著有《申子》。

申时行，字汝默，号瑶泉，晚号休休居士，南直隶苏州府长洲（今江苏苏州）人。明代官员。嘉靖四十一年殿试第一名，获状元。历任翰林院修撰、礼部右侍郎、吏部右侍郎兼东阁大学士、首辅、太子太师、中极殿大学士。

扶

姓氏起源

源于姒姓。上古时，夏禹属下有大臣扶登。扶登，其实是上古时期的一种官位，专职负责为君王营造都城、宫殿、祭坛等，辅佐君王登位，因称“扶登”。扶登的后裔子孙中，有以先祖名为氏者，称扶氏。

汉朝巫嘉因扶掖汉室有功，深受汉高祖刘邦的宠信，授以他廷尉的官职，并赐给他名字叫扶嘉，其后皆称扶氏。

家族名人

扶少明，汉代学者，著有《道德经谱》三卷。

扶克俭，字共之，光山人，明朝文士，万历年间进士，任御史。

堵

姓氏起源

源于姬姓，以邑为氏。春秋时郑国大夫洩寇，被封于堵邑，所以又称为洩伯、洩堵寇、堵叔。其后裔子孙以先祖封邑名为氏，称堵氏。

以官为氏。西周时有乐官堵人，其后有称堵氏者。

源于芈姓。春秋时楚国君主堵敖，亦称熊堵，其后裔子孙有以先祖名为氏者，称堵氏。

家族名人

堵胤锡，明崇祯十年进士。南明时唐王任为湖北巡抚，后与退入湘境之农民军李锦、高一功部协议共同抗清。桂王立，任允锡为兵部尚书，又加为东阁大学士。后因抗清失利，退至广西，在浔州病死。

冉

姓氏起源

源于高辛氏。帝喾为部落联盟首领时，其属下联盟是由八个大部落组成的，其中有冉氏部落。冉氏部族人世代为冉氏。

源于姬姓，以邑为氏。据《姓氏寻源》记载，周文王第十子季载，被周武王封于冉邑，称冉季载，其后以先祖封邑名为氏，称冉氏。

源于芈姓。据《元和姓纂》记载，春秋时楚国有大夫叔山冉，其后有冉氏。

源于芈姓。战国时期，秦国宣太后异母弟名魏冉，在秦国封穰侯，其后有冉氏。

家族名人

冉求，字子有，春秋末鲁国人，孔子弟子。冉求以政事著称，多才多艺，尤其擅长理财，担任季氏的宰臣。曾率军抵抗入侵齐军，身先士卒，以步兵执长矛的突击战术取得胜利，又趁机说服季康子迎回了流亡在外14年的孔子。

冉闵，字永曾，魏郡内黄（今河南内黄西北）人，十六国时期冉魏建立者，以勇猛著称。350年称帝，国号大魏，史称冉魏。352年冉闵突围不遂，为前燕皇帝慕容儁所擒，被斩于遏陉山，后被追谥为“武悼天王”。

宰

姓氏起源

以官为氏。殷商时有官吏宰，最初是对厨师的称谓，后逐渐晋升为负责家事和家奴，属于奴隶主贵族的臣仆。西周时有官吏宰父，负责管理王朝内外事务。两周时有官吏宰士，负责王家内部事务。两周时亦有官吏宰皋，为监督罪犯服役的执法官吏。春秋时有官吏宰人，是一方邑地的最高行政长官。汉朝时有宰衡，是汉平帝授予王莽的官爵尊号。这些官员的后裔子孙中，有以先祖官名为氏者，称宰氏。

家族名人

宰予，字子我，亦称宰我，春秋末鲁国人，孔子弟子，“孔门十哲”之一。能言善辩，被孔子许为其“言语”科的高才生。曾从孔子周游列国，游历期间常受孔子派遣，使于齐国、楚国。

郦

姓氏起源

源于风姓。上古有骊山氏一族，出自远古女神女娲。女娲又有“骊山老母”、“风后”、“女阴”等十数个称号。女娲后裔中有称郦氏者。

源于偃姓。据《元和姓纂》记载，夏朝时，大禹封黄帝偃姓后人于郦邑，建立郦国，后为商汤所灭，其后有郦氏。

家族名人

郦食其，秦朝陈留高阳（今河南开封）人。刘邦兵临陈留，访求当地豪杰，食其乃跟随刘邦，用计攻克陈留，得到大批军粮。刘邦封食其为广野君。

郦道元，字善长，范阳涿州（今河北涿州）人，北朝北魏地理学家、散文家。博览奇书，幼时曾随父亲到山东访求水道，后又游历秦岭、淮河以北和长城以南广大地区，考察河道沟渠，搜集有关的风土民情、历史故事、神话传说，撰《水经注》四十卷。文笔隽永，描写生动，既是一部内容丰富多彩的地理著作，也是一部优美的山水散文汇集。可称为我国游记文学的开创者，对后世游记散文的发展影响颇大。

雍

姓氏起源

源于姞姓。据《古今姓氏辨证》记载，黄帝的姞姓后代在商、周之际，有族人食采于雍邑，其后有雍氏。

源于姬姓，以国为氏。据《通志·氏族略》记载，西周初年，周文王第十三子受封于雍地，建立雍国，后为晋国所灭，其后以故国名为氏，称雍氏。

以官为氏。西周时有官职雍人，专职在宫闱之中掌管君主、王妃等的膳食，其后亦有称雍氏者。

家族名人

雍陶，字国钧，成都人，唐代后期重要诗人，尤以山水诗名噪一时。

雍献，宋朝画家，山水画名盛一时，而又善于画竹和梅花，并且不爱上色，用墨笔分浓淡，就使梅、竹生动多姿，这种画法称为墨竹、墨梅。

郤璩桑桂　濮牛寿通

郤

姓氏起源

源于姬姓，以邑为氏。春秋时，晋献公封公族子弟姬叔于郤邑，其后有郤氏。“郄”是“郤”的简化字，二者在春秋时期实为同一个字的不同写法，故郤氏与郄氏同宗同源。

家族名人

郤纯，字高卿，兖州金乡（今属山东）人，唐朝学者。

璩

姓氏起源

源于姬姓，以邑为氏。春秋时，卫国公族伯玉受封于蘧邑，为蘧伯，史称蘧伯玉，其后有蘧氏。传二十七世至蘧瑗，曾出任唐朝光禄大夫，他于唐朝天宝年间蒙冤遭参，为避祸将子女分为三姓，令其各自逃亡。所分三姓为“璩、瞿、渠”三氏，音同字异，仍为一家。后来也有少数蘧氏族人把“蘧”字的“草”偏旁去掉，改为遽氏。从此，璩氏、瞿氏、渠氏、遽氏分散各地，世代相传。

家族名人

璩正，字令先，三国时蜀汉太守。他博览典籍，弱冠能文，为秘书令史，迁郎至令。澹于荣利，依则先儒。

桑

姓氏起源

据《姓氏考略》记载，神农氏娶承桑氏，亦作桑水氏，其后有桑姓。

源于己姓。穷桑氏，即少昊，号金天氏，因其在穷桑登上了帝位并都于穷桑，故称，其后裔子孙有称桑氏者。

源于姒姓。春秋时有古桑国，亦称桑干国，是依附于鲁国的一个小诸侯国，国君为大禹的后裔。桑国后为秦国所灭，其后以国名为氏，称桑氏。

源于嬴姓。据《姓苑》记载，春秋时秦国有公族公孙枝，字子桑，其后裔子孙有以先祖字为氏者，称桑氏。

家族名人

桑弘羊，洛阳人，汉武帝时大臣。出身商人家庭，自幼有心算才能，十三岁入侍宫中。自元狩三年（前120）起，终武帝之世，历任大司农中丞、大司农、御史大夫等职，与担任大农丞的大盐铁商东郭咸阳、孔仅二人深得武帝宠信。自元狩年间起，在桑弘羊的参与和主持下，汉朝先后实行了盐、铁、酒官营，均输、平准、算缗、告缗，统一铸币等经济政策。此外，还组织了60万人屯田戍边，防御匈奴。

桑钦，字君长，东汉学者，河南洛阳人。撰《水经》，记载全国水道137条，每条水道撰为一篇，记其源流和所经地方，原文仅一万字，后郦道元为之作注。

桂

姓氏起源

源于姬姓。东周灭亡后，原周王族后裔姬季桢曾担任秦国的博士，在秦始皇焚书坑儒中被杀害。姬季桢的弟弟姬眭为了避祸，就以自己名字中“眭”的谐音，将兄长姬季桢的四个儿子更改姓名：长子姬奕改为桂奕，老二改为昋突，老三改为炅奖，老四改为炔奘。于是有了桂、昋、炅、炔四个同音的姓氏。

西汉时有桂林郡，居者有称桂氏者。

家族名人

桂馥，山东曲阜人，清朝文字训诂学家、书法家、学者。他治学潜心于文字训诂，曾用40年的时间，研究许慎的《说文解字》，撰写了《说文义证》50卷。他与同时代的段玉裁齐名，世称“段桂”。

桂文灿，字子白，清代广东南海人。道光年间举人，光绪时期在朝廷做官，为官清廉，不用仆人，也没有家人，公事、家事都亲自动手。他的学说以“博文、明辨、约礼、慎行”为宗。著有《潜心堂文集》40多种。

濮

姓氏起源

源于姚姓。舜为部落联盟首领时，将其子姚散封于濮地，其后有濮氏。

源于高阳氏。帝颛顼裔孙陆终之后，有居于濮地者，以地名为氏，称濮氏。

源于姬姓，以邑为氏。据《姓苑》记载，春秋时，卫国有大夫受封于濮邑，其后有濮氏。

源于芈姓。据《路史》记载，春秋战国时期，楚国有附庸国百濮国，为楚国熊氏之后，其国人有称濮氏者。

家族名人

濮澄，字仲谦，明末清初金陵派竹刻创始人，刻竹技法与嘉定“三朱”迥异，不耐精雕细琢，往往只就其天然形态，稍加凿磨即已成器。

匠心独运，以自然天趣见胜，名声噪甚。

牛

姓氏起源

以国为氏。西周时，周文王的重孙遇见一名牛医精通韵律，遂拜其为先生，赐封之国叫作牛国。这位牛医后晋升为太常卿，职任协律郎，其后称牛氏。

源于子姓。东周初，宋国有公族公子牛父，其后有牛氏。

以官为氏。西周时有官职牛人，专职负责饲养国家牛畜，然后按典制贡送诸侯，保障诸侯的肉食、祭祀之用，其后亦有称牛氏者。辽国时有官职牛栏都统领，其后有称牛氏者。

在民间，农家与牛相伴，终日不离，有的就以牛为姓。

家族名人

牛金，三国时南阳（今属河南）人，曹仁麾下部将，官至魏后军将军，在军中很有威望。司马懿怕“牛随马后”，取代了他们的权力和地位，以毒酒将其暗杀。

牛僧孺，字思黯，安定鹑觚（今甘肃灵台）人。唐穆宗、唐文宗时宰相。在“牛李党争”中是牛党的领袖。他还爱好文学，著有传奇集《玄怪录》等。

寿

姓氏起源

源于姬姓。吴王寿梦为君时，吴国国势开始强大，可以与楚国相抗衡。自寿梦开始，吴国才正式迈入春秋诸强的行列。寿梦的支庶子孙以先祖名为氏，称寿氏。

据《路史》记载，上古有彭祖，活了八百多岁，是有名的老寿星，其后代有的为了纪念他，就取寿字为姓，形成寿氏。

春秋时卫国有平寿邑，居者有称寿氏者。

家族名人

寿良，字文淑，三国时蜀郡成都人。专研《春秋三传》，全面透彻地掌握了《五经》，且修养身心，高洁清白，操守方正，朴素简约。仕蜀汉时，担任益州从事，后与王化、李宓、陈寿、李骧、杜烈同入洛阳，俱是梁、益二州的代表性人物。入朝担任散骑、黄门侍郎。

通

姓氏起源

春秋时，古巴国有大夫受封于通川，时称“通君”，其后裔子孙有以先祖封邑名为氏者，称通氏。

西汉初有大臣蒯彻，其后有以先祖名为氏者，称彻氏。汉武帝刘彻即位后，史家为避讳，改蒯彻为蒯通，彻氏族人也改称通氏。

以爵为氏。秦汉时期，朝中有一种最高的爵位为彻侯，是帝王敕封给臣子的最高爵称。彻侯之后有称彻氏者，后改通氏、列氏等。

以官为氏。隋朝时有官职通守，是辅佐太守管理郡内军民事宜的官，职位仅次于太守，其后裔子孙有以先祖官名为氏者，称通氏。

家族名人

通润，明代诗人，有诗作《早梅》，著有《种松老人》诗集。

通本仁，明朝官吏，曾任山西朔州判官，有德政，受到百姓的感念、歌颂。

边扈燕冀　郏浦尚农

边

姓氏起源

以国为氏。商代有诸侯国边国，伯爵国，其后有边氏。

源于子姓。据《通志·氏族略》记载，春秋时，宋平公之子公子城，精通军事，尤擅长射箭，故又名御戎，字子边，其后裔子孙以先祖字为氏，称边氏。

家族名人

边鸾，唐朝画家，长安人。擅长画花鸟及折枝草木，用笔轻利，设色鲜明。

边贡，明代文学家，济南历城人，文坛著名的“前七子”之一，诗作以清新婉转、平淡和粹、兴象飘逸见长，对明代文坛产生过较大影响。

扈

姓氏起源

源于姒姓。据史籍《风俗通义》《左传》《汉书》等记载，大禹死后，其子夏启强行继承了王位，建立夏朝，自称夏后启。夏启的做法破坏了传统的禅让制度，引起了一些诸侯国的极大不满。其中有一个诸侯国叫有扈氏国，也是大禹的后人，是夏启的庶兄，受封于有扈，建立有扈国。有扈氏首领不满夏启的行径，于是就起兵讨伐。夏启立即召集天下诸侯兴师镇压。有扈氏战败，夏启趁势灭掉有扈氏国。有扈氏族人就以故国名为氏，称有氏、扈氏。扈氏后又分为户、鄠二姓，其实扈、户、鄠三字音同字异，实为一姓。户姓由扈字去邑而为户，鄠姓因秦改扈为鄠而成姓。

以官为氏。上古时，少昊设立负责农政的官员为农正，全称为“春扈氏农正”。到了西周时期，“春扈氏农正”简称为“农正”。农正下属有农师，为上士大夫，具体负责农田耕作之管理；有农史，负责记载农事、物候、气象、收成、仓储等；有农役，专职负责农事过程中的具体相关事务。在农正、农师、农史、农役等的后裔子孙中，多有以先祖官名为氏者，称扈氏、农氏、春氏等。

源于鲜卑族。南北朝时期，鲜卑拓跋部有扈地干氏部落，北魏孝文帝汉化改革时，改为汉姓扈氏、干氏。

家族名人

扈再兴，字叔起，淮人，南宋将领。为京西制置使赵方部将。骁勇而有膂力，善机变，每战身先士卒，奋勇驰突。

扈载，字仲熙，幽州安次（今河北廊坊）人，五代后周文学家。少好学，以文章驰名。后周广顺二年（952）科举状元，拜校书郎，为史馆编修，再迁监察御史。曾编次历代兴亡治乱之迹，撰《运源赋》。又出游相国寺，见庭竹可爱，作《碧鲜赋》，题于寺壁。周世宗闻之，派太监前往抄录，览而称善，擢为水部郎中，知制诰，迁翰林学士。与堂兄扈蒙同掌诏诰，时称“二扈”。

燕

姓氏起源

源于姞姓，以国为氏。黄帝有姞姓后裔叫伯倏，商朝时被商汤封于燕地，建燕国，后为与北方蓟地一带的周朝燕国区别，称为南燕。南燕国亡国后，国人以国名为氏，称燕氏。

源于姬姓，以国为氏。周武王灭商后，封召公奭于燕国，称北燕。召公派长子姬克去管理燕国的国政，自己留在国都镐京辅政。

北燕国后为秦国所灭，公族子孙以故国名为氏，称燕氏。

以国为氏。西汉初，汉高祖刘邦封开国功臣卢绾为燕王，后卢绾反叛逃降匈奴，高祖改封自己的儿子刘建为燕王。吕后执政时，刘建病逝，因无后，国除，改为燕郡。吕后又封其弟吕通为燕王，同年吕后死，吕通被杀。汉文帝时，徙琅邪王刘泽为燕王。元朔二年（前127），刘泽曾孙燕王刘定国因罪自杀，国除，改为燕郡。元狩六年（前117），汉武帝立子刘旦为燕王。元凤元年（前180），刘旦因谋反自绞死，国除，改为广阳郡。历代燕王的后裔子孙中，皆有以封国名为氏者，称燕氏。

源于曹姓，以国为氏。三国时，魏明帝曹睿封其叔曹宇为燕王，改汉朝燕郡为燕国，都蓟城。咸熙二年（265），晋王司马炎篡夺皇位，曹魏亡国，燕国被除。曹宇的后裔子孙为避司马氏迫害，有改封国名为氏者，称燕氏。

源于鲜卑族。十六国时期，鲜卑慕容部曾建立四大燕国：前燕、后燕、南燕、北燕，另外亦有西燕，其后有以国名为氏，称燕氏者。

家族名人

燕文贵，吴兴（今浙江湖州）人，北宋画家。擅画山水、屋木、人物。宋太宗时至汴梁于街头卖画，被画院待诏高益发现并加以举荐，后进入翰林图画院，甚得太宗赏识。作画常自出机杼，落笔命意不袭古人，所画景物清润秀雅，又善于把山水与界画相结合，将巍峨壮丽的楼观阁榭穿插于溪山之间，点缀以人物活动。刻画精微，笔法峭丽，境界雄浑，人称“燕家景致”。

燕肃，字穆之，青州（今山东益都）人，北宋画家、科学家。少孤贫，巧思过人，真宗大中祥符年间进士，官至龙图阁直学士，人称“燕龙图”。学识渊博，精通天文物理，有指南车、记里鼓、莲花漏等仪器的创造发明，著有《海潮论》，绘制《海潮图》以说明潮汐原理。工诗善画，以诗入画，意境高超，为文人画的先驱者。

冀

姓氏起源

源于姜姓。上古时，共工、蚩尤等部落联盟同为三苗九黎族人的始祖，在与黄帝战败后被强行迁徙至冀方，其族人遂以居地为氏，称冀氏。

源于伊祁氏，以国为氏。周武王灭商后，封尧帝后裔于冀，建冀国，其后有冀氏。

源于姬姓，以邑为氏。据《元和姓纂》记载，春秋时晋国大夫郤芮食采于冀，子孙以封邑名为氏，称冀氏。

家族名人

冀练，字纯夫，益都(今山东青州)人，明朝大臣。嘉靖年间进士，因耿直而很久不得升迁。明神宗时官至户部侍郎。以清廉勤奋著称一世，死后谥“端恪”。

冀述，字继父，号紫璇，明朝大臣。幼与弟冀体以学业闻名乡里，称大、小冀。万历二十六年（1598）进士，授广宁司理。后升任户部广东司主事，不久改任兵部车驾司主事。历官皆以清廉著称。著有《桃园草》《庸言》等。

郏

姓氏起源

源于姬姓。据《元和姓纂》记载，周成王定鼎于郏鄏，其子侄有迁居到这个地方的，多以地名为氏，改称郏氏。

源于姬姓。据《姓苑》记载，春秋时，郑国有大夫郏张，因其先祖受封于郏城，故称郏氏，其后世代相传。

源于芈姓。春秋时楚君熊员（字敖）为其叔公子围（楚灵王）所弑，死后葬在郏城。由于楚君熊敖是被弑杀的，按楚国司律，没有谥号，仅被称作“楚熊郏敖”。其后裔子孙以及郏城住民中，多有以先祖称号或地名为氏者，称郏氏。

家族名人

郏亶，字正夫，苏州昆山人，北宋官吏、水利学家。嘉祐二年（1057）进士，历任睦州团练推官、广东安抚司机宜。熙宁三年（1070）上书条陈苏州水利，为王安石所称善。五年，除司农寺丞，历江东转运判官、太府寺丞、温州知府。著有《吴门水利书》，已佚。

郏伦逵，字兰坡，号铁兰道人，江苏常熟人，清代画家。擅长山水、墨兰。著有《白雪山房集》《兰坡外集》，并编纂论画著作《虞山画志》。

浦

姓氏起源

夏朝时，舜帝后裔被封在蒲坂，其后以封邑名为氏，称蒲氏，其后人中因避难而改称浦氏者。

源于姜姓。春秋时，齐国公族中有一支族人奔于晋国，做了晋国大夫，封在浦邑，称浦侯，其后有浦氏。

春秋时，江淮一带的舒鸠国有地名荒浦。舒鸠国为楚国所灭后，国人有以国名、居邑名为氏者，称荒浦氏、舒鸠氏等。荒浦氏后简化为浦氏。

家族名人

浦源，字长源，号东海生，元末明初无锡（今江苏无锡）人。与福建林鸿为诗友，号“十才子”。尤善画山水，为倪瓒弟子。

尚

姓氏起源

源于姜姓。据《元和姓纂》和《万姓统谱》记载，姜太公名尚，字子牙，因辅佐武王灭商有功，受封于齐国。姜太公在周朝为太师，故又称太师尚父，简称为师尚父或尚父，其后裔子孙有以先祖名为氏者，称尚氏。

源于姒姓。夏王朝时，有部落成员尚黑，其后有尚氏。

以官为氏。战国时，秦国首先设官职尚书，其后历代相传；秦朝亦有官职五尚，即尚衣、尚食、尚冠、尚席、尚沐；汉朝有官职尚书郎；南北朝时北齐有官职尚衣监；隋朝有官职尚功。这些官员的后裔子孙中，有以先祖官职名为氏者，称尚氏。

家族名人

尚仲贤，真定（今河北正定）人，元代戏曲作家。曾任江浙行省官吏。著有杂剧11种，今存《柳毅传书》《气英布》《三夺槊》3种。

尚可喜，辽东人，清初藩王。原为明广鹿岛副将，降后金后，受封智顺王，隶汉军镶蓝旗。顺治六年（1649）改封平南王，率军征讨南明政权。后告老返乡，因其子尚之信响应吴三桂叛乱，受惊吓而死。

农

姓氏起源

源于姜姓。炎帝神农氏后裔有以先祖之号为氏者，称农氏。另外，西周初年，周武王封神农氏的后人为农正之官，职掌农业生产和祈祷丰年等事务，其后亦称农氏。

以官为氏。上古时，少昊设立负责农政的官员为农正，全称为

“春扈氏农正”；西周时有官职农父；汉朝时有官职农都尉、农仓长。这些农官的后裔子孙中，有以先祖官名为氏者，称农氏。

家族名人

农益，广西平南人，明永乐年间举人，明代名儒。

农劲荪，名竹，字劲荪，安徽宣城人，原籍河北。民国初年天津爱国实业家、富商，霍元甲好友。

温别庄晏　柴瞿阎充

温

姓氏起源

夏朝时有大臣平，因功受封于温，建温国，其后有温氏。

周朝初年，大司寇苏忿生受封于苏国，都温城，其后有以故国都城名为氏者，称温氏。

源于姬姓。春秋时晋狄箕之战中，晋国击败狄戎，夺取苏国故地，设温邑。晋国大夫郤至因功受封于温邑，其后有以先祖封邑名为氏者，称温氏。

源于鲜卑族。南北朝时期，鲜卑拓跋部有叱温氏、温盆氏、温孤氏等部落，北魏孝文帝汉化改革时，改为汉姓温氏。

唐代康居国，为“昭武九姓”核心国，其国王姓温，自成温氏。

家族名人

温峤，字泰真，太原祁县（今山西祁县）人，东晋名将。17岁出仕，任刘琨的参军，积功至司空府左长史。317年，温峤作为刘琨的信使南下劝进，从此历任显职，并与晋明帝结为布衣之交。曾任江州太守，参与平定王敦、苏峻的叛乱。苏峻之乱平定后，温峤拜骠骑将军、开府仪同三司，加散骑常侍，封始安郡公。死后赠侍中、大将军，谥号忠武。

温庭筠，字飞卿，太原祁县（今山西祁县）人，唐代诗人、词人。富有天才，文思敏捷，每入试，押官韵，八叉手而成八韵，所以也有“温八叉”之称。然恃才不羁，又好讥刺权贵，多犯忌讳，取憎于时，故屡举进士不第，长被贬抑，终生不得志。官终国子助教。工诗，与李商隐齐名，时称“温李”。其诗辞藻华丽，浓艳精致，内容多写闺情。其词艺术成就在晚唐诸词人之上，为“花间派”首要词人，对词的发展影响较大。在词史上，与韦庄齐名，并称“温韦”。

别

姓氏起源

在古代，天子、诸侯的嫡长子以外的儿子，称别子。《公侯议》曰：“天子之嫡子继世以为天子，其别子皆为诸侯，诸侯之嫡子继世以为诸侯，其别子各为其国卿大夫。”别子不得以祖上姓氏为姓，而另为一族，故称“别子为祖”，以祖父字、官、封邑、爵、谥号为姓，其中有的以自己在宗法制度中嫡庶方面的地位为姓，遂有别姓。

别成子是战国时期著名的阴阳学家，其后裔子孙有以先祖名号为氏者，称别氏。

据《汉书》记载，西汉车骑将军张安世被赐封在富平，为陕西富平侯，其五世孙张纯因为恭俭自修，因此在王莽篡汉后，并没有失爵。到了东汉建武中期，光武帝刘秀更封富平之别乡，为武始侯，亦称别乡侯。张纯之后有以先祖爵称为氏者，称别氏。

以官为氏。秦、汉时有军职别将，汉朝时有地方官吏别驾以及中央官吏别火令，三国时曹魏有官职别兵曹，这些官员的后裔子孙中，有以先祖官名为氏者，称别氏。

家族名人

别之杰，字宋才，郢州（今湖北钟祥），南宋官员。嘉定年间进士，先后任澧州及德安、江陵知府，湖北安抚使。官至端明殿学士，加兵部尚书。淳祐年间，擢参知政事。为人忠厚，居官清廉，不畏权贵。

庄

姓氏起源

源于子姓。春秋初，宋戴公名子抝，字武庄，其后裔子孙有以先祖字为氏者，称庄氏。一说宋庄公之后有以先祖谥号为氏者，称庄氏。

源于芈姓。春秋时楚庄王去世后，其支庶之孙以先祖谥号为氏，称庄氏。

家族名人

庄周，字子休，战国中期宋国人，道家学派的代表人物，著名的思想家、哲学家和文学家。生平只做过地方漆园吏，因崇尚自由而不应同宗楚威王之聘。后世将他与老子并称为“老庄”。他们的哲学思想体系，被思想学术界尊为“老庄哲学”。

庄起元，字仲孺，常州武进（今属江苏）人。明万历三十八年（1610）进士，授浦江令。调兰溪，治绩益著，擢守抚州。入为户曹，以忤魏忠贤被贬戍山海关。后擢太仆寺卿。著有《漆园卮言》二十四卷。

晏

姓氏起源

帝颛顼后裔陆终之第五子名晏安，其后裔子孙有以先祖名为氏者，称晏氏。

上古时，尧帝树下有专门掌管礼乐的大臣叫晏龙，其后有晏氏。

以邑为氏。春秋时齐国有公族大夫晏弱，因功受封于晏邑，其后有晏氏。

家族名人

晏婴，字仲，又称晏子，春秋后期齐国人，政治家、思想家、外交家。继其父晏弱任齐卿，历仕齐灵公、齐庄公、齐景公三朝，辅政长达60余年。晏婴头脑机灵，能言善辩，善于辞令，使楚时曾舌战楚王，维护国家尊严。内辅国政，屡谏齐君。对外他既富有灵活性，又坚持原则性，出使不受辱，捍卫了齐国的国格和国威。

晏殊，字同叔，抚州临川人，北宋宰相、词人、诗人、散文家，与其第七子晏几道，在当时词坛上，被称为“大晏”和“小晏”。晏殊以词著于文坛，尤擅小令，有《珠玉词》130余首，风格含蓄婉丽，多表现诗酒生活和悠闲情致，颇受南唐冯延巳的影响，与欧阳修并称“晏欧”。

柴

姓氏起源

源于姜姓。据《元和姓纂》记载，春秋时，齐文公第十世孙名高柴，为孔子弟子，其孙举，以祖父名为氏，称柴举，其后有柴氏。又据《姓氏考略》记载，齐国大夫高张食采于柴邑，其后有柴氏。按，高张即高昭子，乃高柴先祖，或高柴之得名源于先祖之封邑。

源于鲜卑族。东汉时期鲜卑吐谷浑部，汉史中亦称阿柴虏、赀虏。融合于汉族的原吐谷浑部族人中，有取汉史故称为汉化姓氏者，称阿柴氏、阿赀氏，后简化为单姓柴氏、赀氏。

家族名人

柴绍，字嗣昌，晋州临汾（今山西临汾洪洞）人，唐初大将，“凌烟阁二十四功臣”之一。娶唐高祖女平阳公主为妻，唐朝建国以后封为霍国公。

柴荣，五代后周世宗，为后周太祖郭威养子。其身材英奇，善骑射，通书史黄老，是五代时期具有雄才大略的英明帝王。被史学家誉为“五代第一明君”，为北宋的统一奠定了坚实的基础。

瞿

姓氏起源

源于子姓。商王武乙，名瞿，其后裔子孙有以先祖名为氏者，称瞿氏。

源于子姓，以邑为氏。商朝时有大夫受封于瞿地，称瞿父，其后裔子孙以先祖封邑名为氏，称瞿氏。

源于姬姓。春秋时孔子有弟子商瞿（或曰商瞿为复姓），字子木，其后有瞿氏。

以官为氏。西周时有官职执瞿，就是古代王宫中执戟内侍卫的官称，专职负责护卫君王、贵胄的安全，其后人有以先祖官名为氏者，称瞿氏。

长江流域有瞿塘峡，为三峡之一，自古以来在瞿塘峡滩生活的人们，很早即以地名为姓氏，就称瞿塘氏，后简化为瞿氏。

家族名人

瞿景淳，字师道，号昆湖，江苏常熟五渠人，明代官吏、学者。幼聪慧，8岁能文。嘉靖二十三年（1544）会试第一，殿试第二，授编修。隆庆元年（1567）召为礼部左侍郎兼翰林院学士，总校《永乐大典》，修《嘉靖实录》。

瞿中溶，字镜涛，号木夫，上海嘉定人，清代篆刻家、书画家，兼通医。

阎

姓氏起源

源于姬姓。据《姓氏起源》记载，西周初，周武王封周太王古公亶父之子仲雍之曾孙、吴王周章之弟姬仲奕（虞仲）于虞国，都城在阎乡。虞国后为晋国所灭，国人有以故国都名为氏者，称阎氏。

源于姬姓。据《通志·氏族略》记载，周昭王的小儿子一生下来，手上的掌纹就是一个奇特的“阎”字，于是周康王封他于阎城，其后有阎氏。

源于姬姓。春秋时晋成公之子姬懿被封于阎邑，后为晋国所灭，其后有阎氏。

源于芈姓。春秋时楚国有支系王族熊伯玙，受封于阎邑，其后有阎氏。

家族名人

阎立本，雍州万年（今陕西西安）人，唐代画家兼工程学家。其父阎毗北周时为驸马。阎立本擅长工艺，多巧思，工篆隶书，对绘画、建筑都很擅长，隋文帝和隋炀帝均爱其才艺。入隋后官至朝散大夫、将作少监。兄阎立德亦长书画、工艺及建筑工程。父子三人并以工艺、绘画驰名隋唐之际。其代表作品有《步辇图》等。

充

姓氏起源

以官为氏。西周时有官职充人，专门掌管饲养祭祀的各类牲畜。西汉时有官职充依，负责督管内宫的秩序，以及言行举止规范。充人和充依的后裔子孙中，有以先祖官名为氏者，称充氏。

源于姜姓。春秋时齐国有公族大夫充闾，其后人有以先祖名为氏者，称充氏。

隋朝时期，皇帝除了正宫皇后、西宫、东宫贵妃以外，还典有九嫔：充华、淑妃、充媛、充仪、修华、修仪、充容、婕好、容华。其中充华、充媛、充仪、充容的皇族子孙以及外戚族人中，皆有以先祖母爵号为氏者，称充氏。

家族名人

充虞，战国时期齐国人，孟子弟子。

慕连茹习　宦艾鱼容

慕

姓氏起源

相传舜帝的祖父叫虞幕，其后裔子孙有以先祖名为氏者，称幕氏，后演变为慕氏。

慕容姓的人，有的地区简化为慕姓。详见“慕容姓”相关内容。

家族名人

慕天颜，字拱极，甘肃静宁人，清代官吏。顺治十二年（1655）进士，授浙江钱塘知县，康熙间历任江苏布政使、江宁巡抚，请疏浚吴淞江、刘河等，又请免荒田赋额，皆报可。后坐事去官，复起为湖广巡抚，终漕运总督。有《抚吴封事》《楚黔封事》《督漕封事》。

连

姓氏起源

帝颛顼后裔陆终之第三子名惠连，其后人有以先祖名为氏者，称连氏。

源于姜姓。春秋时齐国有公族大夫连称，其后有连氏。

以官为氏。两周时有官职连长、连帅；春秋时楚国有官职连敖、连尹；汉朝时有官职连率，即太守的别称。这些官员的后裔子孙中，有以先祖官名为氏者，称连氏。

家族名人

连庶，字居锡，安州应山（今湖北广水）人。宋仁宗年间举进士，与宋祁、宋庠、连庠并称为“应山四贤”。

连横，字武公，号雅堂，又号剑花，祖籍湖北广水，晚清著名史学家，著有《台湾通史》《台湾语典》《台湾诗乘》《剑花室诗集》，同时也是台湾日据时期的著名诗人。

茹

姓氏起源

南北朝时，郁久闾氏建立柔然国，称受罗部真可汗。柔然国也称作蠕蠕、茹茹。西魏时，柔然部族为突厥所破，遂并入突厥，其部族后人多以族名茹茹为姓。一部分柔然人内迁中原后，称茹氏。

以职为氏。古代有茹人，亦称茹者，是古代城池之间的一种职业人官称，受领官家俸禄，但无官职，也就是专门收拾和处理生活垃圾的职业人，其职责是在每日寅时末刻(凌晨五点)前，将城镇中的垃圾收集并运出城外，进行分类处理。茹人之后有称茹氏者。

以官为氏。秦、汉时有官职如京使，其后有如氏、京氏。东汉有如淳，是一位历史学家、考据学家，他的后裔子孙有改称茹氏者。

源于鲜卑族。南北朝时，代北有普六茹氏部落，入中原后改为茹姓。

家族名人

茹皓，字禽奇，北魏大将。他不仅武艺高强，还知书达礼，聪敏而待人谦和，十分受朝廷的器重，既参与国家大政，又能折节下人，受当时人称赞。

茹瞻，字孝博，北齐时东安人。南州举秀才，历官侍郎，以清朗刚直而见称。据说他举秀才之时，皇帝说：“今日之选，不可无茹生。”可见茹瞻才华为当时所重。

习

姓氏起源

源于姜姓，以国为氏。春秋时有习国，是封于炎帝后裔的诸侯国，其后有习氏。

源于息姓。春秋时有息国，其后有息氏。西汉末大臣息夫躬因直言上书，被诬入狱冤死，其后裔子孙为避祸，以“息”之谐音“习”为姓氏，称习氏。

源于萧姓。南北朝时有西梁国，国灭后，其皇族后裔多称西梁氏，后为避祸，改“西”之谐音“习”为姓氏，称习氏。

以官为氏。宋朝时有官职习学公事，明、清时有官职教习，其后裔子孙有以先祖官名为氏者，称习氏。

家族名人

习珍，襄阳人，三国时蜀汉将领，任零陵都尉。孙权袭杀关羽，习珍于零陵孤军抗吴。孙权派使者来招降，习珍大义凛然地说：“请回去告诉碧眼儿，我宁做汉鬼，不做吴臣！”最后因粮绝，援兵不到，便拔剑自刎以报国。

习凿齿，字彦威，湖北襄阳人，东晋著名文学家、史学家。少有志气，发愤读书，博学多闻，以能文著称。

宦

姓氏起源

上古时奴隶主的家奴，或帝王国君、王族贵胄的奴仆，称宦人。宦，即家臣，并非指后来有中官、阉官、寺人、奄人之称的太监。古代宦人的后裔子孙中，多有以先祖身份称谓为氏者，称宦氏。

以官为氏。战国时期，赵国首先设官职宦者令，负责掌管宦官署，即后世的太监总管。宦者令的后裔子孙中，有以先祖官名为氏者，称宦氏。

古代有以官宦世家身份为姓氏者，称仕宦氏，后简化为单姓宦氏、官氏、仕氏等。

相传舜帝后裔陈梅林，与苏秦、张仪、庞涓、孙膑同为鬼谷子弟子，但学艺下山后，却未能像几位师兄弟一样仕于诸侯，官居高位。他屡次求官皆不得，一生潦倒。临终前，陈梅林嘱咐其子，他一生未入仕途，希望其子能完成此愿，并改姓为宦，以慰此念。其后遂改称宦氏。

家族名人

宦懋庸，字伯铭，号莘斋，晚清贵州遵义人。幼苦心向学，时值离乱，未就乡试，先后游幕江浙30年，与浙江一带学者名流交游。清光绪八年（1882），京兆选为誊录，愤弃不就。一生学识渊博，晚年攻治许、郑之学（许慎、郑玄之经学），著述宏富，计有《六书略平议》《说文疑证编》《播变记略》《论语稽》《两论蠡测》《读史记稗言》《读前汉书私记》《窭数室备忘录》《纪程》《莘斋文集》《莘斋诗集》《莘斋诗余》等。

艾

姓氏起源

据《通志·氏族略》记载，夏王少康当政时，属下有大臣叫汝艾，亦称女艾，其后裔子孙有以先祖名为氏者，称艾氏。

源于妫姓。春秋时齐国有大夫名孔，因住在艾陵，人称艾孔，其后有艾氏。

春秋时鲁国有地名艾山，居者有称艾氏者。

源于鲜卑族。南北朝时期，鲜卑拓跋部有艾斤氏部落，北魏孝文帝汉化改革时，改为汉姓艾氏。

家族名人

艾南英，字千子，号天佣子，明末散文家、文学评论家。天启年间举人，策文讥刺权宦魏忠贤，罚停考三科。因深恶科场八股文章腐烂低劣，与临川人章世纯、罗万藻、陈际泰等力矫其弊，以兴斯文为任，刻印四人文章，世人翕然赞同，人称“临川四才子”，或“江右四家”。清军南下，江西郡县尽失。入闽见南明唐王朱聿键，任监察御史。次年病卒。

艾可久，明代上海人，嘉靖四十一年（1562）进士，历官太常寺博士、御史、衡州知州、山东副使、江西和陕西参政、按察使、南京通政使等。为官刚正清廉。

鱼

姓氏起源

源于嬴姓。伯益后人分衍有十四支，其中一支因居于修鱼而称修鱼氏，后简化为修氏、鱼氏。

源于子姓。春秋时宋襄公庶兄公子目夷，字子鱼，其后裔子孙有以先祖字为氏者，称鱼氏。另据《元和姓纂》记载，春秋晋国大夫羊舌鲋，字叔鱼，其后裔子孙有以先祖字为氏者，称叔鱼氏，后简化为鱼氏。

源于姬姓。据《姓源》记载，春秋时鲁国有公族大夫奚斯，字子鱼，其后有鱼氏。

源于姬姓，春秋时晋厉公宠臣长鱼矫，其后亦有称鱼氏者。

源于鲜卑族。唐肃宗时有宦官鱼朝恩，权倾一时，鲜卑族将军尚可孤拜其为养父，并改名鱼智德，其后称鱼氏。

家族名人

鱼玄机，原名幼薇，字蕙兰，长安（今陕西西安）人，唐朝女诗人。性聪慧，有才思，好读书，尤工诗。

鱼侃，字希直，晚号颐庵，苏州府常熟（今江苏常熟）人。明永乐二十二年（1424）进士。任开封知府时，审理案件不受情托，人称誉为“耿直刚正可比包公”。母死，不取官府一物，弃官返里，生活贫苦，雨天屋漏，寒冬被褥单薄，甚或无米下锅，仍怡然自得。殁后，里人纪念他，立祀于乡贤祠。崇祯年间，巡按路振飞为他书写墓碑，称为“第一清官”。

容

姓氏起源

据《通志·氏族略》记载，黄帝执政时，属下有大臣容成，相传他创制了中国历史上第一部历法，其后有容氏。

帝颛顼有才子八人，世称“八恺”，分别是苍舒、隤敳、梼戭、大临、龙降、庭坚、仲容、叔达。其中仲容的后裔子孙有以先祖名为氏者，称容氏、仲氏、恺氏、凯氏，世代相传。

源于姬姓。春秋时孔子有弟子南宫适，一名韬，字子容，其后裔子孙有以先祖字为氏者，称容氏。另孔子还有一位弟子奚容箴，其后亦有称容氏者。

以官为氏。西周时有官职容人，职掌重大典礼乐法。西汉有官职容华，职掌内宫诸女之容表，上至皇后，下至女婢，皆在其掌管之列，同时兼管皇帝出行之仪容，多由皇帝九嫔之一担当，或由皇帝的大姐或长妹即长公主承担。容人、容华之后有以先祖官名为氏者，称容氏。

相传古代有容国，其后有容氏。

鲜卑慕容氏族人有改成容氏者。

家族名人

容闳，字达萌，号纯甫，汉族，广东香山县南屏村（今珠海南屏）人，中国近代史上首位留学美国的学生。中国近代早期改良主义者。中国留学生事业的先驱，被誉为“中国留学生之父”。

向古易慎　戈廖庚终

向

姓氏起源

源于姜姓，以国为氏。据《通志·氏族略》记载，西周初，周武王封炎帝后裔于向地，建立向国，后为莒国吞灭，其后有向氏。

源于子姓。商末有大臣向摰，其后有向氏。

源于子姓。春秋时，宋桓公第四子名子肸，字向夫，其后有以先祖字为氏者，称向氏。

源于姬姓。春秋时晋国上卿羊舌肸，字叔向，其后亦有称向氏者。

家族名人

向朗，字巨达，襄阳宜城（今湖北宜城）人，三国时期蜀汉官员、藏书家、学者。早年师从于司马徽，后随刘备入蜀，仕于蜀汉。历任巴西、牂牁、房陵太守，后拜步兵校尉，领丞相长史，随诸葛亮北伐。因包庇马谡被免职，后为光禄勋，转左将军、特进，封显明亭侯。晚年专心研究典籍，训导青年学习，家中藏书丰富，受到举国尊重。

古

姓氏起源

源于姬姓。周文王祖父周太王名亶，史称“古公亶父”，其有三子：太伯、仲雍、季历。太伯、仲雍为避让王位，潜奔江南荆南之地，后建立吴国。仲雍次子姬曼为纪念祖父，遂以古为姓氏，称古曼，从此衍生了古氏。

源于子姓。商末有诸侯国古国，其后有古氏。

源于姬姓。春秋时晋国大夫郤犨受封于苦城，其后人以“苦”讹音为“古”成为姓氏，后遂称古氏。

源于鲜卑族。南北朝时期，鲜卑拓跋部有吐奚氏部落，北魏孝文帝汉化改革时，改为汉姓古氏。

家族名人

古弼，北魏代地人，官至吏部尚书。少忠谨，好读书，又善骑射。初为猎郎，使长安，称旨，转门下奏事，以敏正著称。明元帝拓跋嗣赏识他，赐名曰笔，取“直而有用”之意，后改名弼，言其有辅佐之才。

古朴，陈州（今河南淮阳）人，明代大臣。历任兵部侍郎、户部尚书等职。在朝30多年，以清廉著称。

易

姓氏起源

相传黄帝时代有一支游牧部落活动于易河流域，称有易氏，其后有称易氏者。

源于姜姓。据《姓氏考略》记载，春秋时，姜太公的后裔中有人被封于易州，其后以封邑名为氏，称易氏。

源于姬姓。周文王第十五子毕公高之后有毕万，毕万的后裔子孙中有人食采于冀州东境的易水流域，其子孙遂以水名为氏，称易氏。

源于姜姓。春秋时，齐桓公的宠臣雍巫食采于易邑，他擅长庖厨，餐饮制作手艺精湛无比，加上善于逢迎，所以很得齐桓公的欢心，世人称其为易牙。易牙之后有称易氏者。

西汉时，吕后杀韩信一门，其幼子逃出，远遁江南，改姓为

“易”以自保。

战国时燕国有易州，后为齐国所占，之后居于易州的燕国人有改邑名为氏者，称易氏。

家族名人

易洸，字文行，其先祖为山东人。承袭父爵，辅佐汉武帝，官拜征南将军。

易元吉，字庆之，长沙人，北宋画家。初工花鸟蜂蝶，后转工画猿猴。他常深入荆湖深山之中，观察、体会、揣摩猿猴獐鹿的生活习性，每遇胜丽佳处，辄留其意，心传目击，写于毫端。于长沙寓居后开凿池沼，间以乱石丛篁、梅菊葭苇并驯养水禽山兽，以观其动静游息之态，故所画动植物富有生趣。

慎

姓氏起源

据《尚友录》记载，战国时期法家创始人禽滑厘，字慎子，其后裔子孙有以先祖字为氏者，称慎氏。

源于芈姓，以邑为氏。据《姓氏考略》记载，春秋时楚国有慎县，为白公胜之封邑，其后有慎氏。

夏、商时期东北地区古老部族肃慎族，其后有慎氏。

家族名人

慎到，战国时期赵国人，先秦诸子之一。早年曾学黄老道德之术，其学术倾向至今有争议。有人认为属于黄老道家，有人认为属于法家，也有人鉴于其道法结合的思想倾向，称之为道法家。他长期在齐国稷下讲学，是稷下学宫的学术领袖人物之一。

戈

姓氏起源

夏朝时，羿篡夏，后又为手下寒浞所杀（详见“窦姓”相关内容）。寒浞夺取王位后，封他的一个儿子寒浇在过国，另一个儿子寒封在戈国。后来少康中兴，灭掉戈国，原戈国后代子孙遂以国名为氏，乃称戈氏。

源于姒姓，以国为氏。夏王少康灭掉戈国后，又分封同姓族人于戈国，仍为诸侯方国，其后亦有称戈氏者。

以职为氏。商末周初有戈工，就是制戈的工匠，为固定职业的军职工匠，其后有称戈氏者。

以官为氏。唐朝时有官职司戈，其后有戈氏。

家族名人

戈载，号顺卿，吴县（今江苏苏州）人，清代书法家、画家。工隶书，写意花卉，设色冶逸可喜。尤善写梅，疏枝繁蕊，得王冕法，著《翠薇花馆词》《词林正韵》等。

廖

姓氏起源

据《风俗通义》记载，帝颛顼有后裔叫叔安，夏朝时受封于飂国，故称飂叔安，其后代以国名为氏，称飂氏。飂，与廖音同，有些古书中也写作蓼、嫪、廖。故在春秋时，飂伯高把“飂”字改写为“廖”字而成为廖氏。

源于偃姓。禹执政时，舜时贤臣皋陶的后人有受封于蓼地者，建有蓼国，后为楚国所灭，其后有廖氏。

源于姬姓。据《广韵》《姓氏考略》等记载，周文王有子受封于廖邑，为伯爵，故称伯廖，其后有廖氏。

商末纣王执政时，残酷荒淫无道，在宫廷中担任管理冠盖之官的彦(颜)氏和管理服裳之官的缪氏两位大夫因之弃官，隐居到维阳。两家居于一处，相亲相敬，遂合二氏之字改姓为廖氏，两家的后代由此合并，世代相传。

家族名人

廖化，本名淳，字元俭，襄阳中卢（今湖北襄樊）人，三国时蜀汉将领。曾为关羽主簿，关羽败亡后归入孙吴，用诈死之计回归蜀汉，刘备授任为宜都郡太守。刘备去世后，为丞相参军，后为广武都督，迁阴平郡太守，多次参与蜀汉北伐。官至右车骑将军，领并州刺史，封中乡侯。廖化以果敢刚直著称，是蜀汉后期的重要将领。

廖匡图，字赞禹，江西宁都人，五代十国时的文学家、诗人。精于文藻，并因此扬名。

庾

姓氏起源

以官为氏。庾，是古代一种汆粮的容器，后成为掌管粮仓的官吏之官称。据《元和姓纂》记载，尧帝时有一个名叫安庆公的人任掌庾大夫，其后裔子孙以先祖官名为氏，称庾氏。

以官为氏。周朝有官职庾廪，专职掌管粮库以及放置重要物资的仓储库。后世有个大夫在该官职上有功，被周王赐姓庾氏，其后代亦有以先祖官名为氏者，世代相传为庾氏。

源于姬姓。春秋时卫国有神箭手庾公，他姓姬，名庾，字之斯，又字之佗，曾跟郑国神箭手尹公之他学习射箭，后青出于蓝，百发百中，时称“庾公之斯”。庾公之后裔子孙有以先祖名为氏者，称庾氏。

春秋时，周襄王封其弟王子带于甘邑，为甘昭公，其后世代为周王室卿大夫。周景王时，甘悼公准备除去成氏、景氏之族，这两族非常紧张，于是贿赂了执政卿士刘献公。刘献公突然出兵，杀了甘悼公，第二天又杀了甘悼公之子献太子的太傅庾过。庾过之后有称庾氏者。

源于鲜卑族。南北朝时期，鲜卑拓跋部有庾氏部落，北魏孝文帝汉化改革时，遂以部落称谓为氏，称庾氏。

家族名人

庾信，字子山，南阳新野（今河南新野）人，南北朝时期文学家。他自幼随父亲庾肩吾出入于萧纲的宫廷，后来又与徐陵一起任萧纲的东宫学士，成为宫体文学的代表作家；他们的文学风格，也被称为“徐庾体”。侯景叛乱时，庾信逃往江陵，辅佐梁元帝。后奉命出使西魏，在此期间，梁为西魏所灭。北朝君臣一向倾慕南方文学，庾信又久负盛名，因而他既是被强迫，又是很受器重地留在了北方，官至车骑大将军、开府仪同三司。北周代魏后，更迁为骠骑大将军、开府仪同三司，封侯。时陈朝与北周通好，流寓人士许归还故国，唯有庾信与王褒不得回南方。所以，庾信一方面身居显贵，被尊为文坛宗师，受皇帝礼遇，与诸王结布衣之交，一方面又深切思念故国乡土，为自己身仕敌国而羞愧，因不得自由而怨愤。有《庾子山集》。

终

姓氏起源

源于高阳氏。帝颛顼之后有陆终，其后有称终氏者。

夏朝有太史令终古，其后有终氏。

源于姜姓。春秋时鲁国有大夫富父终甥，其后有终氏。

源于芈姓。春秋时楚国有大夫阳令终，其后有终氏。

源于嬴姓。战国时，秦昭襄王封其子于终黎，史称终黎过，其后以国为氏，称终黎氏，后简化为终氏、黎氏。

家族名人

终军，字子云，山东济南人，西汉著名的政治家、外交家。少好学，18岁被选为博士弟子，受到汉武帝赏识，封“谒者给事中”，后擢升谏大夫。他曾先后成功出使匈奴、南越。元鼎五年（前112），年仅20余岁的终军被南越相吕嘉杀害，时人称为“终童”。

暨居衡步　都耿满弘

暨

姓氏起源

彭祖的后裔子孙在商朝时为伯爵，受封于暨地，其后以封邑名为氏，称暨氏。

源于姒姓。春秋时越国有大夫诸暨郢，其后有暨氏。

源于姬姓。吴王夫差的弟弟叫夫概，其子孙在吴国灭亡时为避国难，改称暨氏。

家族名人

暨逊，字茂言，晋代余杭（今浙江杭州）人。以孝行闻名，被封关内侯。

暨陶，福建崇安（今属福建武夷山）人，北宋元丰年间状元，擅长音律，其赋闻名，任奉议郎。

居

姓氏起源

源于杜姓。春秋时，周大夫杜伯之子在晋国为官，受封于先邑，遂为先氏。晋文公时，有名将先轸。先轸有子先且居，其后裔子孙有以先祖名为氏者，称居氏。

据《姓氏考略》记载，少昊嫡长子名倍伐，但少昊欲传位颛顼，于是降处倍伐于缗渊，其后有居氏、倍氏。

源于妫姓。战国时齐国有大夫香居，其后有居氏。

古代西域地区有羌族分支悉居人，建有西夜国，其后有居氏。

家族名人

居廉，字士刚，号古泉，晚清著名画家。善画花鸟、草虫及人物，尤以写生见长。和其从兄居巢并称“二居”。他初时学宋光宝和孟丽堂，后吸收各家之长，自成一家。笔法工整，设色妍丽，在继承和发展恽寿平没骨画法的基础上，创撞水和撞粉法，是岭南画派奠基人之一。

衡

姓氏起源

商汤有贤臣伊尹，是助商灭夏的第一功臣，商汤封他为尹，并封尊号“阿衡”。“阿”的意思是“倚”，“衡”的意思是“维持”，合起来意思就是“国家的倚靠”。伊尹之后有以先祖尊号为氏者，称衡氏。

源于姬姓。西周初，周公旦受封于鲁国，其长子伯禽就封。其后有公子衡，其子孙以先祖名为氏，称衡氏。

春秋时郑国有城邑雍雍，亦称衡雍、垣雍，居者有称衡氏者。

东汉末年，袁绍败亡后，部分袁氏族人隐居南岳衡山一带避难，遂以居地为氏，称衡氏。

家族名人

衡方，字兴祖，东汉平陆（今山东汶上）人。幼年聪颖好学，通晓诗书，敦厚达礼。成年后，郡州推举其为孝廉，官拜郎中。后任丘侯相，胶东令。继调任会稽东部都尉，后因奔母丧辞官，居家守庐。期满即被桓帝征选为议郎，任右北平太守，继调任颍州太守多年，后辞职退居家乡。不久又被请出拜为议郎，参议朝政。继任太医令、京兆尹。因他居官清廉，能剿奸扶正，振滞起旧，兴利除弊，故而威名远震。

步

姓氏起源

源于姬姓。据《元和姓纂》记载，春秋时晋国有大夫姬叔虎，他有三个儿子，分别为郤称、郤芮、郤义。郤义之子扬，受封于步邑，世称步扬，其后有步氏。

源于姜姓。春秋时齐国有贵族叔步乘，是孔子弟子，其后有步氏。

以官为氏。西周时有官职步人，负责督管全国各地长度、面积的使用规范。西汉时有军职步兵校尉，为屯兵八校尉之一。步人、步兵校尉之后有称步氏者。

源于鲜卑族。南北朝时期，鲜卑拓跋部有步六孤氏（步禄孤氏、步鹿孤氏）部落，北魏孝文帝汉化改革时，改为汉姓步氏。

家族名人

步骘，字子山，临淮淮阴（今江苏淮阴西北）人，三国时期吴国重臣。最初避难至江东，每日种瓜糊口，博研道艺，广览群书。他性格宽宏，颇得人心，喜怒不形于声色。孙权为讨虏将军，召他为主记。因为他能文能武，又升迁为将军左护军，封为临湘侯，拜为骠骑大将军，屡立战功。他精通兵法，用兵神速，特别在危难的时候，能解围营救，其人品甚受敌方的敬佩。

都

姓氏起源

源于姬姓。春秋时郑国有公族大夫公孙阏，字子都，容貌俊美，武艺高强，很得郑庄公的赏识，其后裔子孙有以先祖字为氏者，称都氏。

源于芈姓。春秋时，楚国有公子田，受封于都邑，故称公都氏，其族人有改称都氏者。

源于姜姓。春秋时齐国有公族大夫公子都，其后有都氏。

源于子姓。战国时期宋国国君宋休公，名子田，他在位期间，曾迁都彭城，故其后有彭都氏，后简化为彭氏、都氏。

家族名人

都尉朝，东汉学者，从孔安国学受古文《尚书》，后转授于庸潭。

都贶，字君锡，山西陵川人，北宋大臣。博览经籍，长于史学，以明经得中进士。

耿

姓氏起源

源于子姓。商王祖乙时，将国都从相迁到邢（古代读作“耿”）。商王盘庚时，又将国都从耿迁到殷墟。盘庚迁都后，一部分商朝公族没有随他南迁，他们留在耿地，遂以地为氏，称耿氏。一说“邢”与“耿”不是指同一个地方。商王祖乙迁都邢后，封其弟祖丙于耿地，建耿国，其后有耿氏。

源于姬姓，以国为氏。周朝建立后，子姓耿国灭亡，周室封同姓王族于耿，建立姬姓耿国，春秋时为晋国所灭，耿国子孙奔楚为大夫，以故国名为氏，称耿氏。

源于姬姓，以国为氏。晋国灭耿国后，晋献公封赵夙于耿，其后亦有称耿氏者。

家族名人

耿弇，字伯昭，扶风茂陵（今陕西兴平东北）人，东汉开国名将，“云台二十八将”第四位。耿弇自幼喜好兵事，后劝父投奔刘秀，被任命为偏将军，跟随刘秀平定河北。刘秀称帝后，封建威大将军、好畤侯。此后，耿弇败延岑、平齐鲁、攻陇右，为东汉的统一立下赫赫战功。

耿恭，字伯宗，扶风茂陵（今陕西兴平东北）人，耿弇弟耿广之子，东汉官员、将领。耿恭慷慨多谋略，有将帅才能，在西北抗击匈奴、羌人，有奇功。

满

姓氏起源

源于妫姓。西周初，周武王封舜帝后裔胡公满于陈国，后为楚国所灭，其后有以先祖名为氏者，称满氏。

源于姬姓。周穆王姬满之后有称满氏者。

源于姜姓。西周时期，周王室有专职侍奉周王饮宴的卿士，官爵为角伯。角伯之后有封于满邑者，称满伯，其后有满伯氏，后简化为满氏、伯氏。

春秋时候，长狄部族首领鄋瞒氏，因此史书中也称长狄为鄋瞒，长狄灭亡后，其族人有称瞒氏者，后以谐音称满氏。

家族名人

满宠，字伯宁，山阳昌邑(今山东巨野昌邑）人，三国时期魏国名将。初在曹操手下任许县县令，掌管司法，以执法严格著称。后转任汝南太守，开始参与军事，曾参与赤壁之战。关羽围攻樊城，满宠协助曹仁守城，劝阻其弃城而逃的计划，成功坚持到援军到来。曹丕在位期间，满宠驻扎在新野，负责荆州侧的对吴作战。曹叡在位期间，满宠转任扬州，接替曹休负责东侧对吴作战，屡有功劳，后因年迈调回中央任太尉，数年后病逝。

弘

姓氏起源

源于姜姓。上古时期，共工有一支后裔食采于弘邑，称弘氏。周幽王时，弘献为诸侯，世居弘农。申侯联合犬戎杀入镐京时，诸侯都不前来救援，只有弘献率兵前来，且犯颜直谏。周幽王重之，以烽有敦煌之义，遂封弘献为敦煌公。春秋时，敦煌公后人弘演在卫国任大夫，忠心耿耿，其后有弘氏。

源于芈姓。战国初期楚国有学者馯臂，姓馯，名臂，字子弘，其后裔子孙有以先祖字为氏者，称弘氏。

源于公孙氏。西汉丞相公孙弘之后亦有称弘氏者。

源于鲜卑族。北魏献文帝拓跋弘，其后有弘氏。

源于田姓。唐朝后期，魏博节度使田兴归顺唐朝，唐宪宗特赐改其名为“弘正”，其后有以先祖之号为氏者，称弘氏。

家族名人

弘演，春秋时卫国大夫，受卫懿公器重。他奉命远使未归时，狄人突然攻卫，杀懿公，尽食其肉，独舍其肝。弘演归，见而号曰：“臣请为表。”因自剖其腹，先出己之五脏，然后纳懿公肝入己腹而死。后来，他成为封建社会忠君的典范。

匡国文寇　广禄阙东

匡

姓氏起源

以国为氏。上古有匡国，周武王灭商时，匡国亦被灭亡，故匡侯后裔匡俗兄弟七人迁居庐山。匡俗七兄弟之后，多以故国名为氏，称匡氏。

春秋时鲁国大夫施孝权有个家臣名叫句须，后出任匡邑宰，史称匡句须。匡句须之孙以祖父居官地名为氏，称匡氏。北宋初年，匡氏族人为避宋太祖赵匡胤之名讳，皆改匡氏为主氏。北宋末年，宋徽宗赵佶认为民间百姓中竟然有“主”氏，甚为不妥，遂又下令所有的主氏皆改为康氏。北宋王朝灭亡后，有的康氏族人恢复了祖姓，仍为匡氏。

春秋时郑国、卫国皆有匡邑，居者有称匡氏者。

以官为氏。商、周时有官职巫匡，为专门治疗疑难杂症的巫师；西周时有官职匡人，专职掌管“以法匡正诸侯”；西周时有官职卝人，亦称丱人、䍩人，专职掌管采矿事务，后世称其为“矿人”。巫匡、匡人之后有称匡氏者，卝人之后有以谐音称匡氏者。

家族名人

匡衡，字稚圭，东海承县(今山东峄城)人，西汉经学家。出身农家，少年好学，世传其凿壁偷光故事。精明博识，为众学者佩服。但因宣帝不喜儒术，仅官至太常掌故，补平原文学。元帝后，遂为博士、给事中，迁光禄大夫、太子少傅，又迁光禄勋、御史大夫。公元前36年，代韦玄为丞相，封乐安侯。主张整治吏制，举贤良，罢奸佞，崇尚仁义礼让。

匡源，字本如，号鹤泉，山东胶州人，是清代咸丰帝临终前托孤的顾命八大臣之一，还是一位有名的书画家。出生于书香人家，自幼聪敏好学，才思敏捷，认真刻苦。13岁考秀才，文采卓异，擅诗文，称为神童。

国

姓氏起源

源于妘姓。春秋时有宾媚人，先被鲁宣公聘为上大夫，后又出任齐国佐、上卿，其先祖为东夷族有穷氏部落首领后羿的臣下，即夏王朝少康执政时期的司空宾圉。宾媚人的后裔子孙中，有以先祖官职“国佐”为姓氏者，称国氏、佐氏。

源于姬姓。据《元和姓纂》记载，春秋时郑穆公之子公子发，字子国。子国之子公子侨，字子产，是春秋时期著名政治家。子产有两子，长子恩子、次子惠子，皆以祖父字为氏，称国氏。国惠子后赴齐国，世为齐国上卿。

以官为氏。西周时有官职国史，专职掌管记载国史；战国时有军职国尉，是统领一千步兵的将领，职位低于将军；战国时亦有官爵国大夫；晋朝时有官爵国公；晋朝亦有官职国子祭酒。这些官员的后裔子孙中，有以先祖官职、官爵名为氏者，称国氏。

家族名人

国渊，字子尼，乐安郡盖县（今辽宁盖县）人，三国时期曹魏官吏。汉末经学大师郑玄的高足，曾跟从管宁、邴原避乱辽东，后来回归中原，曹操任其为司空掾。国渊亦忠于职守，在朝议上讨论问题时，经常疾言厉色，正直无私。

文

姓氏起源

源于姬姓。周文王支庶后裔子孙中，有以先祖谥号为氏者，称文姓。

源于姬姓。春秋时卫国有大将军孙林父，谥号为“文”，史称孙文子，其后有文氏。

源于姜姓。西周初，周武王封炎帝裔孙于许地，建立许国。其开国国君为姜经初，字文叔，号甫父乙，史称许信公、许文叔。许国灭亡后，国人有以先君之字为氏者，称文氏。

源于祁姓。春秋时晋国上卿范武子(士会)之子名士燮，字子文，史称其为“范文子”，其后有文氏。

源于妫姓。战国时期齐国孟尝君名田文，其后有文氏。

源于妫姓。春秋时陈厉公之子公子完为避难而逃奔齐国，其族在齐国世代为相，后有取代姜氏而成齐国之主。公子完谥号为“敬”，史称田敬仲完，其后有称敬氏者。五代后晋时，为避晋高祖石敬瑭之名讳，敬氏族人不得不将“敬”字拆开，一分为二，分别改为文氏、苟氏。

以官为氏。汉朝时有官职文学掾，其后亦有称文氏者。

家族名人

文天祥，字履善，又字宋瑞，自号文山、浮休道人，江西吉州庐陵（今江西吉安）人，南宋末大臣、政治家、文学家，杰出的民族英雄和爱国诗人。宝祐四年（1256）状元，官至右丞相兼枢密使。被派往元军的军营中谈判，被扣留。后脱险经高邮嵇庄到泰县塘湾，由南通南归，坚持抗元。祥兴元年（1278）兵败被张弘范俘虏，在狱中坚持斗争三年多。受俘期间，元世祖以高官厚禄劝降，文天祥宁死不屈。至元十九年（1282）十二月初九，在柴市从容就义。著有《过零丁洋》《文山诗集》《指南录》《指南后录》《正气歌》等。

文征明，原名壁，字征明，长州（今江苏苏州）人，明代画家、书法家、文学家。在诗文上，与祝允明、唐寅、徐祯卿并称“吴中四才子”。在画史上与沈周、唐寅、仇英合称“吴门四家”。

寇

姓氏起源

源于高阳氏。西周初，苏忿生任大司寇，专门负责掌管刑狱、治安之类的政务，其后有称司寇氏者，后简化为司氏、寇氏。

源于姬姓。春秋时郑国有大夫堵叔，字洩寇，其后有称寇氏者。

源于姬姓。西周初，卫康叔任周王朝的大司寇，其支庶之孙有称寇氏者。又春秋时卫灵公之子公子郢（一说公子郢之孙公孙兰）为司寇，其后有寇氏。

源于子姓。春秋时宋襄公庶弟公子鳞之孙鳞朱，任宋国少寇，其后称少寇氏，后简化为寇氏。

家族名人

寇准，字平仲，华州下邽（今陕西渭南）人，北宋政治家、诗人。太平兴国五年（980）进士，两度入相。景德元年（1004），辽军南侵，寇准力排众议，促使宋真宗亲自前往澶州督战，最终与辽国订下“澶渊之盟”。后来遭到王若钦、丁谓等人的排挤，贬死雷州。皇祐四年（1052），仁宗诏翰林学士孙抃撰神道碑，谥“忠愍”，复爵“莱国公”，仁宗亲篆其首曰“旌忠”。

广

姓氏起源

相传，广成子是上古仙人，是道教“十二金仙”之一，也是中国古代的剑仙之祖。广成子的后裔子孙中，有以先祖的名号为氏者，称广成氏，后简化为广氏和成氏。

以爵为氏。楚、汉之争时期，赵王武臣、赵王歇先后封赏过两位广武君，即陈余、李左车。陈余和李左车之后裔子孙中，有以先祖爵号为氏者，称广武氏，后简化为广氏、武氏。

家族名人

广嵩，安徽六安人，明朝楷书吏。所谓楷书吏，就是明朝洪武年间专用楷、隶字体誊抄古文书籍的官吏。广嵩后任中书令。

禄

姓氏起源

源于子姓。据《风俗通义》记载，商朝亡国之君帝辛（纣王）有子武庚，字禄父。商朝灭亡后，周武王安置武庚留在殷墟太子城，负责管理商王朝的旧贵族和遗民。后武庚乘周成王年幼，联合不满周公旦摄政的管叔、蔡叔以及殷商贵族起兵反叛，企图颠覆西周政权。该次动乱长达三年之久，终被周公旦所平定，武庚被杀，史称“武庚之乱”。武庚后裔子孙中，有以先祖字为氏者，称禄氏。

以官为氏。据《万姓统谱》记载，周朝有官职司禄，其主要职责则为“主班禄者”，就是按照典制设定不同等级大夫们的官禄，其后有禄氏。

西汉初“商山四皓”中有禄里先生，即角里先生，其后有禄氏。

春秋战国时期，秦国和楚国皆有逯邑，居者有称逯氏者，逯氏族人有改称禄氏者。

家族名人

禄东贤，泾阳(今陕西泾阳)人，汉朝文士，以文行著称。

阙

姓氏起源

以国为氏。商末周初有小国阙巩，后为周武王吞灭，其后有以故国名为氏者，称阙巩氏，后简化分衍为阙氏、巩氏。

夏朝有贤臣关龙逄，因忠谏被杀，其后裔子孙在春秋时居鲁国曲阜阙里，改以地名为氏，称阙氏。

鲁国有邑名阙党，有大夫受封于此，其后有阙氏。

家族名人

阙岚，字文山，一作雯山，号晴峰，安徽桐城人，清代画家，善画山水、花卉，尤工人物。仙佛像亦甚妙，善写真。

东

姓氏起源

相传舜帝有七友，为雄陶、方回、续牙、伯阳、东不訾、秦不虚、灵甫。其中东不訾之后裔子孙中，有以先祖名为氏者，称东氏。

伏羲裔孙中有一个叫羲仲的，居于震位(震位在八卦中主东方)，其族人成为东蒙氏部落，世代执掌东方青阳令，他的后代子孙遂以东方命氏，称东方氏、东蒙氏，后简化为单姓东氏。

以官为氏。春秋时楚国有官职耳目史，负责督察朝野上下，秦朝时改称御史大夫。由于御史大夫在上朝时站居文职站班的最东边，因此又称其为“耳东官”、“闻东史”等，其后裔子孙有以先祖官名为氏者，称东氏。

源于妫姓。战国时，陈国为楚国灭亡后，其公族子弟为避楚人追杀，就有拆“陈”字改为复姓阜东氏、东阜氏者，后以字形近而称耳东氏、东耳氏，亦有取谐音称尔东氏者，后有简化为单姓东氏者。

源于东方姓。汉武帝时有名臣东方朔，西汉末期王莽篡汉时，东方氏族人为避难，有改称单姓东氏、方氏者。

汉朝时有复姓东宫氏、东郭氏、东门氏、东阕氏、东野氏、东田氏、东陵氏、东蒙氏、东莱氏、东邱氏、东乡氏、东里氏、东关氏、东间氏，这些复姓的后裔子孙中，皆有改为单姓东氏者。

家族名人

东郊，山东安德（今山东陵县）人，明朝中期御史。

欧殳沃利　蔚越夔隆

欧

姓氏起源

源于姒姓。春秋末年，越国为楚国所灭，越国末代国君姒无疆之次子姒蹄被楚宣王封于乌程欧余山的南部。古人以山南为阳，因此称姒蹄为欧阳亭侯，其后有欧阳姓、欧侯姓、欧姓。

春秋战国时，有著名铸剑大师欧冶子，因为他居住在欧余山，又以冶炼锻造兵器出名，故称欧冶子，其后裔子孙有以先祖名号为氏者，称欧氏。西汉景帝时，赐欧姓族人欧安为区姓。

家族名人

欧大任（1516—1596），字桢伯，号仑山，广东顺德人，明朝诗人，因曾任南京工部虞衡郎中，别称欧虞部。他“博涉经史，工古文辞诗赋”，并喜体育运动，擅长踢球、击剑。14岁时，督学曾集中十郡的优等生会考，他三试皆列第一，名噪诸生。工诗，同卢柟、俞允文、李先芳、吴维岳并称“广东五才子”之一。

殳

姓氏起源

源于姜姓。炎帝神农氏裔孙伯陵之第三子名殳，是箭靶的发明者，因此帝尧封他为殳侯，赐殳姓。

源于有虞氏。据《通志·氏族略》记载，舜为部落首领时，有虞氏族人殳斨为舜大臣，其后裔子孙以先祖名为氏，称殳氏。

殳，最早是一种竹竿制的兵器，长一丈二尺，八棱而尖，是上古五兵之一。古时，每逢一年开始的第一天，要举行盛大的庆祝活动。在这一活动中，有殳仗队和兵甲游行接受君主的检阅。所谓殳仗队，即后来的仪仗队。每队各设有将军一人指挥队伍，称殳令、殳将军，其后裔子孙有称殳氏者。

家族名人

殳文，明朝大臣，曾任福建漳州知府，有政绩。

殳君素，字质夫，江苏苏州人，明朝画家。师从文嘉钱谷，为其入室弟子，有出蓝之美。其子殳胤执亦是著名画家，善山水。

沃

姓氏起源

源于子姓。商朝的第六世帝王名沃丁，其后裔子孙有以先祖名为氏者，称沃氏。

源于子姓。据《姓氏考略》记载，西周初，微子启建立宋国以后，封裔族于沃州，称沃伯。沃伯之后有称沃氏者。

源于姬姓。西周初，晋昭侯将曲沃之邑封给叔父姬成师。姬成师号为桓叔，史称其为曲沃桓叔。曲沃一系在曲沃武公时灭晋，成为晋国之主。曲沃武公后改称晋武公，仍定都于原晋之国都翼邑，而留居在曲沃的宗族支庶子孙中，有以先祖封邑名为氏者，称曲沃氏，后简化为曲氏、沃氏。

以官为氏。两周时有官职沃使，专职负责为君王盥手，也就是在用膳、宾宴、祭祀等重大活动前洗手，古称“沃盥”，其后裔子孙有以先祖官名为氏者，称沃氏。

家族名人

沃田，山东蓬莱人，明代抗倭将领。嘉靖二十四年（1545）武进士，曾任指挥同知、漕运把总，提升都司、江苏仪征守备。三十六年（1557），倭寇侵扰扬州，深入安徽天长，沃田率兵抗御。他骁勇非常，身先士卒，闯入敌营，乱敌阵脚，激战数日，获全胜。但因战马失蹄，陷于沼泽，惨遭杀害。沃田虽死，但倭寇也因遇此恶战而不敢入城肆虐，仓皇离去，天长城的百姓避免了一场洗劫。

利

姓氏起源

源于高阳氏。皋陶后裔理征，字德灵，封为中吴伯，在殷纣王时任理官，因执法如山，忤逆昏君商纣王的旨意，招来杀身之祸。其妻契和氏携幼子利贞出逃，到伊侯之墟，饥渴交侵，摘路旁树上果子充饥才得生存。一感李子活命之恩，二为改姓避难，所以理利贞改姓李利贞。道家学说创始人老子就是李利贞的后人。老子后裔子孙中，有的为纪念远祖，以其利字为氏，称利氏。

源于姬姓，以邑为氏。春秋时晋国有大夫食采于利邑，其后有利氏。

源于芈姓，以邑为氏。春秋时楚国公子西食采于利邑，其后有利氏。

以官为氏。秦朝时，秦始皇设有官职利氏，亦称栗氏、历氏，专职负责监造金属器具，其中负责冶炼浇铸的工官专称“穿氏”，负责兵器制造的工官则专称“利氏”，负责民用器物制造的则专称“栗氏”。宋、金、元时期，人们将负责兵器制造的工部官吏称作利器署令、利器署丞，隶属于军器监院管辖。在利氏、栗氏、历氏、穿氏、利器署令、利器署丞等的后裔子孙中，皆有以先祖官名为氏者，称利氏。金、元时期有官职利通监，亦称利用监、利用院。专职掌管铸币场，最高行政长官称利用卿，下属有利通太监、利通少监、利通副监、利通监丞、利通给事等官吏，这些官吏的后裔子孙中亦有称利氏者。

源于鲜卑族。南北朝时期，鲜卑拓跋部有叱利氏部落，北魏孝文帝汉化改革时，改为汉姓利氏。

家族名人

利元吉，字文伯，盱江(今江西抚州)人，宋朝学者。他是宋朝著名儒者陆九渊的高足，学问独到。陆九渊的儿子后来想拜他为师，利元吉谢曰不敢当。后举进士而当官，为官清正廉洁，爱民如子，为百姓做了许多好事，政绩显著。晚年以教书为乐。

蔚

姓氏起源

源于姬姓，以邑为氏。西周宣王在位时，其弟郑桓公姬友有个儿子叫公子翩。周宣王很喜欢这个侄儿，因此赐封其于蔚邑，并为其专门设置了蔚州。公子翩的后裔子孙中，有以先祖封邑名为氏者，称蔚氏。后有部分族人改称郁氏、尉氏等。

南北朝时期，北周宣帝宇文赟设蔚州。隋朝时，改蔚州之地为雁门郡之灵丘县。唐朝时，唐高祖李渊复置蔚州。明朝时，蔚州改置于今河北蔚县一带。民国时，蔚县隶属于察哈尔省。中华人民共和国成立后，中央人民政府在1952年8月撤销察哈尔省，蔚县在12月划归河北省。古代居于蔚州、蔚县者，有称蔚氏者。

源于嬴姓。战国末年，赵国为秦国所灭，赵代王嘉自戕而亡，被秦将王翦葬于代城的辅城蔚城外。在为赵代王赵嘉守陵的赵氏子孙中，有人在先王陵寝之地广种牡蒿，名义上是中草药园，实际上是以其在《诗经·小雅·蓼莪》中久有所赞的“蓼蓼者莪，匪我伊蔚”为记，寓意赵国不灭，一如牡蒿坚韧、强盛的生命力，并改姓氏为蔚氏，世代相传。

家族名人

蔚昭敏，字仲明，开封祥符人，宋朝将领。其父蔚兴，事周世宗，数战伐有功，又从宋太宗平太原，终龙尉都虞侯。宋真宗为襄王时，蔚昭敏自东班殿侍选隶襄王府。帝即位，授西头供奉官，累迁崇仪使、冀贝行营兵马都监。契丹以五千骑突至冀州城南，蔚昭敏率部兵与战，败之，得其器甲，贼遁去，而师不失一人。咸平四年（1001），任镇定高阳关三路先锋。辽兵退趋莫州，他斩敌万余人，拜为唐州团练。

越

姓氏起源

源于姒姓，以国为氏。夏朝时，夏王少康封庶子姒无余于会稽，主持禹的祭祀。姒无余的后人建立了越国，后为楚国所灭，其王族后裔有以故国名为氏，称越氏者。

源于鲜卑族。南北朝时期，鲜卑拓跋部有越勒氏、越强氏、越质氏、越质诘氏等部落，北魏孝文帝汉化改革时，改为汉姓越氏。

家族名人

越英，字德充，贵阳人，明代泸州知州。初任衡阳教谕，后擢泸州知州。他心地仁爱，喜欢良善，疾恶如仇，做州官时刚正不阿，地方上风气清正，后弃官而归。他以道义自持，素为乡里所畏服。

夔

姓氏起源

相传在尧帝和舜帝时期，有乐正名夔，制定了乐律，其后裔子孙有以先祖名为氏者，称夔氏。

源于芈姓，以国为氏。西周时，楚君熊渠次子名熊挚，其后受封于夔城，建立夔国，后为楚国所灭，王族后裔多以故国名为氏，称夔氏。

家族名人

夔安，东晋十六国时后赵丞相、军事家。他聪敏而才能卓越，十分贤明，不仅在行政事务上卓有见地，将后赵国治理得井井有条，而且在军事指挥上也独树一帜。

隆

姓氏起源

据《姓氏考略》记载，春秋时鲁国有隆邑，居者有称隆氏者。

以官为氏。春秋时楚国有官名丰隆，亦称雷师，原称祭司中的雷师，实际上就是春秋时期楚国设置的军制官位，专职负责槌擂战鼓。丰隆之后有称隆氏者。

春秋末年，晋国执政上卿赵襄子有家臣楚隆，其后裔子孙有以先祖名为氏者，称隆氏。

源于匈奴族。西汉时有匈奴人都隆奇，他在握衍朐鞮单于执政期间，一直是匈奴与汉朝通好的使者。他取汉名为隆疆，意为匈汉两疆和平兴隆，其后有隆氏。

源于毋将氏。西汉末年有毋将隆，因与王莽有隙，被贬岭南荒蛮之地，其后裔子孙有以先祖名为氏者，称隆氏。

古代有终隆山。在古代，“隆”字专指南方，并用于地名，故终隆山即终南山。终南山的住民中，有称隆山氏者，后简化为隆氏。

家族名人

隆英，明朝御史，宣德年间举人，任南宫县令。他勤俭节约，重视农耕，有古循吏风。

师巩库聂　晁勾敖融

师

姓氏起源

以官为氏。上古时期，辅佐君王的重要大臣皆称师。据《左传》记载，黄帝以祥云为纪，臣称云师；炎帝以燧火为纪，臣称火师；共工氏以流水为纪，臣称水师，后改称土师；太皞氏以龙瑞为纪，臣称龙师；少皞氏以凤鸟为纪，臣称凤师。这些远古官员的后裔子孙中，皆有以先祖官名为氏者，称师氏。

以官为氏。商、周时有官职太师，是商、周时期君主对具有最高权力的大臣的称谓，是德高勋贵的代表和象征。西周时有官职祭师，专职负责祭祀日、月、天、地、风、雨、雷、电、水、云等。西周时有官职师君，负责守卫君王正宫以及相关事宜。西周时有官职师氏，一是专职负责掌管贵族子弟的教育之事，称文师氏；二是武官官称，称武师氏，掌管一师之兵，即两千五百兵。两周时有军职左、右师氏。这些官员之后皆有称师氏者。

据《元和姓纂》记载，西周及春秋、战国时期，擅长乐技的人皆被称为师。当时比较著名的有晋国师旷、师服，鲁国师乙、师襄，郑国师悝、师触、师蠲、师惠、师叔，卫国师涓等。这些乐师之后有称师氏者。

汉朝时西域有姑师国，亦称车师国，其后有师氏。

家族名人

师宜官，南阳（今属河南）人，东汉书法家。汉灵帝好书法，征天下工书者于鸿都门，有数百人，唯有师宜官的八分字最好。大则一字径丈，小则方寸千言。他在酒馆时，可以写字于壁上以出售。

巩

姓氏起源

源于姬姓，以邑为氏。春秋时，周敬王同族卿士受封于巩邑，史称巩简公、巩简伯，其后有巩氏。

源于姬姓。春秋时晋国有大夫巩朔，其后有巩氏。

源于羌族。秦、汉时羌族有巩唐部，其族人有汉化称巩氏者。

家族名人

巩庭芝，字德秀，号山堂，浙江武义人，宋朝大臣、学者、教育家。著有《山堂类稿》60卷。

巩信，安封（今浙江建德）人，南宋末将领。曾为荆湖都统，他为人沉着冷静，智勇双全，后升为江西招讨使，隶属文天祥部下。他初到都统府时，文天祥拨给他义士一千名，他婉言谢绝不用，到了江西之后自己招兵买马，集兵三千余数，亲自训练，作好战备。不久，元兵南下，他亲率兵马与元军交战于石岭一带，身受重伤后投崖而死，以身殉国。

库

姓氏起源

以官为氏。古代有专门职守仓库的大夫，其后有库氏。

源于鲜卑族。南北朝时期，鲜卑拓跋部有库傉官氏部落，北魏孝文帝汉化改革时，改为汉姓库氏。

源于羌族。南北朝时期，北周羌族有库狄氏部落，入中原后改为汉姓库氏。

家族名人

库钧，汉朝人，曾任金城太守，受封辅义侯。他与当时的名人窦融交情很好，窦融任大司空，他俩弹琴作诗，总在一处，又都长得端庄，受到时人赞誉。

聂

姓氏起源

源于姜姓，以国为氏。西周时，齐丁公封其支庶子孙于聂城，建聂国，为齐国附庸，其后有聂氏。

源于姬姓，以邑为氏。据《元和姓纂》记载，春秋时卫国有大夫食采于聂地，其后有聂氏。

春秋时邢国有地名聂北，居者有称聂氏者。

宋朝时犹太人入中国，在元、明时采用汉姓，其中有聂姓。

家族名人

聂政，战国时侠客，韩国轵（今济源东南）人，以任侠著称，为春秋战国四大刺客之一。因感念韩国大夫严仲子的知遇之恩，独自一人仗剑入韩都阳翟，刺杀严仲子政敌侠累。

聂夷中，字坦之，唐朝诗人。咸通十二年(871)登第，官华阴尉。到任时，除琴书外，身无余物。其诗语言朴实，辞浅意哀，不少诗作对封建统治阶级对人民的残酷剥削进行了深刻揭露，对广大田家农户的疾苦则寄予极为深切的同情。

晁

姓氏起源

源于姬姓。春秋时，周景王去世后，其子姬匄和姬朝争夺王位，可执政的周王室卿士单氏和刘氏拥立了另一个王子姬猛作为国君，史称周悼王。姬朝发动政变，赶走周悼王。这时，晋顷公悍然出面干涉，派兵护送周悼王归国复位。不久，周悼王暴病而死，王子姬匄继位，史称周敬王。姬朝不甘，再次发动叛乱，赶走周敬王，自立为周王。三年后，周敬王在晋顷公的帮助下复位。姬朝所属部下在晋军的打击下大败，遂带着周王朝的历代典籍逃到了楚国。姬朝的后裔子孙有以先祖名为氏者，称朝氏。晁与鼂、朝在古代的时候音同义通，都有早晨的意思，因此朝氏又称为鼂氏、晁氏。

源于姬姓。据《风俗通义》记载，春秋时卫国有大夫叫史鼂，其后有晁氏。

源于嬴姓。战国时秦国有大庶长嬴鼂，其后有晁氏。

家族名人

晁错，颍川（今河南禹州）人，汉初学者和积极的政治改革者。文帝时官太常掌故、博士、太子家令，迁至中大夫。有辩才，号称“智囊”。景帝初，官御史大夫。曾先后上书言兵事、边防，主张重农贵粟，力倡削弱诸侯，更定法令，招致王侯权贵忌恨。公元前154年，吴、楚等七国以“诛晁错，以清君侧”为名，发动叛乱，晁错因此被杀。

勾

姓氏起源

古代“勾”与“句”是同一个字，故勾姓和句姓同宗同源。

相传，帝少昊有子名重，史称子重，逝世后被封为木正，为五行神之一，专职掌管天地万物的生长发育和生老病死，号称“勾芒”，其后有勾芒氏，后简化为勾氏、芒氏。

南宋时，勾氏族人为避宋高宗赵构之名讳，改称句氏、苟氏、钩氏。

源于姬姓。上古周族始祖后稷，任帝尧农师，传说他在开荒时驾御着龙(马)进行耕地，要行便走，要止便停，因此时人又尊称他为句龙氏。这里的“句”就是“止”的意思。古人对能够驾御龙（马）的人是非常敬佩的。后稷之后有以先祖尊号为氏者，称句龙氏，后简化为句氏（勾氏）、龙氏。

远古有地名偻句，居者有称句氏（勾氏）者。

源于风姓，以国为氏。春秋初有须朐国，亦称须句国，为伏羲氏之后，后为邾国所灭，其后有须句氏，后简化为句氏（勾氏）。

源于姬姓。春秋时卫国有贵族句井疆，亦称钩井疆，其后有句井氏，后简化为句氏（勾氏）。

源于姒姓。春秋末年越王勾践之后有称勾氏者。

以官为氏。古代有句兵，是西周、春秋、战国乃至秦、汉时期的一种军职，专指执句戈征战的兵士。句戈，类似镰刀，安装在长竹竿上，专从伏击之军事，对付骑兵、战车等有特效。句兵之后称句兵氏，后简化为句氏（勾氏）、兵氏、戈氏。

源于匈奴族。东汉时南匈奴有句龙氏，入中原后有称句氏（勾氏）者。

家族名人

勾龙爽，又名句龙爽，四川人，宋代宫廷画家，擅长人物画。神宗时官翰林待诏。时称他画的人物“其状质野，有返朴之意”。作品有《西成民乐图卷》《岁丰图卷》等。

敖

姓氏起源

相传上古时有大敖国，国人被称作大敖氏。帝颛顼的老师就是大敖氏，其后有敖氏。

源于姬姓，以国为氏。西周初，周武王封黄帝裔孙于敖山，再建大敖国，春秋初为郑国吞并，其后有敖氏。

源于芈姓。春秋时的楚国国君，凡是被废弑而没有得到谥号的，都被称为“敖”，这类国君的后代有称敖氏者。

家族名人

敖陶孙，字器之，号臞翁，自称“东塘人”，南宋著名学者、诗人兼诗论家。

敖成，陕西长安人，清朝将领。行伍出身，乾隆间参与金川、库车等战役，累擢至广西右江镇总兵。乾隆三十八年（1773），再次参与金川之役，乘雪取巴布里。官至贵州提督。

融

姓氏起源

源于高阳氏。帝颛顼后裔重黎在帝喾时任火正，为祝融。重黎死后，其弟吴回复居火正，为祝融。重黎和吴回之后有称祝氏和融氏者。

源于妘姓。黄帝之孙融吾之后有称融氏者。

冷訾辛阚　那简饶空

冷

姓氏起源

黄帝时有乐官泠伦，他制定了中国古代的乐律，并铸造了12口编钟，黄帝为表彰他的功劳，赐他泠姓。古代“泠”字又写作“伶”，所以世世代代掌管宫廷乐舞的人又被称作“伶人”，后来成为专职演艺者的通称。泠伦之后称泠氏，后简化为冷，称冷氏。

源于姬姓。西周初，卫康叔的后代被封于泠水一带，遂称泠氏，后为冷氏。

源于姬姓。西周时有王室大夫泠州鸠，其后称泠州氏，后简化为泠氏、冷氏、州氏。

家族名人

冷枚，字吉臣，号金门画史，山东胶州人，清代宫廷画家。善画人物、界画，尤精仕女。所画人物工丽妍雅，笔墨洁净，色彩韶秀，其画法兼工带写，点缀屋宇器皿，笔极精细，亦生动有致。

訾

姓氏起源

夏朝有诸侯国訾陬国，其国人称訾陬氏，其后有訾氏。

源于姜姓。西周时有祭国，祭国有訾城。春秋初，祭国为郑国所灭。后来，訾城又被齐国吞并，祭国公族后裔及訾城之住民中有以邑名为氏者，称訾氏。

源于姬姓。春秋时，东周王室有邑地名为訾城，在訾城居住的周王室贵族的后裔子孙中，有以地名为氏者，称訾氏。

源于姬姓。春秋时卫国有邑地名訾娄，后为鲁国夺取，在訾娄居住的卫国贵族的后裔子孙中，有以地名为氏者，称訾氏。

源于芈姓。春秋时楚国有邑地名訾枝，在訾枝居住的楚国贵族的后裔子孙中，有以地名为氏者，称訾氏。

源于子姓。春秋时宋国有邑地名訾毋，在訾毋居住的宋国贵族的后裔子孙中，有以地名为氏者，称訾氏。

源于嬴姓。战国后期赵国贵族有訾辱氏，秦灭赵国后，改为单姓訾氏。

源于祭姓。南北朝时期，在故齐国訾邑居住有一支祭氏族人，是上古时期祭司的后代。随着时代进步，祭司的职能逐渐退缩，社会地位日渐下降，因此他们认为“祭”字不太吉利，于是一起商量将姓氏改为訾氏。

家族名人

訾汝道，德州齐河人（今山东德州），元朝贤士。少时以孝闻名，后来与弟弟分家时，将良田美宅都让给了弟弟，他的家乡闹荒时，曾广为借贷济人，并把借券全部焚毁，乡里人都感念他的善举。

辛

姓氏起源

帝喾为黄帝后裔，称高辛氏，其后有辛氏。

远古时，有有辛氏部族，其后有称辛氏者。

源于姒姓。夏朝初，夏王启封支子于莘，称有莘国，简称莘国，子孙以国名为氏，称莘氏。后因“莘”与“辛”音近，遂去“艹”

偏旁简改为“辛”，称辛氏。

源于项姓。南北朝时期，北周闵帝宇文觉赐改故楚国后裔中的项氏为辛氏，其后裔中有沿称辛氏者。

家族名人

辛毗，字佐治，颍川阳翟（今河南许昌）人，三国时期曹魏大臣。

辛弃疾，字幼安，号稼轩，历城（今山东济南）人，南宋爱国词人、将领。21岁就参加抗金义军，不久后归南宋。历任湖北、江西、湖南、福建、浙东安抚使等职。一生力主抗金。其词艺术风格多样，以豪放为主，抒写力图恢复国家统一的爱国热情，倾诉壮志难酬的悲愤，对当时执政者的屈辱求和颇多谴责。也有不少吟咏祖国河山的作品。题材广阔又善化用前人典故入词，风格沉雄豪迈又不乏细腻柔媚之处。

阚

姓氏起源

源于姞姓，以国为氏。上古时有阚国，是黄帝姞姓子孙的封国，其后有阚氏。

据《姓氏考略》记载，春秋时鲁国有阚邑，居者有称阚氏者。

源于姜姓。春秋时齐国有大夫止，受封于阚邑，世称阚止，其后有阚氏。

相传蚩尤阚姓，其后有阚氏。

家族名人

阚泽，字德润，会稽郡山阴县（今浙江绍兴）人，三国时期吴国学者、大臣。少时家贫，只得向别人抄书，于是博学多闻。汉末被举为孝廉，出任钱塘长，升郴县令。孙权为骠骑将军时，征召他为西曹掾。后官至中书令、太子太傅，封都乡侯。虞翻称其为“盖蜀之扬雄”、“今之仲舒”。

那

姓氏起源

春秋时，楚国灭掉权国，将其地改设成权县，命大夫斗缗为县尹。不久，斗缗又联合原权国的贵族叛楚，被楚武王镇压下去。楚武王将原权国的贵族皆迁往于楚国的那处城，其后有那氏。

汉朝时有那县，居者有称那氏者。

汉朝时西域有大宛国，其国有破落那氏部落，后汉化称那氏。

家族名人

那彦成，字韶九，号绎堂，清朝满州人。乾隆年间进士，历任乾隆、嘉庆、道光三朝，官至直隶总督，加太子太保。剿办山陕、楚及滑县匪乱尤有功。工诗能书，遇事有执持，卒谥文毅。

简

姓氏起源

源于姬姓。吴国创始人之一姬仲雍之子姬季简，为吴国第三任国君，其次子姬叔夏的后裔子孙中，有以先祖名为氏者，称季简氏，后简化为季氏、简氏。

源于姜姓。春秋时秦国大夫蹇叔之后有称蹇氏者，后改同音字“简”为姓氏，称简氏。

源于姬姓。春秋时鲁国有大夫简叔，是季氏家族中的贵族，名叫季简，其后有简氏。

源于姬姓。春秋时卫国大夫南简子，亦称简子瑕，其后有简氏。

以谥为氏。春秋时有郑简公、齐简公、燕简公、巩简公，战国时有楚简王、秦简公。春秋时晋国有大夫续简伯、赵简子、简子取，卫国有大夫南简子，齐国有大夫简子齿，这些国君和大夫的后裔子孙中，有以先祖谥号为氏者，称简氏。

三国时期蜀汉昭德将军简雍，本名为耿雍，当时幽州人将“耿”读作“简”，他遂干脆改姓为简氏，称简雍。

东汉时，句章尉检其明为避讳，改音同字异的“简”为氏，称简氏。

家族名人

简文会，南海（今广东南海）人。五代十国南汉乾亨四年（920）状元。幼年聪慧出众，秉性耿直。累官至尚书右丞。乾和年间，南汉刘晟帝暴戾而残酷。简文会疏谏，触怒中宗，被贬谪为祯州刺史。任上尽心尽职，颇有政声，为民所道，以清廉务实著称。终死于祯州任上。

饶

姓氏起源

源于伊祁氏。上古尧帝之后有称尧氏者，先秦时，尧氏族人为避祸，加了“食”偏旁为“饶”，称饶氏。一说西汉宣帝时，下令全国姓尧者改姓饶。

源于妫姓。据《姓源》记载，舜帝支裔虞遂取饶为部落名，其后有饶氏。又据《百家姓考略》记载，商朝时，舜之子商均的支庶子孙受封于饶国，其后以国名为氏，称饶氏。

源于嬴姓。战国时赵国悼襄王赐封饶邑给长安君，长安君之后裔子孙中，有以先祖封邑名为氏者，称饶氏。

源于妫姓。战国时期齐国有大夫受封于饶邑，其后有饶氏。

源于芈姓。西汉初，九江王英布叛乱被杀后，葬在饶州，其后裔子孙和忠诚部下中，有以英布葬地名为氏者，称饶氏。

家族名人

饶鲁，字伯舆，一字仲元，号双峰，饶州余干（今江西万年）人，南宋学者，一生致力于讲学传道。其学以持守涵养为主，学问思辨为先，而笃行终之。远近从学者众。受诸道部使之聘，历主白鹿洞、濂溪、建安、东湖、西涧、临汝诸书院。曾建“朋来馆”以居学者，春风化雨，遍及天下。

饶延年，字伯永，号止翁，江西崇仁人，宋代学者，为陆九渊弟子。以经学著称，隐居不仕，轻财好义，乡人德之。

空

姓氏起源

源于空桐氏。商朝时，商朝始祖的后裔有分封在空桐之地的，建立古空桐国。在空桐国的后裔子孙以及国民中，多以国名为姓氏者，称空同氏，或空桐氏、崆峒氏。一说自古居住在空同山的住民中，早就有以居地名为氏者，称空同氏，或空桐氏、崆峒氏，后简化单姓空氏。

源于空桑氏。商朝初，成汤手下有贤臣伊尹，出生于空桑之中，于是他给自己的长子取名空桑。空桑之后称空桑氏，后简化为空氏、桑氏。

源于子姓。商朝末年，帝乙庶长子、帝辛（纣王）庶兄微子启任国相，见纣王无道，屡次劝谏，但都不被采纳，于是离开朝歌。微子启自感空有国相之位却不能发挥作用，因此自号空相氏，其后裔子孙有以先祖名号为氏者，称空相氏，后简化为空氏。

以官为氏。西周至两汉时有官职司空，其后有称空氏者。

以职为氏。古代有乐器空侯，即箜篌，是一种十分古老的弹弦乐器，以箜篌演奏乐礼的艺人就称箜篌氏，后简笔称空侯氏，又称坎侯氏、空出氏等，后又简化为单姓空氏。

晋朝时有宠州，居者有称宠氏者。在古代，“宠”与“空”二字通义通假，故而后来该地区的宠氏族人改成空氏。

曾毋沙乜　养鞠须丰

曾

姓氏起源

源于姒姓，以国为氏。据《元和姓纂》《姓氏考略》等记载，夏王少康时，封幼子姒曲烈于鄫，建鄫国。西周初，周武王再封鄫侯为子爵，延续夏禹的祭祀。春秋时鄫国为莒国所灭，其后有鄫氏。后因失国而去掉邑旁，改称曾氏。

以官为氏。春秋时有官职曾臣，西周时期王室排名最末的大夫，其后有称曾氏者。

家族名人

曾参，字子舆，春秋时鲁国人。16岁拜孔子为师，勤奋好学，颇得孔子真传。积极推行儒家主张，传播儒家思想。他的修齐治平的政治观，省身、慎独的修养观，以孝为本的孝道观影响中国两千多年，至今仍具有极其宝贵的社会意义和实用价值。著述《大学》《孝经》等，后世儒家尊他为“宗圣”。

曾国藩，字伯涵，号涤生，谥文正，湖南长沙人，晚清重臣，湘军的创立者和统率者，晚清散文“湘乡派”创立人，晚清“中兴四大名臣”之一，官至两江总督、直隶总督、武英殿大学士，封一等毅勇侯。

毋

姓氏起源

以邑为氏。上古尧帝树下有臣子名句，他精通音韵，发明创造出了乐器“罄”，是用玉石做成的悬挂乐器，在技巧性敲击下，会发出美妙的音乐。尧帝听后大喜，赐封给他毋邑，因称毋句，其后有毋氏。

源于己姓。春秋初，莒敖穆公发兵攻杞国，占据了杞国的牟娄城（前身为牟夷国），从此牟娄城成为莒国的一个城邑，改称毋楼邑，亦称无楼邑。莒敖穆公封其子己期于此。后己期继位，是为莒兹丕公，又将自己的儿子己庶其封在无楼邑，时称毋楼公。到己庶其继位为莒纪公后，其支庶子孙遂以先祖封邑名为氏，称毋楼氏，后简化为单姓毋氏、楼氏、娄氏。

源于姬姓。春秋时鲁桓公之孙公孙兹，字毋还，史称兹毋还，其后裔子孙有以先祖字为氏者，称毋氏。

战国时齐国有无盐邑，亦称毋盐邑，居者有称毋盐氏、无盐氏者，后简化为毋氏。

源于姚姓。战国时期周王室有大夫綦毋子，其后有綦毋氏，再后简化为单姓綦氏、毋氏。

以官为氏。先秦时有官职毋将，新莽时有勇士巨毋霸，其后有毋氏。

毋将氏、毋车氏、毋终氏、毋楼氏、毋知氏等复姓亦有改成毋氏者。

家族名人

毋将隆，字君房，西汉东海郡兰陵（今属山东枣庄）人。汉成帝时为大司马从事中郎，迁谏大夫，历冀州牧、颍川太守。哀帝即位，入为京兆尹，迁执金吾。忤旨，左迁沛郡都尉，历南郡太守。王莽秉政，免官徙合浦。

沙

姓氏起源

源于姜姓。炎帝为部落首领时，属下有臣子夙沙氏，其后有沙氏。

源于子姓。西周时，微子启有后裔子孙受封于沙邑，其后有沙氏。沙邑，亦称“沙鹿”，史称“河上之邑”。

源于子姓。宋国原来有两个沙邑，一个是上面介绍的沙鹿，还有一个叫作沙随。沙随后为鲁国攻占，居于沙随城的宋国公族后裔及国民有以邑名为氏者，称沙随氏，后简化为沙氏。

古代诸侯公爵，凡失国或被撤爵之后，即被称之为公沙氏或随沙氏，意喻“没毛的凤凰不如鸡，如同沙子般渺小”。在这些人的后裔子孙中，有简称沙氏者。

以国为氏。西周末至春秋末有古沙侯国，亦称涉侯国、涉国，后归属赵国，西汉时改为沙县，居者有称沙氏者。

在朝鲜半岛的历史上，古百济国中有沙随氏族人，源出箕子朝鲜的后裔，一说为宋国沙随氏的迁徙，后简化为沙氏。

家族名人

沙世坚，字节甫，河北涉县人，北宋将领。

沙书玉，江苏丹徒（今江苏镇江）人，清朝医学家，精通内、外、喉科，声振大江南北，著有《医原纪略》《疡科补直》等医学著作。

乜

姓氏起源

源于姬姓，以邑为氏。春秋时卫国有大夫受封于乜城，其后有乜氏。

养

姓氏起源

源于子姓。春秋时邓国有大夫养甥，其后裔子孙有以先祖名为氏者，称养氏。

源于嬴姓。春秋时有嬴姓小国养国，后为楚国所灭，其后有养氏。后楚王封神射手养由基于养国故地，其后有养氏和养由氏，后养由氏亦简化为养氏。

源于姬姓。春秋时晋国有大夫梁余子养，其后有养氏。

源于姬姓。春秋时，吴王阖闾刺杀吴王僚，夺取君位。吴王僚之子公子掩余和公子烛庸逃奔楚国，楚昭王封他们在养邑，其后有养氏。

家族名人

养由基，春秋时期楚国名将，著名神射手，传说他能百步穿杨，百发百中。晋楚鄢陵之战中，楚共王左眼被晋将魏锜射中。共王给养由基两支箭，命他复仇。养由基一箭就将魏锜射死，因此人称“养一箭”。

鞠

姓氏起源

源于姬姓。周人始祖后稷有子不窋，不窋有子陶，传说陶生下来时手上的掌纹很像古文“鞠”字，因此不窋便给这个儿子起名叫鞠陶。鞠陶后裔子孙有以先祖名为氏者，称鞠氏、陶氏。

源于姬姓。春秋时孔子有弟子鞠语，为鲁国开国君主伯禽之后，因其家族是一个造皮革的世家，所以称“鞠语”。“鞠”就是“制革”

的意思。鞠语之后有称鞠氏者。

源于姬姓。战国时期燕国有上大夫鞠武，其后有鞠氏。

以官为氏。西周时有官吏鞠人，亦称“𥲤人”或“屛人”，是两周时期王室内侍之一，实际上就是专门在君王出入门闱之时，负责为君王开启门扉、掀起门帘的小吏，其后有以先祖官名为氏者，称鞠氏。

西汉末年，尚书令鞠谭为避祸而改称麴氏。这就是在《元和姓纂》中记载的“鞠麴同宗”的来源。

家族名人

鞠咏，字咏之，北宋开封（今河南开封）人。自小勤奋好学，后举进士，他遇事敢言。在担任三司盐铁判官时，河北、京师旱灾，他曾奏请出太仓米10万石以赈灾民。

鞠常，字可久，密州高密（今属山东诸城）人。少好学，善属文。五代后汉乾祐二年（949）擢进士第。后周广顺中，宰相范质奏充集贤校理，出为郓州观察支使，历永兴军节度掌书记、伊阳令。

须

姓氏起源

源于姞姓。商朝时有诸侯国密须国，商末为周文王所灭，其王族后裔子孙以故国名为氏，称密须氏，后简化为单姓须氏。

源于姚姓。西周初，周武王封舜帝后裔于遂，建立遂国，是鲁国的附庸国，春秋时为齐国所灭，其后须遂氏、遂因氏、工娄氏、颌氏，其中须遂氏后简化为须氏。

源于风姓。西周初，太昊伏羲氏的裔孙受封于须句，建有须句国，亦称须朐国，史称其国君为“须句子”。春秋时，须句国成为鲁国的一个邑地，并改成须昌。亡国后的须句国王族后裔和国民中，有以故国名为氏者，称须句氏，后简化为须氏。

春秋时卫国有须邑，其最高行政长官称句须，其后称句须氏，后简化为须氏。另外须邑的住民中亦有称须氏者。

源于姜姓。春秋时孔子有弟子樊须，其支庶子孙以先祖名为氏，称须氏。

以官为氏。春秋时晋国有官吏竖头须，专职负责掌管王室的宝藏，是王室重臣，其后有须氏。

家族名人

须之彦，字君美，号日华，南直隶苏州府嘉定（今属上海）人，明代官员。万历二十六年（1598）进士。历官浦江、桐乡，多善政。

丰

姓氏起源

新中国成立后进行的汉字简化过程中，“豐”字被简化为“丰”字，原豐姓族人也顺势改称丰氏。故丰姓和豐姓实为一姓。

源于高辛氏。帝喾执政时，属下有臣子丰侯且，其后裔子孙以先祖名为氏，称丰氏。

源于姜姓。远古帝喾之妃陈丰，亦称陈锋，在帝喾的支庶子孙以及陈丰的族人中，有以先祖母之名为氏者，称陈丰氏、陈锋氏，再后简化分衍为单姓丰氏、陈氏。

源于姜姓。商朝时有逄国，其国君称丰伯，亦称逄伯，逄国灭亡后，其王族后裔及国名中，有以国君名号为氏者，称丰氏。

源于姬姓，以邑为氏。据《元和姓纂》《通志·氏族略》等记载，丰地原是商末崇国君主崇侯虎的属地，周文王灭崇国后，改其地方为丰邑。周武王灭商后，封自己的弟弟，即周文王第十七子姬子于在丰邑，史称丰侯。周成王时，丰侯因酗酒误事而被罢黜，丰国亦除，其后裔子孙散居各地，遂以原封邑名为氏，称丰氏。

西周初还有妊姓和姞姓丰国，其后亦有称丰氏者。

源于姬姓。春秋时郑国有公子丰，其后有丰氏。

源于姬姓。春秋时卫国有大夫丰点，其后有丰氏。

古代有丰水流域，居者有称丰氏者。

家族名人

丰稷，字相之，谥清敏，明州鄞县（今浙江宁波）人，北宋官员。嘉祐四年（1059）进士。历官谷城令、监察御史、国子祭酒、吏部侍郎、御史中丞，奏劾蔡京，转工部尚书兼侍读。改礼部，尽言守正，积忤贵近，出知越州。蔡京得政，贬其为道州别驾、台州安置，除名，徙建州卒。

巢关蒯相　查后荆红

巢

姓氏起源

上古时人少而禽兽多，为防御野兽侵害，有巢氏教人构木为巢，白天采摘橡栗，夜晚栖宿树上。后又发明了穴居。从此人们在睡觉时就不必担心野兽的侵袭了。尧帝时，有巢氏族人中有个著名的隐士巢父，拒绝了尧的禅让。夏禹时，封巢父的后人于有巢，建立有巢国，史称其为“居巢”，君主称巢伯。春秋末，居巢国为楚国占有，其公族后裔和国人中，有以国名为氏者，称有巢氏、居巢氏，后简化为巢氏。

源于姒姓。夏朝末年，成汤兴兵伐夏，结果夏军大败。夏朝君主夏桀仓皇渡江逃到南巢，结果被俘获。成汤遂将其放逐该地。夏桀既不会种庄稼，也不会做饭吃，最后饿死。后来成汤又将夏桀的族人流迁至南巢地区，其后以居地为氏，称南巢氏，后简化为巢氏。

源于晁姓。西汉时，晁错被冤杀，大将军周亚夫藏匿起晁错的一个儿子和两个侄子，并改同音字“巢”为姓氏。后汉武帝下诏为晁错平反，周亚夫献出晁错之子，复为晁氏，而晁错之侄则拒绝再更回晁氏，坚持称巢氏，世代相传。

家族名人

巢猗，隋朝学者，任国子助教，撰有《尚书义》《尚书音译》等。

关

姓氏起源

源于姬姓。舜帝时，董父精于饲龙（马），被赐为豢龙氏。在古代，“豢”、“关”二字同音通用，所以后来又写作关龙氏。董父的后裔子孙中，多有以先祖封号为姓氏者，称豢龙氏、关龙氏，后简化分衍为单姓关氏、龙氏。

源于姬姓。据《风俗通义》记载，春秋时，东周王室大夫尹喜在军事重镇函谷关任关令，世人称其为关尹喜、关尹令。也有的学者认为，“尹”就是周王朝时期的一级地方行政长官的官名，“喜”为人名，实名应为姬喜，他的官职为尹，负责守函谷关，因此史称“关尹喜”。其后有关尹氏，后简化分衍为关氏、尹氏。

以官为氏。商、周时有官职关人，西周时有官职关津、关孔，春秋时越国有官职关弓，这些官员之后裔子孙有以先祖官名为氏者，称关氏。

源于姬姓。春秋时晋国有大夫东关嬖五，受封在都城东关，故称东关氏，后简化分衍为东氏、关氏。

家族名人

关羽，字云长，河东解良（今山西运城）人，三国时蜀汉名将，早期跟随刘备辗转各地，曾被曹操生擒。于白马坡斩杀袁绍大将颜良，与张飞一同被称为万人敌。赤壁之战后，刘备助东吴周瑜攻打南郡曹仁，别遣关羽绝北道，阻挡曹操援军，曹仁退走后，关羽被封为襄阳太守。刘备入益州，关羽留守荆州。建安二十四年（219），关羽围襄樊，曹操派于禁前来增援，关羽擒获于禁，斩杀庞德，威震华夏，曹操曾想迁都以避其锐。后曹操派徐晃前来增援，东吴吕蒙又偷袭荆州，关羽腹背受敌，兵败被杀。

关汉卿，号已斋叟，金末元初大都（今北京）人，元代杂剧奠基人，中国古代戏剧创作的代表人物，“元曲四大家”之首。著有《窦娥冤》《救风尘》《单刀会》等，被誉为“曲家圣人”。

蒯

姓氏起源

源于子姓，以国为氏。商朝时有古蒯国，其后有蒯氏。

源于姬姓，以邑为氏。据《风俗通义》记载，春秋时晋国大夫受封蒯地，其后裔子孙以先祖封邑名为氏，称蒯氏。

源于姬姓。春秋时卫庄公名蒯聩，其支庶子孙有以先祖名为氏者，称蒯氏。

以职为氏。秦、汉时有军工蒯缑，亦称缑工，专职负责装饰剑、刀之握手。上古时期以一种蒯草来缠绕剑把，以适手。以蒯草缠好之剑把，即称“缑”，故全称“蒯缑”。蒯缑之后有称蒯氏者。

家族名人

蒯越，字异度，襄阳中庐人。为人深中足智，魁杰而有雄姿。大将军何进闻其名，辟其为东曹掾。后蒯越知何进不能成事，乃求出为汝阳令，再归刘表。蒯越为刘表定下安抚荆楚的战略，佐其成业，被刘表誉为“白犯之谋”。蒯越曾劝刘表依附于曹操，然不为所纳。刘表死后，次子刘琮嗣位，蒯越与傅巽等劝其降曹操。曹操平定荆州后，蒯越随刘琮降，为光禄勋，封列侯。

相

姓氏起源

远古有圣王冉相氏，其后有冉氏、相氏。

源于姒姓。夏朝有帝相，其支庶子孙以先祖名为氏，称相氏。

源于子姓。商王外壬时，封其弟子整于相地。子整后来继位，即河亶甲，他曾一度将都城迁于自己的原封邑，建有相城。河亶甲死后，其子子滕即位，即祖已，他葬父王于相城，并再次迁都，留居相城的商族人便以故都名为氏，称相氏。

西周时有祭司方相氏、冯相氏，其后有简化为相氏者。

古巴族有首领廪君，已姓，巴氏，名叫崐务相，亦称巴务相，他正式建立了巴国，其国人有以国君名为氏者，称相氏。

以官为氏。春秋时齐景公设两相，分为左相、右相，为齐国王室最高辅佐官吏，随着相位的出现，各诸侯国对其官职的称谓不尽相同，但大同小异，北方的诸侯国多称为相、宰相、相国、相邦、丞相、相君、相室、相王等，江南的一些诸侯国则有称为象、宰象、象国、象邦、丞象、象君、象室、象王等，且国不论大小，皆设有相，这些官员的后裔子孙中，皆有以先祖官名为氏者，称相氏。

家族名人

相礼，明初大国手，多才多艺，能诗善画，“尤精于弈，当世无敌”。明太祖虽禁止别人下棋，却禁不住自己对围棋的嗜好。他曾把相礼召至京城，命其与燕王对弈，并赐以重赏。

查

姓氏起源

源于姜姓。春秋时，齐顷公封其子于楂邑，其后有楂氏，后去“木”偏旁，改称查氏。

源于芈姓。据《姓氏考略》记载，春秋时楚国有大夫食邑在查，其后有查氏。楚国亦有大夫食采于柤邑。在春秋时期，“柤”也写作“查”，这二字在当时同义通用，因此他也被认为是查邑的封主，其后亦有称查氏者。

家族名人

查慎行，初名嗣琏，字夏重，号查田，后改名慎行，字悔余，号他山，赐号烟波钓徒，海宁袁花（今浙江海宁）人，清代诗人。康熙四十二年（1703）进士，特授翰林院编修，入直内廷。五十二年（1713），乞休归里，家居十余年。雍正四年（1726），因弟查嗣庭讪谤案，以家长失教获罪，被逮入京。次年放归，不久去世。查慎行诗学东坡、陆游，尝注苏诗。自朱彝尊去世后，为东南诗坛领袖。著有《他山诗钞》。

查士标，字二瞻，号梅壑散人，懒老，安徽休宁人，流寓江苏扬州，清初著名画家、书法家和诗人。家富收藏，故精鉴别，擅画山水，为海阳四家之一。与孙逸、汪之瑞、僧弘仁等书画家一起被称为“新安四家”。

后

姓氏起源

源于太昊氏。据《姓氏考略》记载，上古东邑部族首领太昊之孙名後照，其后有後氏。“後”与“后”，在古代是两个不同姓氏的氏族，在今天都简写成“后”，不分彼此。

源于姜姓。据《风俗通义》记载，炎帝后代共工氏有子名句龙，在黄帝时期担任后土，即掌管有关山川土地事务及农业生产的官职。后土之后称后土氏，后简化为后氏。

源于姬姓。西周时，鲁孝公之子公子巩封邑在郈，其后有郈氏，后简化为后氏。

家族名人

后敏，明朝文士，永乐年间举为进士，官至陕西布政使司参议。为人忠厚和气，性情恬淡自如，政事亲力亲为，很负责任。

荆

姓氏起源

源于芈姓。据《通志·氏族略》记载，楚国的旧国号是荆。西周初年，楚国先君熊绎被封在荆山一带，建立荆国，直到春秋初才改为楚国。一说周朝时楚国的别称是荆。在称楚国之前的历代荆国国君的支庶子孙中，有以原国名为氏者，称荆氏。

源于芈姓。春秋时的楚国人有以国名为氏称楚氏者。战国时，秦国的楚氏族人为避秦庄襄王子楚之名讳，改以原国名“荆”为姓氏，称荆氏。

源于姜姓。春秋时齐国有庆氏一族，是公孙庆克之后，其后有庆封，后奔吴，当时的吴王姬诸樊赐以吴国朱方之邑，齐国的庆氏宗族闻讯纷纷赶来相聚，自此，庆氏一族富于吴地。由于朱方之邑地近荆楚，因此其后裔子孙中有指地为氏者，分衍出一支荆氏。

家族名人

荆轲，战国末期卫国朝歌（今河南鹤壁淇县）人，著名刺客，也称庆卿、荆卿、庆轲。喜好读书击剑，为人慷慨侠义。后游历到燕国，由田光推荐给燕太子丹。秦国灭赵后，兵锋直指燕国南界，太子丹震惧，决定派荆轲入秦行刺秦王。公元前227年，荆轲带燕督亢地图和秦国叛将樊於期首级，前往秦国刺杀秦王。荆轲入秦后，秦王在咸阳宫隆重召见了他，献督亢之地图时，图穷匕首见，荆轲刺秦王不中，被秦王拔剑击成重伤后为秦侍卫所杀。

红

姓氏起源

源于芈姓。西周时，楚君熊渠次子熊挚，字红，受封鄂王，其后裔子孙有以先祖字为氏者，称红氏。

源于刘姓。据《通志·氏族略》《元和姓纂》等记载，西汉时楚元王刘交之子刘富受封于红地，人称红侯或红侯富，其后有红氏。

游竺权逯　盖益桓公

游

姓氏起源

源于姬姓。春秋时，郑穆公有子名偃，字子游，其孙以祖父字为氏，称游氏。

源于姬姓。春秋时晋国公族有游氏。

以官为氏。周朝时有官吏囿游，就是负责管理花园、菜园、果园、陆园之类园林的小官吏，其后有游氏。

以官为氏。周朝时有官吏斿人。“斿”，本意就是指有流旒（飘带）的旌旗，或指多牙状旗帜。斿人主要负责掌管王旗。其后有斿人氏，后通称游人氏，再后简化为游氏。

明朝永乐年间王先益为游家养子，其后以游为姓。

家族名人

游酢，字定夫，建州建阳（今福建建瓯）人，宋代学者，被后世尊称为“若山先生”。他拜理学家程颐为师，刻苦读书，学问渊博，是“程门四大弟子”之一。元丰年间中进士，再为太学博士。他与杨时初次拜见程颐时，程颐闭目而坐，二人便站在门外而不离去。等程颐发觉时，门外已雪深三尺，此即“程门立雪”成语典故的由来。

竺

姓氏起源

商朝时有孤竹国，商末传至伯夷、叔齐，其后有以国名为氏者，称竹氏。西汉时有竹晏，为追念二位先贤（一说为避祸），在“竹”字下面加个“二”字，改称竺氏。

据《姓苑》和《汉书·西域传》等记载，古代印度称天竺国，有天竺僧人来中国传教，以国名“竺”为姓。后来，中国僧侣有的随印度僧人学经，也随师父之姓，成为竺姓。通常认为西汉宣帝时竺次为中国竺姓始祖。

家族名人

竺渊，浙江奉化人，明朝官员。宣德八年（1433）登进士第。正统年间，授福建参议，敕守银矿。盗贼四起时，竺渊率众捕盗，反被盗贼所捕，后因不屈于盗被杀。

权

姓氏起源

源于葛天氏。据《路史》记载，远古时期位于中原长葛地区的部落联盟首领为葛天氏，其后分衍出权氏、葛氏。

源于子姓，以国为氏。商王武丁有后人受封于权地，建立权国，春秋时为楚国所灭。楚国将其地改设成权县，命楚若敖之孙斗缗为县尹。亡国后的权国被迫向西南迁徙，不久即被巴国所灭，其贵族子孙及国民中，有以故国名为氏者，称权氏。

源于芈姓。斗缗为权地县尹后，率领权国遗民谋反，失败后被杀。斗缗之后亦有称权氏者。

源于钟离姓。汉朝时有钟离权，因兵败入终南山，遇东华帝君授以至道，乃隐于晋州羊角山。道成，束双，衣槲叶，自称“天下都散汉钟离权”。全真道尊他为“正阳祖师”。后列为全真北宗第二祖，亦为道教传说中的八仙之一。钟离权之后有以先祖名为氏者，称权氏。

家族名人

权德舆，字载之，天水略阳（今甘肃秦安）人，唐代文学家。德宗时，召为太常博士，改左补阙，迁起居舍人、知制诰，进中书舍人。宪宗时，拜礼部尚书、同中书门下平章事，后徙刑部尚书，复以检校吏部尚书出为山南西道节度使。卒谥文，后人称为权文公。

逯

姓氏起源

源于嬴姓，以邑为氏。据《风俗通义》记载，春秋时秦国有逯邑，有大夫受封于此，其后有逯氏。

源于芈姓，以邑为氏。据《路史》记载，春秋时楚国有公族受封于逯邑，其后亦有称逯氏者。

家族名人

逯中立，字与叔，号确斋。明万历十七年（1589）进士，官至兵科给事中，仅为七品。然而，由于所任职务，更由于“遇事敢言”的品性，逯中立多次置个人得失于不顾，刚直奏议。其中，因为直言，他“一忤旨停俸，一见忌辅臣，一被贬外授”。三次挫折，在后人眼中，成为他人生中的三大亮点。

盖

姓氏起源

源于姜姓，以邑为氏。战国时，齐国公族大夫欢受封于盖邑，其后有盖氏。

据《魏书》的记载，南北朝时期，卢水胡人中的西羌族复姓盖拉氏，鲜卑族中又有复姓盖楼氏，北魏孝文帝汉化改革时，皆改为汉姓盖氏。

家族名人

盖聂，战国末年剑术家。当时卫国人荆轲也颇喜欢读书和击剑，闻盖聂以剑术著称，曾前往拜访论剑。

盖文达，字艺成，冀州信都（今河北冀县）人，唐代大儒，“贞观十八学士”之一。与族弟盖文懿皆为名儒，人称“二盖”。博览群书，尤精于《春秋三传》。

益

姓氏起源

源于嬴姓。上古时，帝颛顼之后伯益为舜帝臣子，其后裔子孙有以先祖名为氏者，称益氏。

据《太平环宇记》记载，战国时期，齐国有邑地名为益都，居者有称益氏者。

古代有益州，即今四川地区，居者有称益氏者。

唐朝时，岭南有中药益智。隋朝文帝时，由于独孤皇后喜食龙眼，其外观似益智，因此独孤皇后称其为“益智”，从此成为龙眼的别名。唐朝玄宗时，所宠爱的杨贵妃非常喜食龙眼，于是就有六百里加急驿马专门在每年农历6至7月贡送京师，以冰镇保鲜，特供杨贵妃食用。负责管理冰存龙眼并服侍其美食者，杨贵妃就称其为“益智侍郎”、“益智郎”，其后亦有称益氏者。

桓

姓氏起源

源于姬姓。据《姓氏考略》记载，黄帝时有大臣桓常，其后裔子孙有以先祖名为氏者，称桓氏。

源于姬姓，以谥为氏。春秋初晋国曲沃桓叔姬成师之后有称桓氏者。

源于姜姓，以谥为氏。春秋时齐桓公姜小白之后有称桓氏者。

源于子姓，以谥为氏。春秋时宋桓公子御说之后有称桓氏者。

源于鲜卑族。南北朝时期，鲜卑族有桓阿氏部落，北魏孝文帝汉化改革时，改为汉姓桓氏。

家族名人

桓温，字元子，一作符子，谯国龙亢（今安徽怀远龙亢）人，东晋杰出的军事家、权臣。桓温是晋明帝的驸马，因剿灭盘踞在蜀地的成汉政权而声名大奋，又三次出兵北伐，战功累累。后独揽朝政，欲行篡位之事，逼迫朝廷加其九锡，但终因第三次北伐失败而令声望受损，受制于朝中王谢势力而未能如愿。死前欲得九锡，亦因谢安等人借故拖延，直至去世时也未能实现。桓温谥号宣武。其子桓玄建国桓楚后，追尊其为“楚宣武皇帝”。

公

姓氏起源

源于姬姓，以爵为氏。春秋时，鲁定公将他哥哥鲁昭公的两个儿子姬衍和姬为都封为公爵，世称公衍、公为，其后裔子孙以先祖爵号为氏，称公氏。

在古代曾出现过的许多冠有“公”字的复姓，其中出自姬姓的冠有“公”字的复姓改为单姓公氏的就有五十多个，而出自姜姓、子姓、嬴姓、芈姓等的冠有“公”字的复姓改为单姓公氏的也有二十多个，另外还有十余个皆源于各少数民族的多字复姓，也有汉化为汉字单姓公氏者。

家族名人

公勉仁，字尚德，号西埠，山东临沂蒙阴人，明中期朝廷重臣，官至大同巡抚、都察院右都御史。性聪敏，体弱，但凛凛有气节。明孝宗弘治三年（1490）中进士，授“行人”，后升任江西道监察御史，被称为“代天子巡狩”，大事奏裁，小事主断，权势颇重。

万俟司马　上官欧阳
夏侯诸葛　闻人东方

万俟

姓氏起源

源于敕勒族。南北朝时期，敕勒族有万俟氏部落，汉化后就以部落称谓为氏，称万俟氏。一说鲜卑族有万俟氏部落，是后魏献帝拓跋邻的族裔，抑或是北魏献文帝拓跋弘三弟之后裔。万俟氏后多简化为万氏、莫氏、俟氏。

家族名人

万俟丑奴，高平镇（今宁夏固原）人，北魏末年西北少数民族起义首领。

万俟普，字普拔，南北朝时北齐大臣。

司马

姓氏起源

相传帝少昊开始设司马一职，掌管军政和财赋，周朝时称夏官大司马，春秋时，楚、宋、卫、齐等国皆设有司马一职的，一般由公族子弟担任，其后代有以司马为姓者。

源于高阳氏。西周宣王时，重黎之后程伯休父，官至司马，掌国家军队，佐政辅国，权势重大。程伯休父有二子：长子仲庚、次子仲辛。仲庚后来继任其父大司马之职，其后裔子孙以先祖官职名为氏，称司马氏。仲辛则承袭安定侯，仍称程氏。

源于子姓。春秋时宋国有司马孔父嘉、司马子鱼、司马乐豫、司马荡泽等，他们的后裔子孙中，皆有以先祖官职名为氏者，称司马氏。

源于芈姓。春秋时楚国有大司马子反、司马子西、司马子良、左司马沈尹戌等，其后亦有称司马氏者。

源于姬姓。春秋时晋国有大司马韩厥，其后有司马氏。

源于王姓。东晋名臣王导之后有为避难而改称司马氏者。

南北朝时期，北方流民首领许穆之、郝惔之率部民投靠仇池国武都王杨难当，并改姓为司马氏。当时许穆之改姓名为司马飞龙，郝惔之则改姓名为司马康之，皆讹称是晋室近戚，其后裔子孙和族人部下中，皆有称司马氏者。

家族名人

司马迁，字子长，西汉夏阳（今陕西韩城南）人，中国伟大的史学家、文学家、思想家。司马谈之子，任太史令，因为李陵辩解而受腐刑，后任中书令。他以其“究天人之际，通古今之变，成一家之言”的史识，创作了中国第一部纪传体通史《史记》，被公认为是中国史书的典范。

司马相如，字长卿，巴郡安汉县（今四川蓬安）人，西汉辞赋家。

司马光，字君实，号迂叟，世称“涑水先生”，陕州夏县（今山西夏县）人，北宋政治家、史学家、文学家。他主持编纂了中国历史上第一部编年体通史《资治通鉴》。

上官

姓氏起源

源于芈姓。春秋时，楚庄王封他的小儿子公子兰为上官大夫，其后裔子孙有以先祖封号为氏者，称上官氏。一说“上官”为地名，在今河南省滑县东南，其后以封邑名为氏。

家族名人

上官仪，字游韶，陕州陕县（今河南陕县）人。贞观初，擢进士第，召授弘文馆直学士，迁秘书郎。唐高宗时供职门下省，颇受唐高宗和武则天的赏识。龙朔二年（662）为宰相。后因主张废后而受武后忌恨。麟德元年（664），被告与废太子梁王李忠通谋，上官仪及其子上官庭芝同时被处死，籍没其家，其孙女上官婉儿后为唐中宗李显的妃嫔。上官仪亦是唐朝著名诗人，擅长五言诗，在技巧上独树一帜，被称为“上官体”。

欧阳

姓氏起源

源于姒姓。春秋末年，越国为楚国所灭，越国末代国君姒无疆之次子姒蹄被楚宣王封于乌程欧余山的南部。古人以山南为阳，因此史称姒蹄为欧阳亭侯，其后有欧阳姓、欧侯姓、欧姓、区姓等。

家族名人

欧阳询，字信本，潭州临湘（今湖南长沙）人，唐朝书法家。其楷书法度之严谨，笔力之险峻，世无所匹，被称之为“唐人楷书第一”。他与虞世南俱以书法驰名初唐，并称“欧虞”，后人以其书于平正中见险绝，最便初学，号为“欧体”。

欧阳修，字永叔，号醉翁、六一居士，吉州永丰（今江西永丰）人，北宋政治家、文学家，“唐宋八大家”之一，且在政治上负有盛名，官至翰林学士、枢密副使、参知政事，谥号文忠，世称“欧阳文忠公”。

夏侯

姓氏起源

源于姒姓。西周时，周武王封夏禹后裔东楼公于杞国。春秋末，杞国后为楚国所灭，末代国君杞简公之弟他佗逃到鲁国，鲁悼公因他是夏禹的后裔，封他为夏侯，其后裔遂称夏侯氏。

家族名人

夏侯婴，西汉沛县人，汉高祖刘邦少时好友，随刘邦起兵，立下战功，后封汝阴侯。

夏侯惇，字元让，沛国谯（今安徽亳州）人，曹魏开国元勋。少年时以勇气闻名于乡里。曹操起兵，夏侯惇是其最早的将领之一。多次为曹操镇守后方，曾率军民阻断太寿河水，筑陂塘灌溉农田，使百姓受益，功勋卓著。历任折冲校尉、济阴太守、建武将军，官至大将军，封高安乡侯，死后谥为忠侯。

诸葛

姓氏起源

源于嬴姓。据《通志·氏族略》记载，夏朝时，伯益后人飞廉被封在葛地，建葛国。后葛国为成汤所灭，其王族子孙和国民中有以国名为姓氏者，称葛氏。原居于琅邪郡诸县之葛氏有一支迁徙至阳都，因阳都已有葛氏，遂称后迁来的葛氏为诸葛氏。

据史籍《世本·氏姓篇》记载，春秋时期，生活在齐国的有熊氏的后裔子孙中，有人原称詹葛氏，后来因读音讹误为诸葛氏，便干脆改称诸葛氏，世代相传。

秦末陈胜、吴广起义，属下有大将葛婴，他屡立战功，后来却因陈胜听信谗言而被杀害。西汉时，汉文帝感其忠勇，特赐封葛婴之孙为诸县侯，葛氏为了纪念文帝功德，将“葛”姓与地名合并，改称诸葛氏。

家族名人

诸葛亮，字孔明，号卧龙，琅邪阳都（今山东临沂）人，三国时期蜀汉丞相，杰出的政治家、军事家、发明家。在世时被封为武乡侯，死后追谥忠武侯。曾发明木牛流马、孔明灯等，并改造连弩，叫作诸葛连弩，可一弩十矢俱发。

闻人

姓氏起源

闻人氏族人后多改称闻氏，故闻人氏与闻氏同宗同源，源于郑国闻邑之后、春秋鲁国左丘明以及春秋名士少正卯，详见“闻姓”之相关内容。

家族名人

闻人通汉，字子方，浙江嘉兴人，汉朝学者。

闻人夐，浙江吴兴人，南朝宋、齐时将领。

东方

姓氏起源

远古时伏羲氏创制八卦，以东方为尊。又伏羲族人务农，以每天太阳从东方升起为开始农作的重要时刻，于是伏羲后人有的以东方为姓，为东方氏。伏羲氏裔孙中还有一个人叫羲仲的，出于震位(震位在八卦中主东方)，其族人成立东蒙氏部落，世代执掌东方青阳令，其后有东方氏。

西汉时有名臣东方朔，其族姓为张，自幼父母双亡，由兄嫂抚养，因他出生时东方天刚亮，所以取名东方朔，其后皆称东方氏。

家族名人

东方朔，字曼倩，平原厌次（今山东德州）人，西汉著名辞赋家，幽默风趣且才华横溢，在政治方面也颇具天赋，他曾言政治得失，陈农战强国之计，但当时的汉武帝始终没有对他加以重用。

赫连皇甫　尉迟公羊
澹台公冶　宗政濮阳

赫连

姓氏起源

源于南匈奴。东晋十六国时，南匈奴铁弗部首领勃勃自号“大夏天王”，傲称自己“云赫连天”，改姓名为“赫连勃勃”，他建立了著名的夏国，史称胡夏，其王族子孙遂称赫连氏。

两晋时期，鲜卑吐谷浑部攻灭胡夏国，俘虏赫连氏王族。后来，吐谷浑部自己部族中也有人以赫连为姓氏，成为鲜卑赫连氏一族。

家族名人

赫连韬，福建漳浦人，唐代才子，有不羁之才。与莆田陈黯、王肱、萧枢、林贤，福州陈蔇、陈发、詹雄合称“八贤”。

皇甫

姓氏起源

源于姬姓。西周时有太师叫皇甫，亦称皇父。古代“甫”与“父”二字通假。其后裔子孙中，有以先祖名为氏者，称皇甫氏、皇父氏。

源于子姓。西周末，宋戴公有子公子充石，字皇父，在宋武公执政时任司徒。公子充石之孙南雍陲以祖父字为氏，称皇父氏。传到其六世孙皇父孟子，生子皇父遇。秦国灭宋国时，皇父遇逃至鲁国。西汉中期，皇父遇嫡系子孙叫皇父鸾，因“甫”与“父”同音通用，便自己做主，改“父”为“甫”，称皇甫氏。

源于姬姓。春秋时郑国公族中亦有皇父氏，战国时改为皇甫氏。

家族名人

皇甫谧，幼名静，字士安，自号玄晏先生，安定朝那（今甘肃平凉）人，魏晋时期著名学者，在文学、史学、医学诸方面都很有建树。他一生以著述为业，其著作《针灸甲乙经》是我国第一部针灸学的专著。除此之外，他还编撰了《历代帝王世纪》《高士传》《逸士传》《列女传》《元晏先生集》等书，在医学史和文学史上都负有盛名。在针灸学史上占有很高的学术地位，并被誉为“针灸鼻祖”。

尉迟

姓氏起源

源于塞族。1600多年前，西北地区有一个氏族部落号“尉迟”，其祖先是中亚胡人的一个分支，即后世的“于阗人”，就是今天的塞尔维亚族。尉迟一族后与鲜卑拓跋部联合，被称作“西方尉迟氏”，后逐渐崛起成为一支部落，被鲜卑拓跋部大人称之为“尉迟部”。之后，尉迟部一直跟随拓跋部称霸于北方地区。北魏政权建立后，尉迟部成为北魏皇室中的世代贵族，也是北魏勋臣八姓之一。北魏孝文帝汉化改革时，尉迟部遂以部落称谓为氏，称尉迟氏。

家族名人

尉迟恭，字敬德，朔州鄯阳（今山西平鲁）人，唐朝名将，官至唐右武侯大将军，封鄂国公，“凌烟阁二十四功臣”之一。他纯朴忠厚，勇武善战，一生戎马倥偬，征战南北，屡立战功。玄武门之变助李世民夺取帝位。后尉迟恭被尊为民间驱鬼避邪、祈福求安的中华门神。传说其面如黑炭，在中国传统文化中，尉迟恭与秦叔宝是“门神”的原型。

公羊

姓氏起源

春秋时鲁国有一位名望很高、才学出众的人物，叫公孙羊孺，其后裔子孙有取先祖上姓名中的“公”、“羊”二字为氏者，称公羊氏。

家族名人

公羊高，战国时齐国人，《春秋公羊传》作者。不过，也有学者认为《春秋》三传之一的《公羊传》起初只是口头流传，到西汉景帝执政时期才由公羊高的玄孙公羊寿和齐国人胡毋生将其“著于竹帛”而成书流传后世。

澹台

姓氏起源

春秋时孔子有弟子名灭明，字子羽，他南游长江流域，居于澹台湖，遂取湖名为氏，称澹台氏。

源于党项族。宋朝时西夏政权皇族中有澹台姓。

家族名人

澹台敬伯，又名澹台恭，会稽人，东汉名士。拜薛汉为师学习《韩诗》，为薛汉最知名的弟子之一。

公冶

姓氏起源

源于姬姓。春秋时鲁国季孙氏后代有季冶，字公冶，其后裔子孙有以先祖字为氏者，称公冶氏。

春秋时齐国有贤者公冶长，是孔子弟子，其后有公冶氏。

家族名人

公冶长，春秋时齐国人，孔门七十二贤之一。自幼家贫，聪颖好学，博通书礼，德才兼备，终生治学不仕禄。

宗政

姓氏起源

源于刘姓。据《通志·氏族略》记载，西汉初，汉高祖刘邦的弟弟刘交被封为楚元王，其曾孙刘德在汉昭帝时为宗正丞，为九卿之一，主持皇家宫室事务。刘德父刘辟强原本也为宗正，后徙大鸿胪，迁太中大夫，后复为宗正。刘德支庶子孙有以先祖官名为氏者，称宗正氏，后改宗政氏。

濮阳

姓氏起源

上古有濮水。古称山之南、水之北为阳，故在濮水北岸居住的人就称所居之地为濮阳，是一片广大的地区。帝颛顼后在濮阳建立都城，因此该地又称“帝丘”，后有居者以地名为氏，称濮阳氏。

源于姬姓。春秋时，卫成公将国都从楚丘迁至濮阳。秦国灭卫国后，在卫成公以后的历朝卫国国君的后裔子孙中，皆有以都城名为氏者，称濮阳氏。濮阳氏后多简化分衍为濮氏和阳氏。

家族名人

濮阳兴，字子元，陈留（今河南开封）人，三国时吴国大臣。孙权时为上虞令，迁尚书左曹、五官中郎将、会稽太守。孙休即位，征为太常卫将军、平军国事，封外黄侯。永安三年（260），力主建丹杨湖田，事倍功半，百姓大怨。后迁为丞相。孙休卒，与张布迎立孙皓为帝。任侍郎，领青州牧。为万彧所谮，徙广州，于道中被追杀，夷三族。

淳于单于　太叔申屠
公孙仲孙　轩辕令狐

淳于

姓氏起源

源于姜姓。夏朝时有斟灌国，是姜姓小诸侯。周武王灭商后，将其后人封在州邑，建立州国。后州国公族定居于淳于城，名淳于国，国君称淳于公，成为春秋时期的小诸侯国之一，其实就是州国的延续。春秋初，淳于国的邻国杞国频繁入侵淳于国，淳于公无力抵抗，不得已逃往外地，淳于国就此灭亡，其公族后裔及国人中，有以国名为氏者，称淳于氏。

源于姒姓。杞国灭掉淳于国后，迁都淳于城，因此后世也称春秋以后的杞国为淳于国。杞国国人中亦有称淳于氏者。唐朝中期，淳于氏族人为避唐宪宗李纯之名讳，乃去“淳”改为于氏。五代十国以后，有一部分于氏族人恢复祖姓，仍为淳于氏。

家族名人

淳于髡，战国时齐国政治家、思想家，博学多才，口才好，善于辩论。他长期活跃在齐国的政治和学术领域，上说下教，不治而议论，曾对齐国新兴封建制度的巩固和发展，对齐国的振兴与强盛，对威、宣之际稷下之学的发展，作出了重要的贡献。

单于

姓氏起源

源于古匈奴孪鞮氏。历史上，匈奴民族部落联盟的最高首领称为“撑犁孤涂单于”，汉义“天子广大”，称颂其首领的权力是神授的，应拥有天子般广大辽阔的尊敬及势力，汉译的简称叫作“单于”。历代匈奴单于的后裔子孙中，凡为王者，便可以“单于”为姓氏，汉史称之为单于氏。其后，单于之族人亦有称单于氏者。

太叔

姓氏起源

源于姬姓。春秋时，郑庄公封其弟姬段在京邑，世称“京城太叔”，其后有太叔氏。

源于姬姓。春秋时，卫文公第三子叫姬仪，因排行老三，故人称“叔仪”，又因为他是王族之后，所以世称“太叔仪”，其后有太叔氏。

家族名人

太叔雄，西汉大臣，博学而有节操，官至尚书。

申屠

姓氏起源

源于姚姓。舜帝后代有胜屠氏，古代“胜”与“申”两字同音，故俗称申屠氏。

源于姜姓。东周初，周平王封申侯幼子于屠原，其后就以原姓“申”与地名“屠”合为复姓，称申屠氏。

家族名人

申屠嘉，西汉时梁郡睢阳（今河南商丘）人。早年跟随刘邦攻打项羽，因军功升任一个叫作队率的小官。后又随刘邦攻打英布，升任都尉。汉文帝时，申屠嘉为丞相，封固安侯。为人廉直，不受私人拜托。文帝幸臣邓通戏殿上，嘉欲杀之，为文帝赦免。景帝时，晁错用事，嘉欲借晁错穿凿宗庙垣事杀错未成，愤恨吐血而死。

公孙

姓氏起源

源于姬姓。据《路史》记载，黄帝初名公孙，后改姬，其后有称公孙氏者。

两周时期，各国诸侯不论爵位大小，多有被称为“公”者。按周王朝的典礼制度，国君一般由嫡长子继位，即位前称为太子，其他的儿子便称为公子，公子的儿子则称公孙。在这些公孙的后裔子孙中，多有以身份称谓为氏者，称公孙氏。

家族名人

公孙龙，字子秉，战国时期赵国人，名家的代表人物，曾为平原君的门客，其主要著作为《公孙龙子》，其中以《白马论》和《坚白论》最为著名。

公孙瓒，字伯珪，辽西令支（今河北迁安）人，东汉末年占据幽州一带，后为袁绍所破。

仲孙

姓氏起源

源于姬姓。春秋时鲁桓公次子名叫庆父，谥曰共仲，他的子孙以仲孙为姓，称仲孙氏。庆父乱鲁，后来事败出逃，改为孟孙氏，其留着鲁国的支庶子孙仍以仲孙为姓。

源于姜姓。春秋时齐国有大夫仲孙湫，其后有仲孙氏。

春秋时孔子有弟子仲由，其后裔子孙中，有以“仲由之孙”为姓氏者，称仲孙氏。

轩辕

姓氏起源

源于姬姓。传说黄帝的母亲叫附宝，她受孕于轩辕之丘，生下黄帝，所以给黄帝起名号为轩辕氏。黄帝的后裔子孙中，有以先祖名号为氏者，称轩辕氏。

令狐

姓氏起源

源于姬姓。春秋时，毕公高之后、晋国大将魏颗因功受封于令狐之地，其后有令狐氏。

唐朝时，有胡氏族人因仰慕当朝赵国公令狐绹而改称令狐氏。

家族名人

令狐德棻，宜州华原（今陕西铜川）人，唐朝著名学者。多次参加官书的编写，最大贡献为编修《周书》。

令狐楚，字壳士，宜州华原人，晚唐大臣、诗人、文学家。令狐绹之父。常与著名诗人白居易、刘禹锡唱和，李商隐也出自他的门下。

钟离宇文　长孙慕容
鲜于闾丘　司徒司空

钟离

姓氏起源

源于嬴姓。伯益之后有钟离国，西周初年周公旦东征，钟离国被迫南迁，春秋时为楚国附属，后为吴国所灭，其后人以国为氏，称钟离氏。

源于子姓。春秋时，宋桓公裔孙伯宗在晋国做官，因直言被杀，其子伯州犁逃奔楚国，食采于钟离，其后有钟离氏。

家族名人

钟离昧，朐县伊芦乡（今江苏灌云）人，秦末项羽帐下五大将之一，素与韩信交好。项羽败亡后，投奔韩信。后为不连累韩信，自刎而死。

宇文

姓氏起源

源于匈奴族。东汉时，北匈奴被汉朝击破，被迫西迁，其留在故地漠北的部众则东迁与鲜卑族混居，逐渐被同化，成为鲜卑族的一支，称宇文部。“宇文”即“天王、天子”之意。两晋时，宇文部入中原，遂以部落称谓为氏，称宇文氏，其后建立北周政权。

南北朝时期，北周大都督赵文表、长道郡公赵昶被北周武帝宇文邕赐姓为宇文氏。

家族名人

宇文泰，字黑獭，代郡武川（今内蒙古武川西）人，北朝杰出军事家、统帅，西魏王朝的实际建立者和权臣，也是北周政权的奠基者。掌权西魏22年。西魏禅周后，追尊为文王，庙号太祖，武成元年（559），追尊为文皇帝。

宇文邕，即北周武帝，字祢罗突，代郡武川人，宇文泰第四子。在位期间，诛杀权臣宇文护，摆脱鲜卑旧俗。整顿吏治，使北周政治清明，百姓生活安定，国势强盛。宇文邕生活俭朴，能够及时关心民间疾苦。575年，宇文邕大举进攻北齐，并于一年半后灭北齐。578年，宇文邕率军分五道伐突厥，未出发即病死，年仅36岁。

长孙

姓氏起源

据《汉书·儒林传·赵子》记载，西汉时有个名人叫长孙顺，全名为长孙顺繇，是淄川人。这说明在西汉时就已经有长孙氏族人的存在，应为某一王族贵胄的家族长孙，因此为姓氏之称。长孙顺繇的后裔子孙皆承袭长孙姓氏。

源于拓跋氏。北魏道武帝拓跋圭的曾祖父拓跋郁律有两个儿子：长子拓跋沙莫雄为南部大人，号拓跋氏；次子拓跋什翼健就是拓跋圭的祖父。拓跋圭创建北魏王朝并称帝后，因拓跋沙莫雄是曾祖父的长子，就赐认其长子拓跋嵩家为拓跋氏家族的长孙。拓跋嵩后来官至太尉，晋封为北平王。北魏孝文帝汉化改革时，明确规定以拓跋嵩一族为北魏朝皇族宗室之长门，故而拓跋嵩家族皆改姓氏为长孙氏。

家族名人

长孙无忌，字辅机，河南洛阳人，唐初大臣，“凌烟阁二十四功臣”之首。617年，李渊起兵太原，无忌进见，李渊爱其才略，授任渭北行军典签。自此辅佐李世民，直至建立唐朝政权。626年，参与发动玄武门之变，帮助李世民夺取帝位。历任尚书仆射、司空。唐高宗即位，封其为太尉，同中书门下三品。因反对高宗立武则天为皇后，为许敬宗诬构，削爵流黔州，自缢而死。

慕容

姓氏起源

源于高辛氏。远古时，黄帝有个后裔叫封，他到东北部建立了鲜卑国，并取姓慕容，意为在远离中原之地发扬光大传统文化，“慕二仪（天地）之德，继三光（日月星）之容”。

源于鲜卑族。东汉桓帝执政时期，鲜卑民族分为中、东、西三部，其中部首领大人叫柯最阙，居慕容寺，因以为姓氏，称慕容氏。

源于鲜卑族。三国时期，鲜卑族首领莫护跋率领族人迁居辽西地区，后来追随司马懿征讨在辽东地区割据的公孙渊，立下战功，被封为率义王。后莫护跋在荆城北部建立起一个部落联盟。据说，当时北方的汉族人流行戴步摇冠(一种带有悬垂装饰物的帽子)，莫护跋见了很是喜欢，也做了一顶，整天戴在头上。部落里的鲜卑族人见了他这种打扮，都称他为“步摇”。因当地语言“步摇”与“慕容”读音相近，所以传到后来就成了“慕容”，之后莫护跋的族人们便干脆以此称谓作为部落的名称。

西晋时期，莫护跋的后代慕容廆占领了燕北、辽东一带地区，自号鲜卑单于，他的儿子慕容皝后来建立了前燕国，从此正式以慕容为姓氏。从东晋到十六国时期，慕容氏族在北方先后建立了前燕国、后燕国、西燕国、南燕国等地方割据政权，前后历时七十多年。

家族名人

慕容垂，字道明，昌黎棘城（今辽宁义县）人，前燕文明王慕容皝第五子，后燕的建立者，十六国时期杰出的军事家、政治家，一手缔造了后燕，中兴了燕室，人称一代“战神”。

慕容德，字玄明，昌黎棘城（今辽宁义县）人，前燕文明王慕容皝幼子，十六国时期南燕的开国皇帝。

鲜于

姓氏起源

源于子姓。西周初年，商纣王叔父箕子出走辽东，建立朝鲜国，史称“箕子朝鲜”。据史载，箕子朝鲜从箕子开始，一共经历了四十一代君主，直到公元前一世纪才消亡。在箕子的庶支儿子中，有个叫子仲的，他的封地在于邑，于是他就将国名“鲜”字和封邑名“于”字合成为“鲜于”复姓，称鲜于氏。

南北朝时期，敕勒族中有鲜于姓。

家族名人

鲜于天，宋代著名科学家。幼时能日诵千言，表现出非凡的才能。他精通天文、历数、地理、方技。其学问渊博，是当时名儒争相求教的大学问家。

鲜于世荣，渔阳人，南北朝时北齐将领，官至领军大将军。

闾丘

姓氏起源

春秋时邾国有闾丘邑，居者有称闾丘氏者。一说邾国有公族名闾丘，以其名为食邑命名，称闾丘邑，其后有闾丘氏。

春秋时齐国有大夫闾丘婴，或为邾国闾丘氏之后，其后裔子孙亦称闾丘氏。

家族名人

闾丘冲，字宾卿，高平（今山东金乡）人，西晋诗人。出身于官宦世家，博学多能且有鉴识之才。喜爱音乐以至于“侍婢在侧，不释管弦”。性格通达，不羁于仕途，所以官爵不高。官至太傅长史、光禄勋。

司徒

姓氏起源

司徒是古代的官职名，始于四千多年前的唐、虞之置，主要负责管理教化民众和行政事务等事情。夏、商、周时期，朝廷都设有司徒官，为六卿之一，或称为地官大司徒，职位相当于宰相。春秋时期伯爵以上的各诸侯国也多设有司徒职位。汉哀帝时，改丞相为大司徒，与大司马、大司空并列为“三公”，清代时，俗称户部尚书为大司徒。司徒一职在历朝历代的名称和职能都不同。历代司徒之后皆有称司徒氏者。

源于姚姓。尧为部落联盟首领时，舜为司徒官，其后裔子孙有以先祖官名为氏者，称司徒氏。

源于子姓，以官为氏。商朝末年有司徒申屠狄，他不忍见纣王淫乱暴虐，便自己抱石投渊而死，其后有司徒氏。

以官为氏。春秋时，卫国大夫夏丁氏夏戊的儿子期任司徒，其后有司徒氏。

唐朝名将薛仁贵之曾孙薛平，以司徒致仕，其后有称司徒氏者。

家族名人

司徒映，唐朝人。太和元年（827），唐文宗即位，深知两朝之弊，励精图治，任司徒映为太常卿。出宫女3000余人，放五坊鹰犬，省冗食1200余人，政号清明。不料数年后，宦官挠权，钩心斗角，奢侈浪费，腐败回潮，文宗仁而少断，制之不得其术，遂成“甘露之变”。司徒映目睹此情此景，毅然决定辞官还乡，不在朝廷做不清明的官。

司空

姓氏起源

司空是古代的一个官名，相传在远古帝王少昊时就已设置，专管水利、土木工程建设。西周初，周公又设司空。春秋战国时各国亦多置之，用以掌管工程营建。西汉时，汉成帝改御史大夫为大司空。汉哀帝时，恢复了御史大夫之名，但不久又复为大司空。以后历代也皆有司空之职，但职能都不同。历代司空之后皆有称司空氏者。

源于姒姓。尧为部落联盟首领时，禹为司空，治水有功，其后裔子孙有以先祖官名为氏者，称司空氏。

源于子姓。西周末，宋武公名司空，其后裔子孙有以先祖名为氏者，称司空氏。

源于杜姓。周宣王时，尧帝后人杜伯无罪而被杀害，其子隰叔逃奔晋国。隰叔孙子中有个叫杜仕痈的，后来出任晋国的大司空，其后有司空氏。

家族名人

司空图，字表圣，自号知非子，又号耐辱居士，晚唐诗人、诗论家。唐懿宗咸通十年（869）擢进士及第。天复四年（904），朱全忠召为礼部尚书，司空图佯装老朽不任事，被放还。后梁开平二年（908），唐哀帝被弑，他绝食而死，终年72岁。司空图的成就主要在诗论方面，《二十四诗品》为不朽之作。

司空曙，字文明，广平（今河北永年）人，“大历十才子”之一，唐代诗人。

亓官司寇　仉督子车
颛孙端木　巫马公西

亓官

姓氏起源

以官为氏。古代有笄礼，就是当人年龄满十五、十六岁时，在头发上插“笄”的仪式。笄是古代一种盘发或别住帽子用的东西，插上了“笄”就表示人由少年正式转为成年人。专门掌管公族里男女及笄之礼的官员称笄官，因“笄”同“亓”，故又称亓官。笄官们的后裔子孙中，有以先祖官名为氏者，称笄官氏、亓官氏。

家族名人

亓官氏，宋国人，孔子的妻子，孔鲤之母。鲁昭公九年（前533）嫁与孔子，鲁哀公十年（前485）去世，宋朝时追封其为“郓国夫人”。

司寇

姓氏起源

夏、商时期就已有司寇这一官职，职责为辅佐君王全面处理法律、司法事务，具体管理司律、刑法、监狱、纠察、治安等。周朝时，改称“司寇”为“秋官大司寇”，列为六卿之一。西周时期，周王室和鲁、宋、晋、齐、郑、卫、虞等诸侯国中，都置有司寇之官，其职责是驱捕盗贼和据法诛戮臣子等。而在宋国、鲁国中，司寇又分为大司寇和少司寇。春秋时，各诸侯国也多设立司寇这一官位，职能不变。战国时，不少诸侯国仍称刑官为司寇，职位略低于丞相，主管一国之刑狱。秦、汉、魏、晋诸朝时期，司寇一职称“司隶校尉”。宋、明、清诸朝时期，人们也别称刑部尚书为“大司寇”，称其属下辅官刑部侍郎为“少司寇”。历代司寇之后皆有称司寇氏者。

源于高阳氏，以官为氏。西周初，苏忿生任大司寇，其后有司寇氏。

源于姬姓，以官为氏。春秋时，卫灵公之孙公子兰任卫国司寇，其后有司寇氏。

源于子姓，以官为氏。春秋初，宋武公之侄子牛父任宋国司寇，其后有司寇氏。

家族名人

司寇恂，字子翼，后自简为寇恂，上谷昌平（今北京昌平）人，东汉开国名将，“云台二十八将”之一。

仉

姓氏起源

源于仉督姓。仉督是一官职名。“仉”是“掌”的古体字，“仉督”也就是“掌督”。其官本名叫“党正”，是西周时期设置的官位，主管指定区域内的行政事务，后称党督，演变为掌督、仉督，其职能不变。仉督之后有以先祖官名为氏者，称仉督氏，后简化分衍为仉氏、督氏。

源于党姓。古代“党”字读zhǎng音，故党氏中又分衍出掌氏、仉氏。

家族名人

仉公，字叔庚，云南文山人，明朝官吏。洪武年间，任高苑县书记官，对百姓有爱心，宽厚待人，政绩突出，后升任河南道御史。

督

姓氏起源

源于子姓。春秋时，宋戴公有孙名叫子督，字华父，因此又称“华督”，其后有以先祖名为氏者，称督氏。

战国时，燕国有地名督亢，居者有称督氏者。

家族名人

督瓒，汉朝五原太守，为人正义，有才德，政绩颇显。

子车

姓氏起源

源于嬴姓。春秋时秦国有大夫叫子车，其后有子车氏。

源于姜姓。春秋时齐国有大夫北郭子车，其后有子车氏。

家族名人

子车仲行、子车奄息、子车针虎，春秋时秦国贤臣，辅佐秦穆公拓展国力，称霸西方，被称为“三良”。但是由于秦穆公十分喜欢这三个贤人，临死命他们三人一同殉葬，老百姓都为此悲伤，作《黄鸟》以咏之。

颛孙

姓氏起源

源于高阳氏。帝颛顼有一个裔孙叫女修，因为是帝颛顼之孙，其后便称颛孙氏。

源于妫姓。春秋时，陈国公族之后有公子名颛孙，其后以先祖名为氏，称颛孙氏。

春秋时孔子有弟子颛孙师，字子张，其后有颛孙氏。

端木

姓氏起源

源于芈姓。祝融之后、楚君先祖鬻熊生二子，长子熊丽，次子端木。端木生典，典以父名为姓，名端木典，其后有端木氏。

家族名人

端木赐，字子贡，春秋末年卫国人。孔子得意门生，“孔门十哲”之一，孔子曾称其为“瑚琏之器”。他利口巧辞，善于雄辩，且有干济才，办事通达。曾任鲁、卫两国之相。他还善于经商之道，曾经经商于曹国、鲁国两国之间，富致千金，为孔子弟子中首富。孔子去世后，子贡守丧六年，为孔子弟子中为孔子守丧最长者。

巫马

姓氏起源

以官为氏。周朝有一种专门负责养马并为马治病的官员，称为巫马，也就是马医官，其后裔子孙有以先祖官名为氏者，称巫马氏，后多简化为巫氏、马氏。

家族名人

巫马施，字子期，春秋末年鲁国人，一说陈国人。孔子弟子，以勤奋著称。

公西

姓氏起源

源于姬姓。据《姓氏寻源》记载，公西氏出自鲁国季孙氏家族，是季孙氏的一个分支。

家族名人

公西赤，字子华，春秋末年鲁国人。孔子弟子，具有非常优秀的外交才能，曾经为孔子出使齐国。

漆雕乐正　壤驷公良
拓跋夹谷　宰父榖梁

漆雕

姓氏起源

源于姬姓。西周初期吴国开国君主太伯的后代中，有人擅长制作漆器，遂以此作为自己氏族部落的名称，称漆雕氏。

以职为师。古代漆器制作工匠的后裔子孙中，有以先祖职业技能为氏者，称漆雕氏。

家族名人

漆雕开，字子开，又字子若，又说作子修，春秋末年鲁国人。孔子弟子，以德行著称，漆雕氏之儒的创始人，著有《漆雕子》十三篇。

乐正

姓氏起源

以官为氏。商、周时期，负责司掌音乐声律和宫廷礼乐部门，即管理典礼乐队的最高长官称乐正，其后裔子孙有以先祖官名为氏者，称乐正氏。

家族名人

乐正子春，春秋末年鲁国人，曾子弟子。

壤驷

姓氏起源

源于嬴姓。春秋时秦国有贵族壤驷赤，其后裔子孙有以先祖名为氏者，称壤驷氏。

家族名人

壤驷赤，字子徒，春秋末年秦国人。孔子弟子，身通六艺，以诗礼化闻名西垂。陇上儒学三贤之一。

公良

姓氏起源

源于妫姓。据《通志·氏族略》记载，春秋时陈国有公子名良，人称公子良，其后人以先祖爵位和名合称，称公良氏。

家族名人

公良孺，字子正，一作子幼，春秋末年陈国公族子弟。孔子弟子。孔子周游列国的时候，路过蒲地，遇上公叔氏据蒲反叛卫国，蒲人阻止孔子继续前进。公良孺自己带了五辆车跟随孔子，他身材高大有才德，且有勇力，叹气道："我从前跟随老师周游在匡地遇到危难，又在宋国遭到桓魋伐树之难，如今又在这里遇到危难，这是命里注定的。与其见到老师再次遭难，我宁愿搏斗而死。"公良孺于是拔剑召集众人，跟蒲人打起来，打得很激烈，蒲人害怕了，对孔子说："如果你不到卫国去，我们就结盟，放你走。"孔子与他们订立了盟约，蒲人这才放孔子他们从东门出去。

拓跋

姓氏起源

源于姬姓。黄帝有子名昌意，昌意有子三人，其中第三子名悃，迁居北土。黄帝以土德之瑞称王。北土之人则谓"土"为"拓"，谓"后"为"跋"，故以"拓跋"为姓，称拓跋氏，意为黄帝土德后代，即后来北朝的鲜卑族拓跋氏部族。拓跋氏后建立北魏政权，风光一时。北魏孝文帝时，推行汉化改革政策，将王族拓跋氏改为汉字单姓元氏，其王族之外的拓跋氏遂成为庶姓，仍为拓跋氏，不与皇室同氏。

南北朝时北周名将李穆被周宣帝赐姓拓跋氏，其后裔子孙有以先祖受赐之姓沿袭传承者，称拓跋氏，后多改回李氏。

南北朝时北魏金紫光禄大夫源子邕被孝明帝赐姓拓跋氏，其后亦有称拓跋氏者。

家族名人

拓跋珪，即北魏道武帝，南北朝时期北魏的开创者。他15岁趁乱重兴代国，386年建国，国号为魏。他在位期间，开疆拓土，励精图治，将鲜卑政权推进了封建社会。但是后期沉迷酒色，刚愎自用，死于宫廷政变。

拓跋宏，北魏孝文帝，后为元宏，南北朝时期杰出的政治家、改革家。即位时仅5岁，490年亲政。亲政后，积极推行汉化改革。495年，孝文帝从平城迁都洛阳；后又改鲜卑姓氏为汉姓，藉以改变鲜卑风俗、语言、服饰。此外，鼓励鲜卑族和汉族通婚；评定士族门第，加强鲜卑贵族和汉人士族的联合统治；参照南朝典章制度，制定官制朝仪。孝文帝的改革，对各族人民的融合和各族的发展，起了积极作用。

夹谷

姓氏起源

源于女真族。据《姓氏考略》记载，两宋时，金国女真族有古老的加古部落，后汉化音译为夹谷。入中原后，以部落称谓为氏，称夹谷氏。在明朝末期至清朝时期，夹谷氏即为瓜尔佳氏。清朝中叶，夹谷氏多改为汉姓关氏。

家族名人

夹谷清臣，本名夹谷阿不沙，金国重臣。他身材雄伟，善骑射，官至金国的宰相。曾任山东横海军节度使，兼博州防御使，任陕西路统军使，兼京兆府事等。夹谷清臣骁勇善战，精通军法，曾屡次击溃辽国军队，在灭辽战争中功勋颇伟，后又在装备远不如宋军的情况下多次击败宋军，为金国灭北宋创有不世之功。

宰父

姓氏起源

以官为氏。西周时有官职宰父，其职责是管理王朝内外事务，后为两周时期的世袭官位，多由周公后裔担任。历代宰父之后皆有以先祖官名为氏者，称宰父氏。

榖梁

姓氏起源

古代有一些部落，农业相对比较发达，他们以能种出优质的谷(榖的简化字)子为骄傲。古代将谷子称为粱，所以善于种植粱的氏族首领就以“榖粱”命姓，其后世代相传，称榖粱氏。后来“粱”字演变改成“梁”字，遂称榖梁氏。

古代有榖梁城，居者有称榖梁氏者。

家族名人

榖梁赤，战国时期史学家，相传为子夏弟子。传说，榖梁赤是《春秋榖梁传》的作者，他精明能干，思维敏捷，还是一位语言学家。当年孔子的弟子子夏将这部书的内容以口述方式传给榖梁赤，榖梁赤将它写成书记录下来，但实际上最初只有口说流传，直至西汉时期才真正落籍为《春秋榖梁传》。

晋楚闫法　汝鄢涂钦

晋

姓氏起源

源于姬姓，以国为氏。据《元和姓纂》记载，西周初，周成王封其弟叔虞于唐，建唐国。后因唐国境内有条河流叫晋水，遂改称唐国为晋国。韩、赵、魏三家分晋后，晋国灭亡，其王族后裔中有以先故国名为氏者，称晋氏。

以官为氏。西周时有官职晋史，是专职监督和管理井田的官吏中的一员，其后有晋氏。

以职为氏。西周时专职制作晋鼓的工匠称晋工。晋鼓，是西周礼制中不可或缺的金乐，是以青铜制作的一种打击乐器，晋鼓一击，所有的乐器演奏皆停止，晋鼓二击，所有的乐器演奏皆继续，晋鼓三击，所有的乐器演奏重新开始。因此，晋鼓是周王朝典乐中的指挥棒，为乐魂，如同今日交响乐队中的定音鼓。晋工之后有称晋氏者。

以职为氏。春秋战国时亦有专职制作晋围的工匠。晋围，是两周时期出现的兵器附件，最早是一种护箍，用来保护长大打击型兵器的两端在击打时不至于开裂。这种工匠之后亦有称晋氏者。

家族名人

晋应槐，字植吾，号似斋，山西洪洞人，明朝大臣。

晋德慧，字维哲，号晋山，清朝学者，著有《晋山制艺》等。

楚

姓氏起源

源于芈姓，以国为氏。据《姓苑》《风俗通义》等记载，周成王时，封祝融之后鬻熊之曾孙熊绎于丹阳，国号为荆，后迁都于郢，始改国号为楚。楚国为秦国所灭后，王族后裔和国人中，有以国名为氏者，称楚氏。

源于姬姓。春秋时鲁国有大夫姬林楚，其后有以先祖名为氏者，称楚氏。

源于姬姓。春秋末晋国大夫赵襄子有家臣楚隆，其后有楚氏。

据《通志·氏族略》记载，古代有贤者楚老，其后亦有称楚氏者。

唐朝大臣褚遂良，因反对唐高宗纳武则天为昭仪，被贬至越南爱州，其后裔唯恐株连，遂将姓氏字"褚"改为谐音的"楚"，称楚氏，世代相传。

家族名人

楚衍，开封阼城（今河南延津）人，宋朝天文学家。于《九章》《缉古》《缀术》《海岛》诸算经尤得其妙。明相法及《聿斯经》，善推步、阴阳、星历之数，间语休咎无不中。

楚智，明初将领，洪武年间先后从冯胜、蓝玉出塞有功，官至都指挥。燕王朱棣起兵，其与李景隆率兵拒敌，以勇称，后与燕兵战死于夹河。

闫

姓氏起源

闫氏与阎氏同宗，闫氏是阎氏的一支。据《五音集韵》记载，

"闫"同"阎"义，俗用。由于阎姓被"俗用"成闫，就产生了阎、闫二姓，所以在《百家姓》里，两姓并存。详见"阎姓"相关内容。

法

姓氏起源

源于妫姓。据《后汉书·法雄传》记载，战国时期，齐国强盛之时，过于炫耀武功，杀死了燕昭王之父，埋下祸根。后来燕国以乐毅为主帅，率五国联军伐齐，一举攻下七十多城。齐闵王被杀，太子田法章化装成平民逃难，并改姓为法。田单打败燕国军队后，迎田法章回临淄，正式即位为齐国君主，是为齐襄王。齐国为秦国所灭后，齐襄王的庶支子孙不敢再称田氏，便以齐襄王曾用过的姓氏"法"为姓氏，改称法氏。

以官为氏。汉朝时有官职法曹，负责掌管邮递驿传。宋朝时有官职法酒库，掌按法式配酿酒原料，监督酿酒工序，检查酿酒质量，以供王朝宫廷尊享、祭祀、赏赐之用。辽国时有官职法物库，掌管祭祀、乐器、车驾、卤簿等事务。这些官员之后有称法氏者。

家族名人

法正，字孝直，东汉末年扶风郡郿县（今陕西眉县）人。原为刘璋部下，刘备围成都时劝说刘璋投降，而后又与刘备进取汉中。法正善奇谋，深受刘备信任和敬重。建安二十四年（219），刘备进位汉中王后，封法正为尚书令、护军将军。次年，法正去世，刘备十分感伤，连哭数日。被追谥为翼侯，是刘备在位时唯一有谥号的大臣。

汝

姓氏起源

源于姒姓。据《元和姓纂》记载，商朝时有贤人汝鸠，还有一个汝方，皆为高官，相传是大禹的后代。汝鸠、汝方的后裔子孙中，有以先祖名为氏者，称汝氏。

源于姬姓，以邑为氏。据《姓氏寻源》记载，东周初，周平王封少子于汝川，其后有汝氏。

东周时期，王畿之地有汝邑，居者有称汝氏者。

家族名人

汝讷，字行敏，吴江（今江苏吴江）人，明朝官吏、书法家。曾修《英宗实录》，因而选入史馆，授中书舍人，出知南安。书法清劲，得晋人笔意。楷正有法，表然出侪辈。著有《怀麓堂集》《匏翁家藏集》。

鄢

姓氏起源

源于妘姓。西周初年，郐国后人被封在邬，称邬侯，建立邬国。春秋初期，邬国被郑国吞并，成为郑国的一个邑。在郑国语言文字中，“邬”字与周王朝的“鄢”字通假，因此，宋朝学者王应麟在编纂《姓氏急就篇》的时候，就将“邬”字按周语写作“鄢”字。此后，诸多姓氏书籍遂皆称该“邬”为“鄢”。鄢国灭亡后，其后人有称鄢氏者。详见“邬姓”相关内容。

源于伊祁氏。春秋初，周郑交恶，在繻葛大战，尧帝后裔嵒（“岩”的古体字）辅佐郑庄公击败了周王室的军队，立下战功。郑庄公特按其名“嵒”之谐音赐姓为“鄢”，称鄢嵒，并封赏其居于故鄢国之地鄢邑。鄢噩死后，就殡葬于鄢邑，故而后来的史家将鄢邑称作“鄢陵”。鄢噩之后有鄢氏。

源于芈姓。春秋时，鄢国为郑国吞并，后又被楚国攻取，其地被设置为楚国的鄢县。楚国有贵族担任了鄢县尹，其后有称鄢氏者。

源于高阳氏。西周时，祝融后裔受封于宜城，建罗国。春秋时，罗国为楚国所灭。楚武王于故罗国之地置鄢邑，安置依附于楚国的原鄢国贵族及其国人，因称鄢国，是楚国的附属国。罗国公族有留居新鄢国者，以国名为氏，称鄢氏。

源于姬姓。西汉文帝时，燕希巽改成鄢希巽，其后皆称鄢氏。

家族名人

鄢正畿，字德都，明末福建永福人。明朝灭亡后，他面向北方恸哭，几乎气绝。从此遁迹深山，也不应科举考试，常写诗作文表明心迹，自号亦必道人，后赋《绝命篇》，与御史林逢经俱投溪水自尽而死。

涂

姓氏起源

源于涂山氏。夏朝时有复姓涂山氏，其后有涂氏。

据《名贤氏族言行类稿》《通志·氏族略》等记载，东汉以前，有古洪州人居于涂水流域，唐朝时期改“涂”作“滁”，一直至今皆名滁河。在涂水两岸的住民中，即有以河流名称为氏者，称涂氏、滁氏，后滁氏族人亦改称涂氏。

源于智氏。春秋末年，晋国的韩、赵、魏三家联合攻打智氏，智伯被杀，殃及智氏族属。智徐吾时任晋国涂水大夫，遂改称涂氏。

家族名人

涂溍生，字自昭，江西抚州宜黄人，元代著名经学家、学者。

涂瑞，字邦祥，广东番禺人。明宪宗成化二十三年（1487）进士，授翰林院编修。以文学著声，当时都称他为“翰林三妙”，即才学、书法、仪表三者皆妙。涂瑞为文汪洋宏放，性豪宕不羁，顷刻数千言。书法遒丽，为一时之冠。

钦

姓氏起源

汉朝北方地区有乌桓族，当时中央王朝对乌桓族采取安抚和靖剿两种政策，近抚远攻，屡有御派使者到北方的乌桓族各部落，并在幽州置护乌桓校尉，监领乌桓，使不得与匈奴通。这些御使就负有“监领乌桓”之责，常驻乌桓。当时的监领御使们又称之为“钦命”，这些御使有落居于乌桓部中者，其后代融入乌桓民族，以先祖的显赫身份为姓氏，称钦氏。其中还有一些人甚至成为乌桓部落的首领，《魏书》中记述的“钦志贲”，就是渔阳地区的乌桓大人。

古代赣地汝河支流师水所出之处有钦山，居者有称钦氏者。

隋文帝统一中国后，为了控制位于广西地区钦江流域的各族百姓，将故安州改名为钦州，同时诏令当地住民，不论何族何姓，皆以新置州名为姓氏，称钦氏，并登记造册，编籍入户，予以强化流改管理。

家族名人

钦叔阳，一作钦叔扬，字愚公，南直隶苏州府吴县（今江苏苏州）人，明代万历间文士。少补县学生，中年改国学，博学于文，尤精史事，熟于典故。

段干百里　东郭南门

呼延归海　羊舌微生

段干

姓氏起源

源于嬴姓。据《史记》记载，战国时期，老子之孙李宗任魏国大将，先封于段邑，后封于干邑。其后有“联邑为氏”者，称段干氏。

源于姬姓。春秋时期，郑庄公之弟共叔段之后有段氏。段氏传到第六世孙，即为著名的贤者段干木，乃孔子再传弟子。段干木的后裔子孙中，有以先祖名为姓氏者，称段干氏。

家族名人

段干木，战国初年魏国名士。师子夏，友田子方，为孔子再传弟子。因其三人皆出于儒门，又先后为魏文侯师，故被后人称为“河东三贤”。

百里

姓氏起源

春秋时秦国大夫百里奚，本是虞国人，一说楚国人，是周太王次子仲雍的后人，一说是虞国公族之后。虞国灭亡后，百里奚入秦，辅佐秦穆公，助秦国成为西方霸主。因百里奚在虞国时居于百里乡，故称百里奚。一说百里奚在秦国受封百里邑，故称百里奚。其后有百里氏。

东郭

姓氏起源

源于姬姓，以国为氏。因古代“虢”、“郭”同音，故东虢国又称作东郭国。东虢国春秋初为郑国所灭，其后有称东郭氏者。

源于姜姓。古代城池的外城围起来的部分，称城郭。春秋时，齐桓公有子孙负责管理都城临淄外城的东部，为东郭大夫，其后有以居地和先祖官名为氏者，称东郭氏。

家族名人

东郭牙，春秋时齐国著名谏臣，是齐桓公时期的“五杰”之一，由名相管仲推举。管仲在推举东郭牙时曾说：“犯君颜色，进谏必忠，不辟死亡，不挠富贵，臣不如东郭牙。请立以为大谏之官。”

南门

姓氏起源

源于子姓。商朝时，成汤属下有重臣南门蠕，其后有南门氏。

据《姓氏寻源》记载，古代居住于城郭南门一带的住民，或是守卫城池南门的官吏及兵将，或以居邑名为氏，或以官职名为氏，称南门氏。

据史籍《史记·天官书》记载，天上南方有两颗大的星星叫南门星。在现代天文学中，分别指南部天穹的圆规星座和半人马星座中的两颗星，亦是距离地球最近的恒星。上古时期负责掌管、观测天文之官员的后代，有以南门星座名称为氏者，称南门氏。

呼延

姓氏起源

源于匈奴族。据《姓氏考略》记载，古代匈奴族有呼衍氏部落，入中原后，改“呼衍氏”为“呼延氏”，成为汉字复姓。

源于鲜卑族。晋朝时，鲜卑族人稽胡楚，因有功于社稷，被晋王朝赐姓为呼延氏，其后裔子孙世代相传。

家族名人

呼延赞，并州太原（今山西太原）人，北宋著名将领。其父呼延琮，为后周淄州马步都指挥使。呼延赞少任骁骑兵，宋太祖补选他任东班头领，入宫受帝圣旨，升任骁雄军使。乾德二年（964），随王全斌讨伐后蜀，担任前锋，身受数处创伤，以功补为副指挥使。太平兴国初年，宋太宗任呼延赞为铁骑军指挥使。太平兴国四年（979），随宋太宗征讨北汉。七年（982），随崔翰戍守定州。端拱二年（989），兼任富州刺史，不久任都军头。淳化三年（992），外任保州刺史、冀州副都部署。后改任辽州刺史、扶州刺史、康州团练使等。咸平三年（1000）去世。相传呼延赞浑身满刺“赤心杀贼”四个字，为国征战，出生入死，使敌人闻风丧胆。

归

姓氏起源

源于姬姓。相传黄帝在即天子位之前，曾在归藏国当部落首领，即大位后，留下一子继任为归藏君，其后有归藏氏，后简化分衍为归氏、藏氏。

以国为氏。西周初年有归姓胡国，原为归夷，属于东夷集团的一支。春秋时胡国为楚国所灭，其后有归氏。

家族名人

归有光，字熙甫，明代昆山（今江苏昆山）人，世称震川先生。嘉靖进士，官南京太仆寺丞。长于散文，反对王世贞等“文必秦汉”的复古主张，与王慎中、唐顺之、茅坤等被称为“唐宋派”。其文朴素简洁，甚受当时人推重。有《震川先生集》。

海

姓氏起源

源于姬姓。相传黄帝有子禺阳，任职海司，后来他被封为东海之神。禺阳的儿子叫禺强，后来也被封为北海之神。禺阳、禺强父子俩的后裔子孙中，有以先祖的海神封号为氏者，称海氏。

源于姬姓。据《万姓统谱》记载，春秋时，卫灵公属下有大夫名春，居住在海边，时称“海春”，其后有海氏。

家族名人

海瑞，字汝贤，号刚峰，广东琼山（今属海南）人，明朝著名清官。嘉靖二十八年（1549）海瑞参加乡试中举，初任福建南平教谕，后升浙江淳安和江西兴国知县，推行清丈、平赋税，并屡平冤假错案，打击贪官污吏，深得民心。得到提升，历任州判官、户部尚书、兵部尚书、尚书丞、右佥都御史等职。他打击豪强，疏浚河道，修筑水利工程，力主严惩贪官污吏，禁止循私受贿，并推行一条鞭法，强令贪官污吏退田还民，遂有“海青天”之誉。

归海

姓氏起源

源于妫姓。春秋时期，陈国都城宛丘四周为一巨大的湖泊，史称“龙海”。因陈国是舜帝之后，故又称“妫海”。公元前597年，楚庄王灭陈国，后又在大夫的劝谏下恢复了陈国。公元前534年，楚灵王再次灭了陈国。后陈惠公协助楚平王平叛有功，楚平王感激之下又恢复了陈国的爵位，陈惠公又得以返回宛丘，继续做陈国君主。在此期间，有陈国贵族称“妫海”为“归海”，以示得返都城，重得国祚，其后有人以之为姓氏，称归海氏。

羊舌

姓氏起源

源于姬姓，以邑为氏。春秋初，晋武公有子公子姬伯侨，姬伯侨有子姬突。晋献公执政时，封姬突在羊舌邑，其后裔子孙遂以封邑名为氏，称羊舌氏。

源于姬姓。春秋末，晋国羊舌氏一族的势力大减，其封邑被改封给大夫祁盈，时称祁盈为羊舌大夫，其后亦有称羊舌氏者。

据《左传释例》记载，古时有人偷了一只羊，还强行留下个羊头给一个叫季果的人。季果当时无法拒绝，就将那羊头收下，却埋在了地下。后来盗羊的人被告发，遭到官府抓捕，还连累到季果。季果坦然地说他并没参与盗羊之事，那盗羊人给他的羊头也根本未动，而是埋在地下，他没吃。当即官府就派人到其所述的地方掘地一看，果然发现了羊头，而且那羊舌还在，于是就宣判季果无罪，当堂释放。此事件之后，季果便以“羊舌”为姓氏，以警后世，其后裔子孙皆称羊舌氏。

家族名人

羊舌肸，字叔向，春秋时晋国大夫，历事晋悼公、晋平公、晋昭公三世。晋悼公时，叔向以熟悉历史典故，知识渊博，被任命为太子彪之傅。太子彪即位，为晋平公，叔向以上大夫为太傅。此后，一直活跃在晋国政坛及各诸侯国之间长达30年之久。

微生

姓氏起源

源于姬姓。据《路史》记载，鲁国公族有微生氏。

源于子姓。西周初，周武王封微子启于宋国。宋国灭亡后，其王族后裔以及子民们，分衍有一百二十四个姓氏，其中就有微生氏。

家族名人

微生高，春秋末年鲁国人，孔子弟子。为人爽直、坦率，以信义正直而著称。他跟一个女子在桥下约会，那女的没来，大水却来了，他也不逃走，最后抱着桥柱被淹死了。

岳帅缑亢　况郈有琴

岳

姓氏起源

源于姜姓。上古时，炎帝之后伯夷为第一任太岳。“太岳”即指华山，后指官职，专门掌管华山的祭祀。伯夷所统领的东夷部落就称太岳部，他的四个儿子以太岳部落为中心，分别掌管东南西北四个方向的山峦，称“四岳”，负责四方神山的祭祀。伯夷后裔子孙中，有以先祖官名为氏者，称岳氏。

家族名人

岳飞，字鹏举，宋朝相州汤阴（今河南安阳）人，中国历史上著名的军事家、战略家、民族英雄、抗金名将，位列南宋“中兴四将”之首。他在北宋末年投军，从1128年遇宗泽起到1141年为止的十余年间，率领岳家军同金军进行了大小数百次战斗，所向披靡。1140年，完颜兀术毁盟攻宋，岳飞挥师北伐，先后收复郑州、洛阳等地，又于郾城、颍昌大败金军，进军朱仙镇。宋高宗、秦桧却一意求和，以十二道金牌下令退兵，岳飞在孤立无援之下被迫班师。在宋金议和过程中，岳飞遭受秦桧、张俊等人的诬陷，被捕入狱。1142年1月，岳飞以“莫须有”的“谋反”罪名，与长子岳云和部将张宪同被杀害。宋孝宗时岳飞冤案被平反，改葬于西湖畔栖霞岭。追谥武穆，后又追谥忠武，封鄂王。

帅

姓氏起源

源于师姓。司马炎代魏立晋后，追封自己的伯父司马师为晋景皇帝，大司徒师昺为避讳，将姓氏字“师”去掉一横，改称帅氏。

以官为氏。西周时期，军下设师，每师两千五百兵，师的最高军事长官称师帅，后细分有中军帅、上军帅、下军帅、左军帅、右军帅、后军帅等，这些军官之后有以先祖官名为氏，称帅氏者。南北朝时西魏有军职帅都督，南宋时有官职帅司，其后亦有称帅氏者。

家族名人

帅念祖，字宗德，号兰皋，江西奉新人，清朝学官。少为诸生，肄业豫章书院，工诗、善绘，尤长于指头画。雍正进士，以庶吉士用，散馆授编修，纂《一统志》，改御史，迁给事中，分校会闱。

缑

姓氏起源

源于姬姓，以邑为氏。据《通志·氏族略》记载，西周时，有卿士大夫受封于缑邑，为缑侯，其国为滑国，其后有缑氏。

以职为氏。秦、汉时有军工蒯缑，亦称缑工，其后有缑氏。

源于匈奴族。汉朝时，匈奴有缑王，其后有以先祖爵号为氏者，称缑氏。

亢

姓氏起源

以邑为氏。春秋时有军事要地亢父邑，战国时隶属于任国，而任国曾先后附庸过鲁国、宋国、齐国，齐国曾在此驻军，亢父的住民和齐国驻军中有以邑名为氏者，称亢父氏。一说齐国有大夫受封于亢父邑，其后有亢氏。

源于姬姓。据《元和姓纂》记载，春秋时卫国有邑名三伉，三伉大夫之后裔子孙有称伉氏、杭氏、抗氏、亢氏。

战国时期燕国有督亢之地，居者有称亢氏者。

源于子姓。五代十国时期，微子启的后裔被封在亢父之地，其后有亢氏。

佐氏族人有改称亢氏者。

家族名人

亢青，元末明初人，状元，官至刺史。他曾与亢恒一道赴东北，教“土人”种植五谷，造福一方，万民感念。至今东北人还称其为“五谷圣人”。

况

姓氏起源

源于姚姓。上古时，舜帝封其子商均于虞邑，建立了古虞国。西周初，周武王封虞公烈于况地，其后有况氏。因“况”与“况”

同音通义，故况氏族人大多简笔改为况氏。

源于荀姓。战国时赵国大儒荀况，其后有称况氏者。

东汉初，光武帝皇后郭圣通有弟弟郭况，权倾一时。汉和帝时，郭氏族人为避难而以先祖名为氏，称况氏。

家族名人

况钟，字伯律，号龙岗，又号如愚，靖安（今江西靖安）人，明朝官员。他任苏州知府时，苏州人民称他“况青天”。昆剧《十五贯》，以歌颂况钟而使其妇孺皆知。著有《况太守集》《况靖安集》。

郈

姓氏起源

在中华民族姓氏的历史发展中，郈氏、后氏、後氏各有不同的渊源、发展、繁衍过程，但在今天大多简写成后氏，不分彼此。详见“后姓”相关内容。

有

姓氏起源

据《路史》记载，上古有巢氏之后有称有氏者。

源于姬姓。春秋时孔子弟子冉求，字子有，其后裔子孙有以先祖字为氏者，称有氏。

以官为氏。秦、汉时期有官职有秩，是郡县级建制之下的乡一级行政机构最高长官的称谓。辽国有官职有司历，职掌天文、历法和文史记载，以及相关的祭祀活动。有秩、有司历之后裔子孙有以先祖官名为氏者，称有氏。

琴

姓氏起源

以职为氏。据《说文》记载，远古的神农氏创造了琴，始有五根弦，到了周朝时期又加上两根弦，成了七弦琴。《礼乐记》中也记载，舜帝创造了弦琴，琴长三尺多。《广雅》也说："琴长三尺六寸三分，广六增寸。"操演琴的乐人，被称作琴师。琴师之后有称琴氏者。

源于姬姓。春秋时孔子有弟子琴牢，字子开，一字子张，故又称琴张，其后裔子孙有以先祖字为氏者，称琴氏。

源于芈姓。春秋时楚国有官职琴人，并不是操琴的乐师，而是一种守护琴城之小吏。"琴"，在楚国就是"冢"的公称，"琴城"，也就是名人贵族的陵墓。琴人之后裔子孙有以先祖官名为氏者，称琴氏。

梁丘左丘　东门西门
商牟佘佴　伯赏南宫

梁丘

姓氏起源

源于姜姓，以邑为氏。春秋时，齐国大夫姜据受封于梁丘邑，他在梁丘邑的南侧建有一城，称梁丘城，史称"梁丘据"。梁丘据之后多以先祖封邑名为氏，称梁丘氏。

家族名人

梁丘贺，字长翁，琅邪郡诸县（今山东诸城）人，西汉时今文《易》学“梁丘学”之开创者。

左丘

姓氏起源

春秋时，齐国都城临淄附近有一个叫左丘的地方，鲁国一位名叫“明”的大夫居于此，史称左丘明。左丘明之后遂称左丘氏。

家族名人

左丘明，春秋时鲁国人，史学家。相传他双目失明，人称为“盲左”，曾任鲁太史，大约与孔子是同时代的人。他为春秋作传，称《左氏春秋传》，简称《左传》。

东门

姓氏起源

源于姬姓。春秋时，鲁庄公有子公子遂，字襄仲。鲁文公执政时期，公子遂出任鲁国上大夫，当时他的府第就在鲁国都城的东门旁边，时人称其为东门襄仲。东门襄仲之子公孙归父也是鲁国大夫，欲除去三桓大夫，扩张公室，事不成而全家遭三桓驱逐，逃到齐国，遂以父号“东门”为氏，改名东门归父，其后有东门氏。

家族名人

东门云，汉代经学家，官至荆州刺史、文东平太傅，有惠政。曾将《公羊春秋》授给琅邪王，徒众尤盛。

西门

姓氏起源

源于姬姓。据《通志·氏族略》记载，春秋时，郑国有大夫住在郑国都城的西门，其后裔子孙以居地名为氏，称西门氏。

源于姬姓。春秋时，卫国大夫石厚居于都城西门，其后亦有西门氏。

源于姜姓。战国时，齐国有大夫居于城池的西门，其后亦有西门氏。

战国时，魏国在魏文侯执政时期，属下有一个名叫"豹"的大臣，是著名的政治家、军事家、水利家。他曾立下赫赫战功，被赐居魏国都城的西门，因称西门豹，其后有西门氏。

家族名人

西门季玄，唐朝将领，历任神策中尉、右迁神策军佐、右中护军、右监门将军、军容使等。他对朝廷中花言巧语瞒骗皇上的人特别痛恨，人们皆赞扬他忠心正直。

商

姓氏起源

源于子姓。据《通志·氏族略》记载，商王朝的贵族后裔中，有以国名为氏者，称商氏。

源于姬姓。春秋时，卫国有一法家名士叫公孙鞅，为卫国公族之后，亦称卫鞅。卫鞅入秦主持变法，受秦孝公重用，受封于商邑，故后人有称之为商鞅。商鞅之后有以先祖封邑名为氏者，称商氏。

家族名人

商辂，字弘载，号素庵，浙江淳安人，明代首辅。商辂是明代近三百年科举考试中第二个“三元及第（乡试、会试、殿试三试均为第一）”的人，仕英宗、代宗、宪宗三朝，历官兵部尚书、户部尚书、太子少保、吏部尚书、谨身殿大学士，时人称“我朝贤佐，商公第一”，卒谥文毅。著有《商文毅疏稿略》《商文毅公集》等。

牟

姓氏起源

源于高阳氏，以国为氏。西周初年，周武王封祝融之后在牟，子爵，建牟子国。春秋时，牟子国为齐国吞灭，其后有牟氏。

源于姬姓，以国为氏。春秋时，鲁国邻边有一根牟国，传说为颛顼的后裔，是姬姓曹氏小国，后为鲁国吞并，其后有牟氏。

以国为氏。西周初年有东夷民族建立的鲜牟国，后为莒国所灭，其后有牟氏。

春秋时，杞国有牟娄、根牟两个邑地，后为莒国所占，原杞国住民遂称牟娄氏、根牟氏，后简化为牟氏。

源于姬姓。春秋时晋国有大夫司马弥牟，其后有以先祖名为氏者，称牟氏。

源于姬姓。春秋时卫灵公有孙子南弥牟，字子之，又名木，其后亦有称牟氏者。

以官为氏。西周时有官吏岑牟，即仪仗队中身着甲胄的鼓角士，其后有以先祖官名为氏者，称牟氏。

源于芈姓。战国时楚国有复姓弥牟氏家族，其族人有改成牟氏者。

上古时有复姓宾牟氏，其族人有改成牟氏者。

家族名人

牟融，字子优，北海安丘（今山东安丘）人，东汉大臣。明帝时举茂才，任丰地县令三年，县无狱讼。章帝即位后，升太尉，参录尚书事。举动方重，甚得大臣节。

佘

姓氏起源

源于人皇氏。上古有人皇氏，其后称人氏。黄帝时，命人皇氏之后主祀天神地祇人鬼之事，故又称示氏。夏朝时失官，人皇氏族人将“人”与“示”合并，称佘氏。

周太王古公亶父长子太伯，为让王位而奔吴地，在佘地建立起佘城，为后世吴国最早的城池。佘城之住民有称佘氏者。

据《姓氏寻源》记载，汉朝以前没有佘姓，后来的“佘”字是从“余”字音变后转化而来，抑或笔讹随赊音而来，故佘姓余姓同宗，为春秋时秦国大臣由余之后。

汉朝时，东海滨岸地区有个地名叫荼山，居住在荼山周围的住民，原本为淮夷民族，西周时期与周王室相争失败后，东迁至荼山地区，后来就以山名为姓氏，称荼氏。汉朝以后，一部分人随余字演变为“佘”，遂称佘氏。

西晋时，余昭元因赐改姓为“佘”，其后称佘氏。

家族名人

佘翘，字聿云，号燕南，铜陵（今安徽铜陵）人，明代戏剧作家、诗人。4岁即能授书成诵，稍长，遂工习诗文，研究经史。万历十九年(1591)，赴应天府乡试中举。后屡赴京会试不中。归里后，遍访名胜，潜心著书。

佘华瑞，字朏生，号西麓，又号程斋，安徽人，清朝学者。

佴

姓氏起源

古代官者帽冠两侧垂下的玉饰称弭珥，亦称耳珰、瑱珰，专门设计、制造弭珥的工匠以“珥”立姓，称珥氏。其后代改以“亻”偏旁于耳边，称佴氏。

唐朝洱海地区的居民有称洱氏者，后在改土归流运动中有改“洱”为“佴”者，称佴氏。

家族名人

佴祺，明朝万历年间进士，官至御史、直隶巡按等。

伯

姓氏起源

源于柏皇氏。相传上古有柏皇氏，是东方部落的首领，其后有柏氏，后多演变为伯氏。

源于嬴姓。伯益之后有称伯氏者。

源于墨胎氏。商末孤竹国君长子伯夷，与其弟叔齐不食周粟而死，其后有称伯氏者。

以爵为氏。伯是西周时的官爵称谓，伯爵之后有称伯氏者。

以官为氏。西周时有官职大宗伯，掌礼制，其后称伯氏者。

源于荀姓。春秋时晋国上卿荀林父，字伯，其孙荀阁以祖父字为氏，称伯阁，其后有伯氏。

源于芈姓。战国末期楚国术士南公，亦称南伯，因居于楚国的南公邑而得名，其后亦有称伯氏者。

伯成氏、伯皇氏、伯常氏等复姓有改称伯氏者。

家族名人

伯宗，春秋时晋国大夫，贤而好直言，后被人进谗言而遭杀害。

赏

姓氏起源

春秋时，吴国有个大夫参加搏赛得胜而获赏，其后代为纪念祖先的荣耀，就以“赏”字为姓氏，称赏氏。

源于党项族。据《万姓统谱》记载，赏氏起源于西夏，是西夏国的国姓之一，祖先为赏羽羌。

南宫

姓氏起源

南宫是商朝时期的一种官位，为殷王朝及各诸侯国所设，是一种专司宫廷内部重要祭祀品的管理、修缮、清洁，属于王宫内史，其后裔子孙遂称南宫氏。商朝末年，西伯姬昌身边有“八士”、“四友”，其中之一即为南宫括。南宫括之后皆称南宫氏。

东周时亦有官职南宫氏，为周王室的宫内史，居南宫，其后亦称南宫氏。

源于姬姓。春秋时，鲁国有大夫名阙，因居住在南宫（地名，非指南面宫室），遂以“南宫”命姓，史称南宫阙，其后有南宫氏。

源于姬姓，春秋时，鲁国大夫孟僖子之子韬，封于南宫，其后裔子孙遂以先祖封地名为氏，称南宫氏。

家族名人

南宫适，一名韬，字子容，又称南宫括、南容，春秋时期鲁国人，孔子七十二弟子之一。南宫适言语谨慎，崇尚道德，能做到“邦有道，不废；邦无道，免于刑戮”。孔子称赞他是“君子”、“尚德”之人。

墨哈谯笪　年爱阳佟
第五言福　百家姓终

墨

姓氏起源

商朝孤竹国国君为墨胎氏，亦称墨台氏，后简化为单姓墨氏。

源于子姓。战国时思想家墨翟，子姓，相传是宋国公子目夷之后，他创建了墨家学说，世称墨子，其后有称墨氏者。

哈

姓氏起源

源于蒙古族。蒙古族有都尔哈氏部落，入中原后，以部落称谓为氏，称哈氏。

源于蒙古族。蒙古族有斡罗纳氏部落，其首领为斡罗纳·哈剌哈孙，其后裔子孙以先祖名为氏，称哈氏。

源于女真族。明朝末年，海西女真有哈达部，入中原后，称哈氏。

“回族十三姓”之一为哈氏。

谯

姓氏起源

上古时有谯明山，是东夷民族栖息、发源地之一。谯明山的住民中，有以地名为氏者，称谯明氏，后简化为谯氏、明氏。

源于姬姓，以国为氏。据《姓氏考略》记载，西周时，召公奭之子姬盛受封于谯地，建立谯国，其后有谯氏。

源于姬姓。春秋时，曹国有公族大夫受封于谯邑，其后有谯氏。

家族名人

谯周，字允南，巴西西充（今四川西充）人，三国时期蜀汉学者、官员，著名的儒学大师和史学家。《三国志》作者陈寿即出自他的门下。蜀汉灭亡后降晋，在晋官至散骑常侍。谯周被称为“蜀中孔子”，他博学广识，著书育人，忠肝义胆，忧国忧民，有“一邦蒙赖，全国之功”，魏封阳城亭侯。

笪

姓氏起源

“笪”为建州的一个郡，后来改称建安，指的是现福建省建瓯市周围一带。笪郡住民多有称笪氏者。

古时，契丹族人称日食为“笪”。相传有契丹人在笪时出生，力大无穷，且常立功于契丹。后契丹人奉其为神明下世，正如笪时一样遮天闭日般神奇。因此，有后人因崇敬他而以笪为姓，或有其他笪时出生的人以笪为姓，称笪氏。

年

姓氏起源

源于姜姓。春秋时，齐僖公之弟夷仲年，为齐国贤臣。齐僖公去世，公子诸儿即位，为齐襄公。齐襄公荒淫昏庸，夷仲年预料齐国将有大乱，于是回到封地隐居，不再过问世事。后齐襄公在内乱中被杀，夷仲年的儿子公孙无知被立为齐国国君。但无知在位仅一个月，又被杀了。最终，公子小白在鲍叔牙的帮助下即位，为齐桓公。齐桓公认为公孙无知在位一个月就被杀是一个凶兆，为了辟邪，就以前朝老臣、叔父夷仲年之名为后代的姓氏，称年氏。

元朝末年严遇春，其父是朝廷一名武官，镇守滁阳，在与起义军对抗中殉职，严遇春遂携家避难隐居。明朝初年占籍，以当地乡音讹“严”为“年”，从此称年氏。

唐朝时期，契丹族有遥辇氏部落，入中原后，其族人中即有以“遥辇”的谐音汉字“年”为汉化姓氏者，称年氏、辇氏等。

家族名人

年羹尧，字亮工，号双峰，清朝名将。原籍凤阳府怀远县（今属安徽），后改隶汉军镶黄旗，康熙、雍正年间人。进士出身，官至四川总督、川陕总督、抚远大将军，还被加封太保、一等公，高官显爵集于一身。他运筹帷幄，驰骋疆场，曾配合各军平定西藏乱事，率清军平息青海罗卜藏丹津，立下赫赫战功。1724年入京时，得到雍正帝特殊宠遇。但翌年十二月，风云骤变，他被雍正帝削官夺爵，列大罪92条，于1726年赐自尽。

爱

姓氏起源

源于回鹘族。据《姓氏考略》记载，唐朝时，西域回鹘国的国相名叫爱邪勿，唐武宗根据他名字的译音，赐他“爱”姓，名弘顺。爱弘顺十分尊敬唐朝政府，后来曾为唐王朝驻守太原，其后裔子孙世代称爱氏。

源于阿拉伯族。元朝时，叙利亚西部说阿拉伯语的拂林人（今小亚细亚一带）、著名基督教徒爱薛来到蒙古汗国。他学问广博，擅长星历、医药之术，因而备受重用。爱薛后病逝于上都，其后裔子孙以先祖汉译名字为爱氏，世代相传。

阳

姓氏起源

以国为氏。据《姓氏考略》记载，周朝初年，有一个附庸的小方国，称阳国。春秋时，阳国被齐国吞灭，其后有阳氏。

源于姬姓。春秋时，晋国有太傅名处父，因被封于阳邑，故称阳处父，时人尊称其为“阳子”。阳处父之后，多有以先祖封邑名为氏者，称阳氏。

源于芈姓。春秋时，楚国令尹子瑕被封于襄水之阳，号称阳匄，其后裔子孙有以先祖封邑名为氏者，称襄阳氏，后简化为阳氏。

源于姬姓。春秋时，周景王封自己的小儿子姬樊于阳邑，故史称其为“阳樊”。周景王庶子王子朝发动叛乱，阳樊避乱而奔居燕国，燕惠公接纳了阳樊，将自己的别邑唐赐予他，此后燕国的别唐又改称为阳邑。后燕国发生内乱，燕惠公被逐。阳樊不得不转迁至冀邑，以自己原封邑名为氏，称阳氏。

源于姬姓。春秋时，鲁国执政上卿季平子有家臣阳虎，即阳货，他掌握季氏的家政。季平子逝世后，阳虎专权，自己执掌鲁国政事，是当时炙手可热的政治人物，后挑起了著名的“阳货之乱”。阳虎之后有以先祖名为氏者，称阳氏。

源于鲜卑族。南北朝时，鲜卑有莫胡卢氏部落，北魏孝文帝汉化改革时，改为汉姓阳氏。

在中国历史上，有带“阳”字的复姓有四十多个，这些复姓族人多有简改为单姓，称阳氏者。

元朝初年，南宋著名将领杨大巽的次子杨霖避难远遁，改称阳氏，其后世代相传。

家族名人

阳尼，字景文，北魏无终（今河北玉田）人，少好学，博通群籍，征拜秘书著作郎。阳尼一生著书数千卷，所造《字释》数十篇，未就而卒。

阳孝本，字行先，江西上犹人，宋代学者。少年时勤奋好学，29 岁游学汴京，因才华出众，学识渊博，被左丞蒲宗孟聘为西席。但他看不惯统治阶层的骄奢专横，不久便辞职还乡，隐居山中读书讲学。当时的学问人都敬重他，苏东坡也佩服他。后来还是被朝廷请去给太子讲学。

佟

姓氏起源

商汤灭夏后，闻原夏朝太史终古为人贤德，召其入朝。终古归商后，其后裔子孙以先祖名为氏，称终古氏，后将“终”字去“丝”偏旁改为单姓冬氏，后又加“人”偏旁改称佟氏，世代相传。

汉族佟氏源出辽东，极早就出现于中原，世代为辽之大族。另外，满族、蒙古族、锡伯族都有汉化改称佟氏的。

家族名人

佟养性，明末开原人。原居开原佟佳，后自开原徙抚顺，归附后金，隶汉军正蓝旗。努尔哈赤以宗女赐其为妻，授三等副将。后金天命六年（1621），从军克沈阳、拔辽阳，叙功晋二等总兵官。天聪五年（1631）授昂邦章京，总理汉人官民事务。监铸红衣炮四十具，为后金火炮之始。六年，皇太极于城北演武场阅兵，其率所部试炮，披甲列阵，军容严整，治军有方，深得赞许。同年病卒。顺治初，追谥勤惠。

第五

姓氏起源

源于妫姓。汉高祖刘邦建立汉朝后，为了增强关中地区的经济实力，同时削弱各地豪强的残余势力，就把战国末期的齐、楚、燕、韩、赵、魏六国国君的王族后裔和豪族名门共十多万人，强行迁徙到关中房陵一带地区定居。在迁徙原齐国田姓贵族时，因其族大人众，主事官吏烦于编籍，便以其家族门第按顺序分为第一至第八，由此产生了第一氏、第二氏、第三氏、第四氏、第五氏、第六氏、第七氏、第八氏共八个复姓，其实都是田氏。其中第五氏出名人最多，得以普遍流传。

家族名人

第五伦，字伯鱼，京兆长陵（今陕西咸阳）人。少年时耿介而好义气。王莽末年，盗贼四起，宗族乡亲争着依附第五伦。第五伦于是在险要之处修筑堡垒，贼人来后，他便率众引弓持矛坚守自卫。先后有铜马、赤眉的军兵数十部围攻他们，都无法攻克。东汉初，京兆尹阎兴召他为主簿，负责监督铸钱，统领长安市场。因为孝廉而被推举为官，候补淮阳国医工长，但没有到任。后拜会稽太守。明帝永平年间，任蜀郡太守。章帝建初年间，代替牟融为司空。第五伦奉公尽节，言事不阿附，性质悫，少文采，任官以贞洁著称。

言

姓氏起源

据《元和姓纂》记载，春秋时，孔子有弟子言偃，其后裔子孙有以先祖名为氏者，称言氏。

源于姬姓。春秋时期晋国韩氏有先祖韩桓叔，其后裔子孙有以“韩言”为姓氏者，称韩言氏，后简化为单姓言氏。

家族名人

言偃，字子游，春秋末年吴国人，孔子弟子。言偃性情豁达，为人行事不拘小节，在孔子弟子中，以“文学”著称，主张用教化治理社会。他才华出众，曾出任武城宰，以礼乐为教，使境内处处有弦歌之声，因而在当时名气很大。因言偃为孔子学生中唯一的南方人，所以又被称为“北学中国，南方一人”、“南方夫子”。

福

姓氏起源

源于姜姓。据《姓氏考略》记载，春秋时齐国有大夫福子丹，其后裔子孙有以先祖名为氏者，称福氏。

源于朝鲜族。唐朝时，朝鲜半岛百济国有福富顺氏、福当氏部族。百济国灭亡之际，有不少人或逃难到中原，或被唐军裹胁迁入中原，其中就有福富顺氏、福当氏这两个氏族，他们依照汉族的习俗把姓氏简化为单姓，称福氏。

明朝大臣张福时，善骑射，谙韬略，文武全才。他为人正直廉洁，身居要职却一直两袖清风，受到世人的称赞和尊敬。嘉靖年间，世宗皇帝曾御口亲赞“清不过福时，勇不过马芳”。张福时因此被世人称为“福时”。张福时后被言官弹劾去职。但因明世宗赐之手敕，其后裔子孙为纪念皇帝这种特殊的赏赐，皆名而不氏，即改“张”姓为“福”姓，皆称福氏。

图书在版编目（CIP）数据

三字经·百家姓 / 戴小明编译 . — 南昌 : 二十一世纪出版社 , 2014.10
（线装中华国粹系列）
ISBN 978-7-5568-0032-2

Ⅰ . ①三… Ⅱ . ①戴… Ⅲ . ①古汉语—启蒙读物
Ⅳ . ① H194.1

中国版本图书馆 CIP 数据核字 (2014) 第 212227 号

三字经·百家姓　　戴小明　编译

策　　划　张秋林
责任编辑　周向潮　张波虹
出版发行　二十一世纪出版社（江西省南昌市子安路 75 号　330009）
www.21cccc.com　cc21@163.net
出 版 人　张秋林
经　　销　全国各地书店
印　　刷　北京威远印刷有限公司
版　　次　2014 年 10 月第 1 版　2014 年 10 月第 1 次印刷
印　　数　0001 ～ 15000 册
开　　本　787mm × 1092mm　1/16
印　　张　23
字　　数　330 千字
书　　号　ISBN 978-7-5568-0032-2
定　　价　24.90 元

赣版权登字—04—2014—623
（如发现印装质量问题，请寄本社图书发行公司调换，服务热线：0791-86524997。）